21世纪应用型本科会计系列规划教材

省级重点学科教材

（第四版）

财务与会计制度设计理论与实务

段春明　柳延峥　编著

东北财经大学出版社
Dongbei University of Finance & Economics Press
大连

图书在版编目（CIP）数据

财务与会计制度设计理论与实务 / 段春明，柳延峥编著．—4版．—大连：东北财经大学出版社，2020.5（2022.1重印）
（21世纪应用型本科会计系列规划教材）
ISBN 978-7-5654-3812-7

Ⅰ．财… Ⅱ．①段… ②柳… Ⅲ．财务会计-会计制度-高等学校-教材 Ⅳ．F234.4

中国版本图书馆CIP数据核字（2020）第041007号

东北财经大学出版社出版
（大连市黑石礁尖山街217号 邮政编码 116025）
网 址：http：//www.dufep.cn
读者信箱：dufep@dufe.edu.cn
大连永盛印业有限公司印刷 东北财经大学出版社发行

幅面尺寸：148mm×210mm 字数：385千字 印张：12.875
2020年5月第4版 2022年1月第2次印刷

责任编辑：孙晓梅 责任校对：肖 眉
封面设计：冀贵收 版式设计：钟福建

定价：35.00元

教学支持 售后服务 联系电话：（0411）84710309

如有印装质量问题，请联系营销部：（0411）84710711

第四版前言

企业越发展，会计与财务越重要。当今世界，企业经营呈现国际化、金融化、网络化、科技化等特点，会计与财务不再局限于核算、筹资、融资等方面，强化业财融合、内部控制和风险管理已成为会计和财务的核心内容。如何设计一套科学、合理、健全的会计与财务制度，是一门值得深入研究和探讨的学问，也是做好企业会计与财务工作的关键。在现有会计制度设计的教材中，很少将会计制度设计和财务制度设计融为一体。

本书作者长期从事会计与财务制度设计课程的教学、研究，并具有较丰富的会计与财务管理实践经验。本书的形成既是长期理论研究的结果，也是长期实战演练的结晶。本书具有如下特点：(1) 体现了最新的企业会计准则及相关会计制度的要求；(2) 吸收了国内外相关教材和专著的最新成果；(3) 充分借鉴和利用了第一手调研和实践资料；(4) 侧重于财务管理和如何为企业创造价值。

本书自出版以来，深受广大读者朋友的厚爱，他们对教材的相关内容提出了许多宝贵意见。财务与会计制度设计必须在国家制定的财务与会计规范体系的框架内进行，熟悉和掌握财务与会计规范体系的内容是设计本单位财务与会计制度的前提。在本次修订中，我们主要结合最新的会计、财务规范和相关教师的授课体会，做了以下工作：(1) 对第二章的部分内容进行了修订；(2) 对教材中涉及企业会计准则的内容进行了修订。

随着时代的发展，新的科研成果不断出现，知识更新速度加快，对原有教材内容不断充实和提高是教材建设的一项重要工作。本次修订主要由段春明副教授负责。

本书在使用过程中得到了长期从事财务与会计制度设计教学的同行、专家的帮助和支持，在此一并表示衷心感谢！恳请会计界同仁和广大读者朋友继续对本书进行批评指正！

编著者

目 录

第一部分 财务与会计制度设计概述

第二部分 财务与会计制度的基础设计

第三部分　会计核算与控制制度实务操作的设计

第一部分

财务与会计制度设计概述

第一章

财务与会计制度及其设计的基本概念

第一节　财务与会计制度的概念

制度是约束和规范人的行为的各种规则。企业是一系列契约的结合点，是由所有者、经营者、债权人等利益相关者组成的契约组织。由于人的有限理性经济人性质，企业在追求经济利益的过程中必须受到各种制度的约束和规范，财务与会计制度就是企业在财务与会计方面必须遵循的规则。

一、财务与会计的关系

财务与会计的关系是一个非常重要的财务会计理论问题。长期以来，我国财务会计理论界对财务与会计的关系一直都是仁者见仁、智者见智。比较典型的观点有以下三种：

其一，大会计论。这种观点认为会计包括财务甚至可以代替财务。其理由是：财务是一种经济活动，会计是一种管理活动。会计是管理的主体，财务是管理的对象，必须对财务实施会计管理。财务管理实际上指的是对财务活动进行的会计管理，会计管理是就管理活动的方法、手段而言的，即回答怎么管的问题；财务管理是就管理活动的对象而言的，即回答管理什么的问题。大会计论的核心是将会计定义为会计管理，认为会计的本质是一种管理活动，是经济管理的重要组成部分。它是通过收集、处理和利用经济信息，对经济活动进行组织、控制、调节和指导，促使人们权衡利弊、比较得失、讲求经济效益的一种管理活动。大会计论与我国会计理论界长期以来的会计学科体系设置以及企业界的财务会计实务均保持了一致性。1989年之前，我国高等财经院校均设置了会计专业，没有设置财务专业；直到1989年秋，上海财经大学才经批准在全国率先试办了财务学专业。在企业界，财务会计部门也基本是从事记账、算账、报账等会计工作的，从事财务会计的人员也被冠以“会计”的头衔。

其二，大财务论。这种观点认为，财务与会计是实体与附体的关系，财务包括会计，会计只能依附于财务管理而存在，不能形成独立的“会计管理”。其理由是：财务的性质是本金投入收益活动，会计的性质是价值信息系统；财务处于主导性地位，会计处于基础性地位；如果会计离开了财务管理这一实体性管理，它的信息就没有来源，服务就失去了对象，会计也不能存在。大财务论的核心是将会计定义为财务管理的有机组成部分，否认会计管理的存在，认为会计的本质是价值信息系统，是作为附体依存于财务活动的。在财务管理的组织、预测、决策、计划、运营、反映、控制、分析、监督、考核等环节中，会计属于反映、控制、分析、监督环节。大财务论是我国政府在计划经济时期处理财务与会计关系的思路和做法，任何财务政策都要服从和服务于国家的财政政策，任何会计政策都是围绕着财务政策制定的。为了与国家的财务体制相适应，企业设有分管财务的副厂长，会计人员则身兼双重职责：一方面代表出资人（国家）负责企业的财务管理，另一方面作为企业的会计人员负责会计核算。

其三，相对独立论。这种观点认为，财务与会计在理论上是相互独立的，各自有其不同的理论体系，分属两个不同的学科；在实务中，财务与会计是两种不同性质的工作，应该分别归属于不同的部门。相对独立论的观点实际上是借鉴了西方国家的财务会计理论和实务。1941年，美国公认会计师协会名词委员会在会计的定义中指出："会计是一种技术，它是用显明的方法对财务性质的账项用金额进行记录、分类及汇总，并对其结果做出解释。"1982年，英国成本与管理会计师协会提出的会计定义是"对实际业务事项用货币形式进行分类和记录，同时为了评价一个时期的业绩或某一指定日期的财务状况，对这些业务事项的结果加以表达和说明，并且对各种备选的计划方案将引起的未来活动用货币的形式进行预测"。财务则指"企业为达到既定目标进行的筹集资本和运用资本的活动"。在财务会计实务中，美国、日本等国的大型企业普遍设置首席财务官（CFO）职位，首席财务官负责公司的会计核算与财务管理，拥有财务方面的最高决策权，是公司财务与会计领域的最后决策人。首席财务官之下设有主计长（Controller）和财务长（Treasurer）。主计长主要负责公司的财务会计、成本会计、内部审计、税务会计等与会计程序相关的工作，财务长的主要职责则是现金管理、资本预算、财务计划、信贷分析、风险管理、退休金管理等。

我们认为，大会计论和大财务论尽管观点截然相反，但都具有明显的时代特色，都植根于计划经济时期，是在我国高度集中统一的财务体制下，从不同的角度对财务会计理论进行的描述。大会计论从会计实务角度反映了计划经济时期会计人员主要从事记账、报账、算账工作的现实；大财务论则从国家财政部门的角度出发，反映了计划经济时期计划决定财政、财政决定财务、财务决定会计的管理体制。因此，从本质上讲，大会计论和大财务论的观点具有一致性。显然，在我国实行市场经济体制和全球一体化的国际大背景下，大会计论和大财务论都毫无例外地呈现出了其不配套性。相对独立论考虑了我国会计工作与国际惯例接轨的现实需要，主张借鉴西方国家的做法，但是有两点值得商榷：一是财务与会计既涉及经济基础又涉及上层建筑，研究财务与会计的关系不能不考虑我国国有经济占主导地位的国情与中国特色；二是占企业总数99%以上的中小企业分设财务机构与会计机构的可能性和必要性。

我们认为，财务与会计的关系是：在理论上相互独立，在实务中相互兼容。

（一）财务与会计的相互独立性

1.两者的职能作用不同

财务的基本职能是对企业财务活动进行预测、决策、计划和控制，侧重于对资金的组织、运用和管理；会计的基本职能是反映、核算、监督和控制，侧重于对资金运动的反映和监督。

2.两者的依据不同

财务管理的依据是国家的相关财经政策、法律，在其许可范围内，企业根据管理层的意图制定内部财务管理办法，享有独立的理财自主权、自主决策权；会计核算的依据是国家颁布的统一会计制度，具体的会计政策、会计估计是由企业根据国家统一的会计制度结合企业的实际情况选定的。

3.两者管理的对象不同

财务管理的对象是企业的筹资活动、投资活动、经营活动和分配活动；会计管理的对象是企业资金运动所形成的信息流。

4.两者服务的对象不同

财务服务的对象主要是企业管理层；会计服务的对象主要是企业内外有关会计信息的使用者。

5.两者管理的目标不同

财务管理的目标是确保投资者投入的资金保值、增值；会计管理的目标是向各会计信息使用者及时提供客观、公正、全面的会计信息资料。

6.两者使用的方法不同

财务管理受的约束比较少，管理方法灵活多样，可以利用系统论、控制论和信息论来达到其目的；会计的方法比较严谨和固定，主要通过设置账户、编制会计分录、填制会计凭证、登记账簿进行核算，以及提供会计报表实现其职能。

7.两者的任务不同

财务管理的任务是保障企业经营活动正常、高效运行，努力提高经济效益；会计的任务是做好会计信息处理工作，提供真实可靠的信息，遵守和维护有关的财经法律法规，保护企业财产的安全。

8.两者对人员能力的要求不同

财务人员要求具备较强的管理能力和决策能力；会计人员则要求熟练掌握会计业务技能，熟悉会计法规和具有良好的职业道德。

（二）财务与会计的相互兼容性

1.两者都属于价值管理

不论是财务的筹资活动、投资活动、经营活动和分配活动，还是会计的记账、算账、报账和会计监督，两者都是通过或利用“价值”发挥作用的，因而它们都具有一种“综合能力”，这也是两者相互兼容的基础和根本原因。

2.两者内容相互兼容

财务管理包括成本管理、筹资管理、投资管理、运营资金管理、企业盈余分配管理等，财务管理的这些内容也正是会计所要核算与监督的内容。

3.两者信息相互兼容

会计信息是根据会计准则、会计政策和会计方法所提供的会计业务数据和有关资料，财务信息是在会计信息的基础上进一步加工而形成的经济信息。需要注意的是，会计与财务中的信息并不完全一致，如成本的概念，在会计和财务中是有差异的。

4.两者相辅相成，贯穿于企业经营全过程

会计的本质是反映价值运动，如果会计工作薄弱，财务管理必将缺乏坚实的基础，财务预测、决策、计划和控制将缺乏可靠的依据。财务管理只有利用会计所提供的真实可靠的信息，才能对企业的经营状况进行准确的把握，才能制定出合理的计划和决策，才能有效地进行管理和控制。因此，财务离不开会计，会计是财务的基础。另外，会计所提供的信息从内容和质量上都必须满足财务管理的需要，否则会计就失去了其存在的价值。

5.两者从业人员相互兼容

财务人员只有懂会计，才能熟练分析和运用相关会计信息；会计人员必须掌握财务知识，熟悉企业的内部财务规定，才能正确地处理会计信息。

6.两者在实务上相互兼容

我国中小企业占企业总量的99%以上，企业在财务会计机构和岗位的设置上往往相互交叉和兼容，财务总监或总会计师往往既是企业的财务负责人又是企业的会计负责人。从实际情况来看，这种交叉和兼容也具有其合理性和必然性。

总之，财务与会计是两种不同的管理行为，其区别在于：财务主要通过管理制度，利用预测、决策、计划、控制、考核等管理方法来规范各利益主体的责、权、利关系，对企业财务活动进行管理；会计则主要利用价值形式，对企业资金运动的全过程进行反映、监督。财务与会计作为价值管理的两种主要形式，它们又是密不可分的：会计提供的会计数据主要为财务管理所用，如果没有会计核算提供的真实可靠的资料和数据，财务管理也就无从谈起；财务管理的规章制度是会计核算的基本依据，没有财务制度的规范，会计核算就失去了据以生成可靠信息资料的前提。

（三）明确财务与会计关系的重要意义

1.有利于明确财务职责和会计职责，促进企业加强财务管理

能否确保资金均衡、有效流动是衡量企业财务管理优劣的一个重要标志。企业管理以财务管理为中心，而财务管理必须以资金管理为重点。也就是说，企业只有围绕资金运动这条主线构建财务运行机制，才能把加强财务管理真正落到实处。

然而，长期以来，由于大会计论和大财务论的理论指导，我国企业的财务与会计不仅在机构设置上合二为一，而且在职责分工上也不分彼此。现实中的财务管理任务往往弹性较大，程序与时间要求也比较灵活；而会计的任务则刚性较强，程序与时间要求也比较严格和规范。因此，财务与会计合二为一的管理体制也就自然而然地造成了“刚性”的会计核算对“弹性”的财务管理的影响，从而形成了我国企业重会计核算、轻财务管理的局面。这使得许多人甚至有的公司高层管理人员也认为，财务部门的主要职责就是记账、算账、报账，月末出报表，月中发放工资。

在计划经济时期，企业财务管理的主要任务就是按照国家财政部门核定的定额及规定的渠道取得资金，并按照规定的用途使用、分配资

金。因此，财务管理成为会计的一项附属职能也是顺理成章的事情。然而，在市场经济条件下，特别是在信息化时代，企业必须自主筹集并使用资金，企业对资金运动的管理处于企业管理的中心地位，财务管理再也不是一项附属职能，而是与会计既密切联系又各司其职的重要管理活动。资金的筹集、资金的合理配置和有效运用、经营风险的管理已成为企业财务管理的主要内容。因此，按照财务与会计各自的职能，在大型企业建立独立的财务管理机构，在中小型企业设置专职财务管理岗位，不仅是企业管理以财务管理为中心的要求，也是财务会计工作适应市场经济体制的现实需要。

2.有利于深化会计改革，促进会计职能社会化

自1993年7月1日《企业财务通则》《企业会计准则》以及10个行业的财务制度和13个行业的会计制度（简称“两则”“两制”）颁布实施以来，全国人大、国务院、财政部陆续出台了一系列会计法规，特别是围绕《中华人民共和国会计法》的贯彻落实出台了一系列新准则、新制度，并广泛应用了谨慎性和实质重于形式的会计核算原则。2002年11月19日，第16届世界会计师大会在中国香港举行，时任国务院总理朱镕基在发表演讲时神情严肃地向与会代表大声讲道：“我不喜欢题词，但是我给中国的北京、上海和厦门三家国家会计学院亲笔题了校训——不做假账。”由此可见，国家领导人对加强中国会计法治建设的决心是多么地大。

然而，在现实生活中，从国家机关到国有企业，从上市公司到个体户，会计违规行为时常发生、屡禁不止。究其根源，除了人们的法制观念淡薄、违规违纪成本低之外，一个很重要的原因就是企业的财务职能与会计职能合二为一，财会人员为了不被“炒鱿鱼”，只能千方百计地按照企业所有者的要求而不是按照会计制度的要求进行会计处理。因此，从理论和实践上将财务与会计分离，让企业的会计人员主要从事财务管理和管理会计工作，让社会上具有会计师执业资格的专业人员承担企业特别是中小企业的会计核算工作，通过建立使会计职能社会化的运营机制来彻底杜绝企业在会计核算上弄虚作假，将成为根治会计做假账这一顽症的良药。

3.有利于财务会计理论与实务的紧密结合

根据财务与会计在理论上相互独立、在实务中相互兼容的特点，在财务与会计的学科设置、课程安排上，财经类学校应合理安排财务与会计的教学内容，不能厚此薄彼；应当改变目前只设“会计制度设计”课程、不设“财务制度设计”课程的状况，进而改变我国会计实务界财务制度设计人才严重匮乏的局面。同时，应重视“管理会计”课程的中国化改造。管理会计是财务管理与会计相结合的产物，其中的“决策和计划会计”“执行会计”等内容无不体现财务与会计相互兼容的特征。这门课程自20世纪80年代从西方引入我国以后，促进了企业财务方法与会计方法的有机结合，但也存在中国化改造不足的弱点。另外，应充分结合我国企业的实际情况，将我国企业几十年来行之有效的“内部经济核算”“内部银行核算”“归口分级管理”等管理方法融入管理会计体系，构建适合我国国情、密切联系企业实际的“管理会计”。

4.将对财务制度与会计制度的设计产生重大影响

长期以来，由于我国企业执行的会计制度都是由国家财政部门统一制定和颁布的，而且国家颁布的会计核算制度和主要会计事项分录举例基本包括了企业90%以上的会计业务事项，因此，这在客观上形成了企业财会人员不需要设计会计制度的状况。同时，由于财务与会计的界限不清，企业财务制度的设计无所适从。明确财务与会计的关系之后，企业在财务制度与会计制度的设计上可以明确以下两点：一是财务与会计是两项内容各异的工作，财务制度与会计制度是不可相互替代的；二是财务与会计在实务上是相互兼容的，在强调明晰财务制度与会计制度各自界限的同时，应遵循实质重于形式的原则，不排斥部分财务制度与会计制度的相互融通。

二、财务制度与会计制度

（一）财务制度的概念

财务制度有广义和狭义之分。广义的财务制度是指由国家权力机构、政府部门，以及机关、企业（单位）制定的，用来规范机关、企业（单位）财务行为及处理同各方面财务关系的法律、法规、准则、规章和办法的总称。狭义的财务制度又称企业财务制度，是指由企业管理层制定的用来组织企业财务活动、规范财务行为、处理和协调企业内外财务关系的具体规章、程序和办法。企业生产经营过程中的筹资活动、投资活动和分配活动统称为财务活动。筹资活动是财务活动的起点，投资活动是筹资活动的目的和归宿，分配活动是将企业的利润在各利益主体之间进行分配，实现各利益主体之间的利益均衡。在财务活动中形成的企业与各相关利益主体之间的资金、利益关系称为财务关系。企业的财务关系主要有：企业与出资者之间的财务关系、企业与债权人之间的财务关系、企业与国家之间的财务关系、企业与客户之间的财务关系、企业内部各部门之间的财务关系以及企业与员工之间的财务关系。企业组织财务活动、处理财务关系的具体观念和方法称为财务行为。

在计划经济时期，我国对企业实行统收统支的财务体制，由国家统一规定财务制度，并通过财务制度来约束企业的财务行为。企业的财务活动主要包括：根据生产经营计划，编制资金需要量计划并申请拨款或贷款；在生产经营过程中组织资金的日常收支和管理，完成一定时期的生产经营活动后，按国家规定提取各种基金并组织上缴利润或拨补亏损等。

（二）会计制度的概念

会计制度有广义和狭义之分。广义的会计制度是指由国家权力机构、政府部门以及机关、企业（单位）制定的，用来规范机关、企业（单位）会计核算、会计监督、会计机构、会计人员及其他会计行为的法律、法规、准则、规章和办法的总称。狭义的会计制度又称企业内部会计制度，是指由企业管理层制定的用来进行企业会计工作的具体操作规范。

（三）财务制度与会计制度的关系

同财务与会计的关系一样，财务制度与会计制度也是既相互独立又相互兼容的关系。

1.财务制度与会计制度的相互独立性

（1）两者规范的对象不同。财务制度规范的对象是企业的财务活动，也就是企业生产经营过程中有关资金筹集、使用和利润分配的活动。例如，企业的资金投到哪里，投资多少；从哪里筹资，怎样安排资金结构；利润应当怎样进行分配，多少分配给投资者，多少用于企业发展等。会计制度规范的对象是企业的会计活动，也就是企业对资金运动形成的信息流进行的归集、分类、核算、监督、报告等活动。例如，企业对资产、负债、权益和收入、费用、利润如何确认与计量等。

（2）两者制定的出发点不同。制定财务制度的出发点主要是界定所有者与经营者的财务关系，规范经营者的财务行为。制定会计制度的出发点主要是统一企业的会计核算方法和标准，建立和维护良好的市场经济秩序。

（3）两者的制定者不同。企业的所有权归投资者，所以财务制度的制定者主要是投资者，因为只有投资者才有权在国家法规允许的范围内最终决定企业的资金如何筹集、如何使用和如何分配。会计制度的主要制定者是国家权力机构，因为只有国家权力机构才能高瞻远瞩地制定统一的会计制度，使所有企业都按照统一的核算方法和标准进行会计信息处理，使会计信息成为全国通用甚至国际通用的"商业语言"。

（4）两者的执行人不同。财务制度的执行人是企业的所有部门、员工及财务关系人，所以财务制度具有通俗易懂、便于理解和执行的特点。会计制度的执行人主要是会计人员，所以会计制度具有严谨规范、专业性强的特点。

（5）两者的目标不同。财务制度的目标是实现股东价值及企业价值的最大化。会计制度的目标是会计信息的真实性、完整性、及时性、相关性和统一性。

（6）两者的任务不同。财务制度主要是管钱，会计制度主要是管账。也就是说，"财务制度解决的是钱怎么投、投了以后怎么控、赚了钱以后怎么分的问题；会计制度解决的是钱投了以后入什么账（算负债还是权益）、用了以后资产是不是还值那么多钱、到底赚了多少钱这样一些问题"。

2.财务制度与会计制度的相互兼容性

（1）两者规范的内容相互兼容。财务制度包括成本制度、筹资制度、投资制度、运营资金制度、企业盈余分配制度等。会计制度也包含上述制度，两者的区别在于一个规范管理，另一个规范核算。

（2）两者规定的标准相互兼容。财务制度与会计制度所规定的条款、要求、标准等要相辅相成、互为补充、互为条件、相得益彰，绝对不可以相互矛盾、相互抵触。

（3）两者规范的对象相互兼容。尽管财务制度与会计制度所规范的对象分别是财务活动和信息流，但财务活动和信息流都来自同一主体——企业生产经营过程中的资金运动。

总之，在实务中，财务制度与会计制度很难截然分开。财务需要以会计提供的信息为基础对资金运动进行管理，而会计需要完善的财务制度来规范企业的财务行为，从而保证会计信息的真实可靠。财务制度与会计制度的基本区分方法是：为保证财务活动的合法性、规范性和有效性而设立的管理制度属于财务制度，为保证会计信息的完整性、及时性和准确性而设立的管理制度则属于会计制度；两者之间可以有少量的交叉，但应各有侧重。

第二节　财务与会计制度设计的目标和环境

一、财务与会计制度设计的目标

财务制度设计的目标是为企业财务管理活动提供一套合理、有效的运行机制，以实现企业价值的最大化。会计制度设计的目标是保证及时提供高质量的会计信息，有效达成企业会计之目的和企业内部会计控制之目的。

企业的财务管理活动是以企业财务资本为基础的活动，通过投资、筹资、利润分配等活动实现企业财务资本的保值和增值。企业在其财务管理活动中会发生一系列财务关系，如股东与经理、股东与债权人之间的关系。由于这些关系人之间的利益不一致会产生各种危害企业持续发展的行为，因此企业需要通过设计财务制度来规范财务关系人的权利和义务，保障企业财务活动顺利进行。

财务会计信息是对企业财务活动结果的反映，通过提供相关而可靠的信息为相关人员提供决策依据，因此财务会计信息的质量好坏对决策者决策的执行情况和结果如何具有决定性作用。设计一套有效的财务会计制度来规范企业日常财务会计信息的形成、加工、披露，是企业存在和发展的前提条件。

二、财务与会计制度设计的环境

财务与会计制度是用来约束和规范企业财务与会计行为的，其最终目的是促进企业的发展和壮大，因此在设计财务与会计制度时，必须结合每一个企业的实际环境，使设计的制度适应企业的发展需要。财务与会计制度设计的环境就是影响企业财务与会计制度设计的各种因素。企业进行财务与会计制度设计的环境可分为宏观环境和微观环境。宏观环境包括政治环境、经济环境、法律环境；微观环境包括企业的性质、经营范围、规模、经营特点等。

第三节 财务与会计制度设计的原则和程序

一、财务与会计制度设计的原则

1.合法性

合法性原则要求单位在设计制度时必须以国家颁布的财经法规为依据，满足宏观调控的需要，不得违反国家制定的一系列财政政策和财经制度。基层单位设计的内部会计制度必须与会计法规、会计准则、财务通则等协调一致。

2.效益性

效益性是指单位在设计制度时必须以提高经济效益为中心。这里有两点需要注意：一是要尽量节约设计费用，能自行设计的就不要聘请咨询顾问；二是要充分考虑制度运行的经济性。

3.针对性

针对性要求单位设计的制度必须能够适应其自身的生产经营规模、特点和管理要求，以保证财务会计工作有章可循、有规可依。在实际工作中，各单位在性质、行业、所有制、规模、组织形式、内部管理体制和要求等方面存在很大差别，形成了各自不同的特点。

4.控制性

控制性是指单位在设计制度时必须强化内部控制制度，防止舞弊行为，保护单位财产安全。内部控制制度是各单位为了有效进行管理，加强工作人员的岗位责任，保护财产安全完整，保证会计记录正确可靠，在单位内部组织分工、业务处理、凭证手续和程序等方面所规定的一系列相互制约的管理制度。各单位在设计制度时，应将控制性作为重要的内容贯穿于各个环节的每个岗位，使其体现在每个工作人员的职责、权限中。

5.科学性

科学性要求单位在设计制度时要从整体上考虑，不能顾此失彼，不能与其他制度相互矛盾，必须口径一致、互为补充，各单位的内部控制制度之间也应协调一致。单位设计出的制度既要有利于提高会计工作质量，又要简便易行；既要符合理论，又要有利于实践。

二、财务与会计制度设计的程序

财务与会计制度设计是一项复杂的系统工程，主要分为以下几个阶段：

1.准备阶段

财务与会计制度设计按其工作内容可分为全面性制度设计和局部性制度设计两类。全面性制度设计是指设计适合整个企业的财务与会计制度，包括机构设置、科目制定、账簿报表设计、内部控制制度设计等内容。局部性制度设计是指对部分经济业务的会计或财务管理制度进行的设计。明确了设计类型后，就要有针对性地编制设计计划，确定设计提纲、设计内容、人员分工等。在准备阶段，应根据设计对象的性质，熟悉和掌握相关行业会计与财务法律、法规、准则、制度等。

2.调查分析阶段

在撰写计划之前，应根据财务与会计制度设计的范围和内容对企业有关经营管理活动进行充分的调查与分析，全面了解与设计有关的经济业务和管理要求。企业应主要调查生产经营的基本概况、各项管理制度的现状及实施情况、经济业务的处理程序和方法、各部门对设计的要求、现行法规的要求等。在调查分析阶段，可结合被设计单位的具体管理要求和目标，有针对性地借鉴同类单位的会计与财务制度。

3. 实施具体设计阶段

在调查研究的基础上，应根据设计的内容和原则，认真地进行具体设计。具体设计的工作过程一般可分为拟订程序、逐项进行设计、全面综合调整、广泛征求意见、提出制度方案。在进行设计时，要考虑内部控制的要求，尽量多设计一些核对点和平衡点，以便加强控制。

4. 试行与修改阶段

财务与会计制度初次设计完工之后，应进行一段时间的试运行，然后加以修改，使其更加完善。设计时考虑不周，在运行时就会出现偏差，通过试运行可以检测缺点，修正定稿后，才可以全面加以贯彻执行。

复习思考题

1. 什么是财务制度？什么是会计制度？财务制度与会计制度是什么关系？

2. 财务与会计制度设计应遵循哪些原则？

3. 互联网环境对财务与会计制度设计有何挑战？

案例分析

“我们预计到2025年，基础财务工作都会被机器人替代。”这可不是危言耸听，事实上，它出自一位行业专家之口！

2017年9月，在上海举行的一场分享沙龙上，德勤中国税务管理咨询合伙人、德勤智慧未来研究院机器人中心成员叶建锋带来了关于“德勤机器人引发的财务新变革”的主题分享。

在活动现场，几段“小勤人”（德勤机器人的昵称）帮助企业解决财务问题的视频引发场下听众一阵骚动。从视频中可以清晰地看到，“小勤人”几分钟就能完成财务人员几十分钟才能完成的基础工作，且可以7×24不间断工作。财务人员的工作地位“岌岌可危”了！

德勤智慧未来研究院机器人中心已经与多家企事业单位建立合作关系，提供财务自动化流程解决方案。机器人为财务部门带来工作效率的提升，帮助财务人员完成大量重复性工作。

许多财务人员，尤其是从事基础工作的财务人员，看完这些视频后都有了危机感，因为他们每天占用大量时间的、基础的、繁琐的工作，机器人几分钟就能完成。事实上，研发财务机器人的目的并不是让它取代人类，而是帮助人类从基础的重复性劳动中解放出来，关注价值更高的任务。

在目前大部分财务工作中，财务系统操作、内部控制、报告生成、执行记账等基础工作占极大比例，真正需要时间思考的分析决策工作则被挤压。通过机器人的使用，高技能和受过培训的财务人员可以根据自己的能力被重新定位。未来，机器人处理基础性业务+人力员工审计/检查的人机交互和服务交付新模式将被广泛应用于企业。

要求：阅读以上资料，谈谈信息化、财务、会计之间的关系。

第二章

我国财务与会计规范基本体系及其发展变迁

财务与会计规范体系是指用来指导和约束财务与会计实践工作和工作人员行为的各种法律、行政法规、规章制度等按照一定的逻辑关系组成的有机整体。

第一节　我国企业财务规范基本体系及其发展变迁

一、我国企业财务规范基本体系

1993年，在从计划经济体制向市场经济体制过渡的过程中，我国颁布了“两则”“两制”，构建了以《企业财务通则》（2006年修订，2007年1月1日开始实施）为主导、以行业财务制度为主体、以企业内部财务制度为补充的三个层次的财务制度体系。

（一）企业财务通则

《企业财务通则》由财政部制定、国务院批准，以财政部令的形式颁布，属于部门规章的范畴。《企业财务通则》是在中华人民共和国境内的所有国有及国有控股企业进行财务活动都必须遵循的基本原则和规范，是财务制度体系中最基本的财务法规，在财务制度体系中起着主导作用。《企业财务通则》也是制定行业财务制度及企业财务制度的根据。《企业财务通则》包括企业财务管理体制、资金筹集、资产运营、成本控制、收益分配、重组清算、信息管理、财务监督等章节，各行业和企业应以《企业财务通则》各章节内容为框架，在《企业财务通则》确定的原则与规范的基础上，结合行业与企业特点，制定出行业财务制度和企业内部财务制度，从而保证财务制度体系的系统性、科学性、完整性和逻辑性。

（二）行业财务制度

行业财务制度是财政部根据各行业的特点及特定的行业管理要求制定的，其基本原则与《企业财务通则》一致，其内容则是《企业财务通则》的进一步具体化。我国的分行业财务制度包括工业、商品流通、运输、邮电、金融、旅游和饮食服务、农业、对外经济合作、施工和房地产开发、电影和新闻出版等10个行业的财务制度。行业财务制度是《企业财务通则》的原则规定与各行业财务活动特点相结合的产物，在整个财务制度体系中起主体作用，是各企业进行财务活动时应遵循的具体规定。我国目前的行业财务制度也由财政部制定，这有利于其与《企业财务通则》保持一致。

（三）单位内部财务制度

单位内部财务制度是由企业或非企业单位管理层依据《企业财务通则》和行业财务制度的规定，结合自身生产经营特点和管理需要自行制定的具体规范，是单位进行财务活动的依据，是规范财务行为、处理财务关系的具体规章，在整个财务制度体系中起着补充作用。

二、我国企业财务制度的变迁

从中华人民共和国成立至今，我国企业财务制度发生了一系列变化。从1949年到1978年，企业财务管理体制虽几度调整，但变化不大，只在“大跃进”时期实行过分权型的财务管理体制。1978年及以后，我国企业财务制度大体经历了以下四个阶段：

（一）第一阶段

第一阶段为1978—1982年，是企业财务改革的起步阶段。其特点是从调整国家与企业分配关系入手，扩大企业自主财力，实行经济核算制和经济责任制，调动企业和职工的积极性，同时对扩大企业经营管理自主权的配套改革进行了一些初步尝试。

（二）第二阶段

第二阶段为1983—1986年，是探索建立国家与企业之间规范的分配关系的阶段。其特点是强调通过制定法律来实现国家与企业分配关系的规范化、法制化、固定化，先后实施了两步“利改税”，作为利润分配关系的延伸，相继颁布了有关企业成本管理、固定资产折旧方面的条例。

（三）第三阶段

第三阶段为1987—1992年，是在所有权与经营权相对分离的条件下，探索适应多种生产所有制、企业组织形式和企业经营方式的企业财务体制的阶段。其内容包括适应承包经营责任制、租赁制等不同经营形式的财务管理制度，适应私营企业、城镇及乡村集体企业、外商投资企业、股份制企业、企业集团等不同所有制或企业组织形式的财务管理制度，适合企业兼并、小型企业出售等产权变动形式的财务管理制度。这一阶段还进行了“税利分流”试点。可以说，这一阶段是在计划经济条件下企业财务管理体制建设集大成的阶段。

（四）第四阶段

第四阶段为1993年至今，是与市场经济体制改革相适应，探索建立市场经济条件下的企业财务管理体制的阶段，是改革开放以来时间最集中、内容最全面、影响最深远的一次企业财务改革。《企业财务通则》及以此为基础的分行业财务制度的出台，标志着原有的一套企业财务体系的结束，宣告了适应社会主义市场经济体制要求、与国际惯例接轨的新型企业财务体系的确定。

第二节 我国企业会计规范基本体系及其发展变迁

一、我国企业会计规范基本体系

随着1985年5月1日《中华人民共和国会计法》（以下简称《会计法》）的颁布施行和1993年7月1日《企业会计准则》及13个行业会计制度的颁布实施，我国的会计制度经历了波澜壮阔的改革，目前已形成了以《会计法》为导向，以《企业会计准则》《政府会计准则》《企业会计制度》《金融企业会计制度》《政府会计制度》《事业单位会计制度》《小企业会计准则》为主体，以企业内部会计制度为补充，逐步与国际接轨的企业会计制度体系。我国的企业会计法规基本体系可分为以下几个层次：

（一）会计法

《会计法》是由全国人民代表大会常务委员会通过的，是会计制度体系中最高层次的法律规范，是制定会计准则及其他会计法规的依据，也是进行会计核算和会计监督以及对会计机构与会计人员进行管理的最高准则。《会计法》于1985年制定，并分别于1993年、1999年和2017年进行了三次修正或修订。

（二）会计行政法规

由国务院颁布或批准的会计行政法规主要包括《企业财务会计报告条例》《总会计师条例》《会计专业职务试行条例》等，是对《会计法》中有关财务会计报告等规定的细化。

（三）财政部及其与其他部委联合颁布的各项会计规章制度

这些规章制度又可分为会计准则系列和会计制度系列。会计准则系列主要包括《企业会计准则》《政府会计准则》《事业单位会计准则》《小企业会计准则》；会计制度系列主要包括《企业会计制度》《金融企业会计制度》《政府会计制度》《行政单位会计制度》《事业单位会计制度》《非营利组织会计制度》，以及行业企业会计制度和行业事业单位会计制度等。企业会计准则包括基本会计准则和具体会计准则。1993年我国首次颁布基本会计准则，之后又陆续颁布若干具体准则或对相关准则进行修订。2006年我国会计准则与国际全面接轨，财政部颁布了新的企业基本会计准则和38个具体会计准则。2014年3月财政部颁布《企业会计准则第41号——在其他主体中权益的披露》。至此，我国企业会计准则已形成一个以基本会计准则、41个具体会计准则、会计准则应用指南、会计准则解释为内容的体系，目前主要在上市公司范围内执行。现行统一的《企业会计制度》由财政部于2000年12月29日颁布、于2001年1月1日起暂在股份有限公司内实施。会计制度与会计准则在会计实务中同时并存的现象，随着我国会计业改革的不断深入，最终将转变为统一采用企业会计准则作为企业会计规范。2015年10月财政部颁布《政府会计准则——基本准则》，自2017年1月1日起执行，截至2018年12月已颁布9个具体会计准则。2017年财政部印发《政府会计制度——行政事业单位会计科目和报表》，并于2019年1月1日起在所有行政事业单位实施。原《事业单位会计准则》《行政单位会计制度》《事业单位会计制度》停止执行。

会计准则与会计制度存在一定的区别和联系。会计准则是以特定的经济业务（交易或事项）或特定的报表项目为对象，详细分析各项业务或项目的特点，规定所引用概念的定义，然后以确认与计量为中心并兼顾披露，对围绕该业务或项目有可能发生的各种会计问题做出处理的规范。会计制度则以某一特定部门、特定行业的企业或所有的企业为对象，着重对会计科目的设置、使用说明和会计报表的格式及编制加以详细规范。《企业会计准则》和会计制度都是依据《会计法》和《企业会计准则——基本准则》制定的，均对会计要素的确认、计量、披露或报告等做出规定，都是企业进行会计工作的标准，均由财政部制定并公布，属于同一层次的部门行政法规，具有同等的法律效力。

（四）地方人大或政府制定的会计规章制度

地方人大或政府也可以根据具体情况和要求，在遵循《会计法》、会计准则和统一的会计制度的前提下，制定一些地区性的会计规章制度或实施细则。

（五）单位内部会计制度

和单位内部财务制度一样，单位内部会计制度是由各企业或非企业单位管理层或会计部门根据上述各层次会计规范，结合自身生产经营特点和管理需要而自行制定的具体规范，是各单位进行会计处理的依据，在整个会计规范体系中起着补充作用。本书所说的“设计”就是指单位内部财务制度和单位内部会计制度的设计。

二、我国会计制度的变迁

我国会计制度是随着我国经济的发展而变迁的。自20世纪70年代末以来，我国会计制度的变迁以重大历史事件为分界点，大致分为以下几个阶段：

（一）1978—1992年的会计制度变迁

从1978年开始，我国在恢复和重建企业会计规章制度的基础上，为适应经济发展和经济体制改革的需要，对企业会计制度进行了一系列的配套改革。当时国营企业的会计制度仍然沿用计划经济体制下的分行业、分部门、分所有制的统一会计制度。为了满足企业健全会计核算规章、改善经营管理、提高经济效益的需要，我国先后多次对《国营工业企业会计制度》进行修订，制定发布了《国营企业固定资产折旧试行条例》等一系列会计法规，使我国在计划经济体制下的企业会计制度体系不断完善和进一步发展，保证了经济体制改革的顺利进行。党的十一届三中全会以后，随着我国对外开放的扩大，外资企业蓬勃发展。为了规范其会计核算行为，保证其健康发展，财政部于1985年正式颁布了《中外合资经营企业会计制度》。这一制度在很大程度上采用了市场经济条件下通用的会计处理方法和程序，其制定和实施开启了我国会计制度与国际会计惯例相协调的步伐，是我国市场经济体制下企业会计制度改革的先导。党的十一届三中全会后，股份制企业开始出现在经济体制改革的实践中。为了促进股份制试点工作的健康发展，规范上市公司会计核算和会计信息的披露，财政部于1992年制定颁布了《股份制试点企业会计制度》（1998年经修订改为《股份有限公司会计制度》）。这一会计制度以国际会计惯例为基础制定，无论从内容还是从形式来看，都有别于传统计划经济体制下的会计制度模式，是我国企业会计制度改革的一次成功探索。

（二）1992—1999年的会计制度变迁

1992年以前，我国会计制度虽然经过不断的改革和完善，但传统的按所有制形式、按部门进行核算的体系并没有发生根本性的改变。由于不同企业的所有制形式及所属部门的差异，经营业务相同的企业执行不同的会计制度，使会计信息缺乏可比性，不利于企业的公平竞争，因此，从根本上改革会计制度的呼声越来越高。1992年年末，经国务院批准，财政部以部长令的形式颁布了第1号企业会计准则①，它的颁布实施标志着我国会计制度模式从计划经济向社会主义市场经济的根本转变，是我国会计制度改革历史上的里程碑。第1号企业会计准则属于基本会计准则，它为具体准则的制定提供理论框架。该准则于1993年起实施，适用于中国境内所有企业，打破了不同行业与所有制企业会计规则之间的人为界限。随后，我国突破了传统会计制度的制定模式，根据企业会计准则的要求，结合各行业生产经营活动的不同特点及不同的管理要求，将国民经济各部门划分为若干个行业，分别制定了《商品流通企业会计制度》等13个全国统一的行业会计制度，形成了一个比较完整的企业会计制度体系。

企业会计准则颁布后，为了使我国会计准则与国际会计惯例相协调，我国在具体会计准则的研究起草过程中，聘请了外国咨询专家提供咨询服务。自1994年起，我国先后制定颁布了《企业会计准则——关联方关系及其交易的披露》等16项具体会计准则，初步建立了我国会计准则的基本架构。

（三）1999年至今的会计制度变迁

在这一时期，我国的资本市场迅速发展，经济的国际化程度不断提高，其间还经历了加入世界贸易组织（WTO）这一历史性事件。WTO正在从国际贸易规则发展成一套国际竞争规则，这对我国经济管理体制和价值观念的改革都产生了重大影响，更为重要的是，它使我国会计制度尽快与国际会计规则接轨。为此，全国人民代表大会常务委员会于1999年审议通过了新修订的《会计法》。新修订的《会计法》进一步明

---

① 1992年11月30日，财政部发布了第1号企业会计准则，自1993年7月1日起在全国正式实施。《企业会计准则》由财政部制定，于2006年2月15日发布，自2007年1月1日起施行。

确了立法宗旨，强调了单位负责人对本单位会计工作和会计资料真实性、完整性的责任，明确了会计工作中的法律界限，使会计规范有了法律依据。为配合《会计法》的实施，国务院于2000年颁布了《企业财务会计报告条例》。该条例重新明确了会计要素的定义，具体规定了财务会计报告的内容和编制要求，为规范我国会计市场的信息披露做出了制度安排。2000年年末，财政部在充分酝酿和广泛征求意见的基础上，以《会计法》和《企业财务会计报告条例》为基础，综合行业会计核算制度，借鉴国际会计准则，制定颁布了统一的《企业会计制度》（暂在股份有限公司执行，鼓励国有企业和其他企业执行）。《企业会计制度》适用于除金融企业和小企业以外的所有企业，是在总结我国资本市场改革经验的基础上形成的，实现了我国会计规范与国际会计惯例的基本协调，使我国会计的国际化水平向前推进了一大步。2006年财政部颁布38个新的企业具体会计准则，并于2007年1月1日起在上市公司执行。2008年，《企业会计准则》的实施范围扩大到中央国有企业，2009年进一步扩大实施范围。《企业会计准则》全面实施后，我国企业会计规范体系发生较大变化，现行的《企业会计制度》《金融企业会计制度》和行业会计制度将被《企业会计准则》所取代。《企业会计准则》的主要特征就是与国际接轨，有利于企业的价值管理和风险管理，从而促进中国企业的可持续发展和资本市场的完善。

复习思考题

1. 简述我国企业财务和会计规范基本体系。

2. 简述我国企业财务制度和会计制度的变迁。

3. 我国《政府会计制度》的制定和实施有何重要意义？

4. 学习《企业财务通则》，根据《企业财务通则》的内容列出企业财务制度的一般框架。

第二部分

财务与会计制度的基础设计

第三章

财务与会计机构的设计

财务与会计机构是专门从事和组织财务与会计工作的职能部门。建立和健全财务与会计机构是保证企业财务与会计工作正常进行、充分发挥财务与会计职能、实现财务与会计目标的重要条件。原则上，任何企业都应单独设置会计机构，并合理配备会计人员，以便对经济活动及其所体现的资金运动进行必要的反映和监督。会计事项不多的小型企业，即使经主管部门批准可以不单独设置会计机构，也应在其他部门配备专职的会计人员或委托经批准设立的从事会计代理记账业务的中介机构代理记账，以便为各方面的会计报表使用者提供决策所必需的经济信息。

企业财务与会计组织系统的设计包括科学设置财务与会计机构、合理配备财务与会计人员、明确财务与会计工作岗位责任和其他相关管理制度。

第一节　企业财务与会计组织机构的设置形式和基本原则

《会计法》第三十六条第一款规定：“各单位应当根据会计业务的需

要设置会计机构，或者在有关机构中设置会计人员并指定会计主管人员；不具备设置条件的，应当委托经批准设立从事会计代理记账业务的中介机构代理记账。”《企业财务通则》第八条也规定：“企业应当按照国家有关规定建立有效的内部财务管理级次。”实行独立核算的大中型企业必须单独设置会计机构，其作用主要有两个：一是有利于完成会计工作任务，实现会计目标，提高企业的经济效益；二是有利于加强会计监督与控制，促使企业各项经济活动合法、合规、合理和有效。具有法人资格的国有及国有控股企业还应建立健全合理的财务管理机构。

一、企业财务与会计组织机构的设置形式

企业内部财务与会计机构的设置形式主要有合并设置和分别设置两种。

1.财务与会计机构合并设置形式

这是会计对资金运动的反映、监督职能与财务管理对资金的筹集、调度和分配职能统一由一个部门来履行的一种机构设置形式。由于会计职能与财务管理职能的关系十分密切，采取合并设置形式不仅有利于减少财务会计人员的数量，而且有利于减少会计凭证的传递环节，加速会计凭证的传递速度，从而提高会计工作效率；同时，还可以减少会计信息的传递时间和失真的可能性，从而提高财务管理的及时性、针对性和有效性。

在某些情况下，由于会计业务和会计人员太少，财务会计机构还可能与计划等职能部门合并设置为一个科室。但是，不管合并设置的形式如何，仍应安排专人从事会计工作，并明确会计人员的职责范围和要求。

中小型企业由于经营业务较简单，会计业务不多，一般宜采用合并设置形式。

2.财务与会计机构分别设置形式

这是会计对资金运动的反映、监督职能与财务管理对资金的筹集、调度和分配职能分别由会计部门和财务部门来履行的一种机构设置形式。采取分别设置形式，有利于实现会计与财务管理两种不同职能的分工，更有效地实行岗位责任制，获得工作专门化带来的高效率；有利于

加强会计内部控制，建立相互监督、相互牵制的内控机制，从而减少错弊出现的可能性。

大型企业由于经营范围广泛、业务繁多，适合采用分别设置形式。这既有利于提供详细和公允的会计信息，又有利于经营决策活动的顺利进行。

二、企业财务与会计组织机构及其岗位责任制的基本设计原则

会计机构担负着核算和监督企业经营活动及其所体现的资金运动的重要职能，而财务机构担负着企业筹资管理、资产管理及利润管理等职能。其机构的设置是否科学、岗位责任的确定是否合理、各岗位之间的运作是否协调，将直接影响财务与会计职能的发挥。

企业财务与会计组织机构及其岗位责任制的设计受许多因素的影响，企业的生产经营类型、规模的大小、业务的繁简、管理的要求、人员的多少、银行的金融信用政策、资本市场状况等都会影响企业财务与会计组织机构及其岗位责任制的设计。通常情况下，在设计企业财务与会计组织机构及其岗位责任制时，应遵循以下原则：

1.适应性原则

适应性原则是指企业财务与会计组织机构及其岗位责任制的设计应与企业生产经营环境、规模、特点和管理要求相适应，保证企业会计信息的生成、加工和传递是真实可靠、及时有效的，财务管理活动能够按照企业目标正常进行。企业的生产经营环境、规模、特点和管理要求不同，财务与会计工作的组织方法、工作人员的数量和机构的内部分工也不同。通常情况下，经营规模大、经营过程复杂、经济业务量大、与资本市场关系密切和管理要求严格的企业，财务与会计机构的规模应相应大一些，财务与会计人员应相应多一些，财务与会计机构的内部分工也应细一些；相反，经营规模小、经营过程简单、经济业务量少、不参与资本市场和管理要求不高的企业，财务与会计机构的规模就应相应小一些，财务与会计人员应相应少一些，财务与会计机构的内部分工也应粗一些。

2.统一指挥原则

统一指挥原则是指在财务与会计组织系统中，除特殊情况和重大问

题外，一个人只对一个上级领导负责，实行“一元化指挥”，不能“一仆二主”，并按管理层次进行上传下达，不得越级。实行统一指挥原则，可以避免多头指挥和政出多门的现象。

在实行统一指挥原则时，应注意克服其缺点。统一指挥原则的缺点是：在组织关系中缺乏横向联系，若中间某环节出现问题，就会使上传下达的通道受阻而使指挥系统陷入瘫痪；在管理层次较多时，上传下达的信息速度慢，会影响工作效率。因此，在特殊情况下或处理重大问题时，上级领导可以适当越级指挥或增设某一协调环节，并授权专人进行横向协调。

3.系统性原则

系统性原则是指企业财务与会计组织机构及其岗位责任制的设计是一个系统工程，在设计时不仅应充分注意财务或会计工作的上、下组织环节及其岗位责任的相互依存和相互制约关系，而且应注意财务或会计部门与其他职能部门、业务部门之间岗位责任的相互联系，使其成为一个行之有效的企业财务与会计组织机构和财务与会计岗位责任制系统。例如，会计与财务合并设置的有限责任公司，不仅要科学设计负责会计日常核算与监督的部门、岗位及相应职责，而且要科学设计负责企业内部业绩考核与评价的部门、岗位及相应职责等。

4.有效管理幅度原则

有效管理幅度原则是指在分配某个管理人员的职责时，应注意其在精力、体力、时间和有限理性上的限制，并将其直接领导的部门个数或下属人数控制在能够有效指挥的跨度范围之内。有效管理幅度是指由于知识、经验、精力、体力和时间的限制，一个管理人员能够有效直接领导的部门个数或下属人数的最大值。通常情况下，管理幅度与管理层次成反比，即管理幅度越大，管理层次就越少；反之，管理幅度越小，管理层次就越多。

如果一个管理者直接领导的部门个数或下属人数超过其有效限度，他的工作就不可能做到具体和高效，就可能出现顾此失彼和无效指挥的问题。由于每个人的知识、能力和体力不同，其有效管理幅度往往是不同的。影响一个人有效管理幅度的主要因素包括职务、知识水平和能力、工作经验、工作内容和要求、职能机构的健全程度、信息反馈的速度等。

5.责权对等原则

责权对等原则是指在设计财务与会计岗位责任制时，必须明确规定每一位管理者应负的职责，并相应地赋予其一定的权力，做到有职必有权、有权必有责、权责对等。所谓权力，就是管理者在其职位（务）上所享有的指挥、行事的权力。权力可以适当下放（或转移）给下属人员，也就是说，上级对下级不仅可以委派工作任务，还可以授予一定的权力。所谓责任，就是管理者在其职位（务）上应尽的义务。责任与权力不同，责任是不能授予别人的。一位管理者应对其所承担的工作负全部责任，即使他的下属分担其一部分工作任务，承担一部分责任，该管理者也要承担该项工作的最后责任。

6.明晰性原则

明晰性原则是指企业财务与会计机构内部的分工应该明确和具体。企业财务与会计机构内部各部门和每一位财务或会计人员都应明确其职权、责任和具体的工作内容，要做到部门之间和人员之间职责清、任务明，以避免相互扯皮。

7.控制性原则

控制性原则是指在经营的关键环节设置必要的财务与会计内部控制制度，使有关人员相互制约、相互监督，使企业财务与会计组织机构及其岗位责任制具有必要的查错防弊功能，并形成一套对企业经营全过程、全方位的有效监控系统。控制手段主要包括会计记录、核算、分析、稽核和报告等。例如，某公司在产品生产的关键环节（即关键控制点，如材料的采购与付款、材料的领用，生产工人的工时安排、工资制度，各项费用的审核等），按不相容职务相分离的原则设置必要的控制制度，利用计划指标、定额标准、限额审批权等实施有效控制；通过凭证审核、账证核对、账账核对等，加强对会计记录质量的控制；设立专人审核岗位，定期核对会计记录。

8.精简与效率原则

精简与效率原则是指企业财务与会计组织机构及其岗位责任制的设计必须体现精简、高效的要求，防止岗位重叠、人浮于事，避免人力、物力的浪费和低效率。这一方面要求企业财务与会计组织机构及其岗位责任制设计的繁简程度要得当，使财务与会计机构内部的每个部门和人员各司其职，协调一致地履行财务与会计的职责；另一方面要求在保证会计信息质量的前提下，尽可能降低会计信息的输出成本。

第二节　企业财务与会计机构内部分工的设计模式

企业财务与会计机构内部的分工有多种设计模式，应根据财务与会计工作的要求和企业的具体情况进行设计。常见的设计模式有以下几种：

一、总会计师领导下的集中核算模式

总会计师领导下的集中核算模式是以总会计师为领导，下辖会计部、财务部、审计部，以会计部（或处、科）经理（或处长、科长）为主管，以审计部（或处、科）为专职监督部门的一种会计工作的分工模式。它一般适用于单独设置总会计师岗位、会计与财务分设的大中型企业。其中，会计部又可根据工作需要和管理要求分设若干下属部门。不过，各企业具体分工的内容和要求有所不同，图 3-1 是其中的一种设计方式。

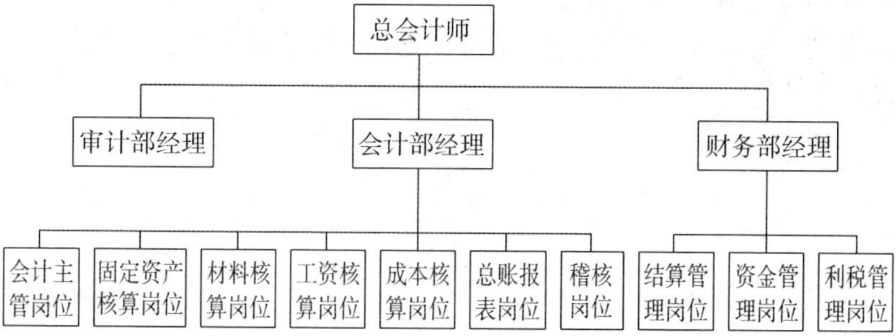

图 3-1　总会计师领导下的集中核算模式

图 3-1 中的会计主管岗位、固定资产核算岗位、材料核算岗位、工资核算岗位、成本核算岗位、总账报表岗位和稽核岗位等，应根据具体情况和工作要求按“一人多岗”、“一人一岗”或“一岗多人”设计。

二、会计部经理领导下的集中核算模式

会计部经理领导下的集中核算模式是以会计部经理为领导的一种会计工作的分工模式。它一般适用于不设置总会计师岗位、会计与财务分设（或不专设财务管理部门，将有关财务管理工作作为会计部的附带职能）的中小型企业。在这种模式下，会计部内部也可分设若干子部门或岗位。不过，各企业的具体分工内容和要求有所不同，图 3-2 是其中的一种设计方式。

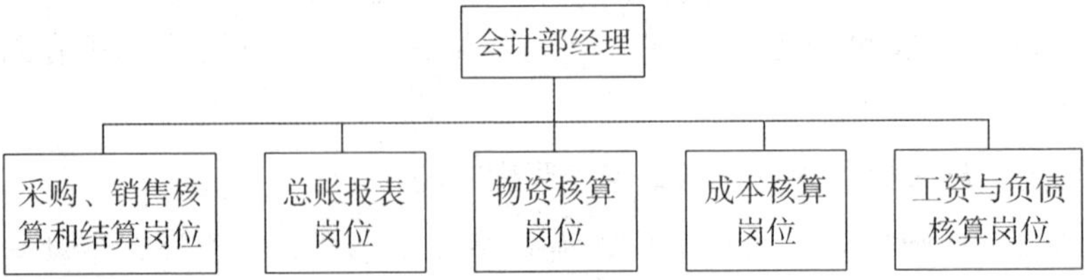

图 3-2　会计部经理领导下的集中核算模式

三、财会主管领导下的集中核算模式

财会主管领导下的集中核算模式是以财务与会计主管为领导，并且通常只设财会主管、会计和出纳等少数几个岗位（甚至只设会计与出纳两个岗位）的一种会计工作的分工模式。它一般适用于会计与财务合并设置的小型企业。在这种模式下，会计工作的分工和岗位的设置较简单，不过，各企业具体分工的内容和要求有所不同，图 3-3 是其中的一种设计方式。

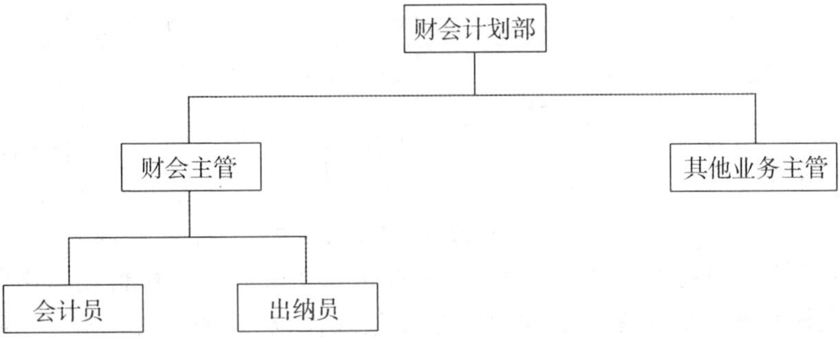

图 3-3　财会主管领导下的集中核算模式

四、总会计师（或会计部经理）领导下的分散核算模式

这是将某些成本计算或明细核算工作交由分厂（或车间等部门）完成的一种会计工作的分工模式，图3-4是其中的一种设计方式。

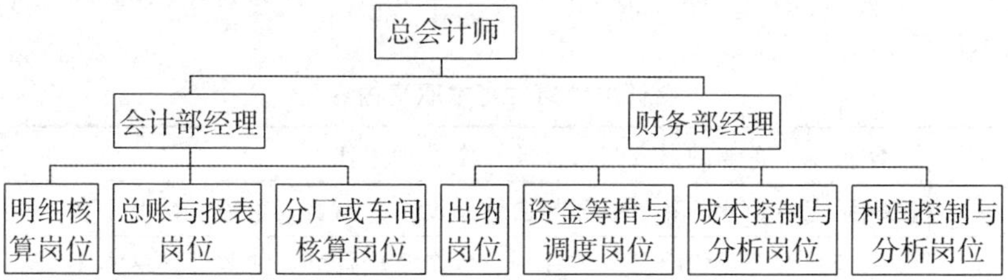

图3-4　总会计师（或会计部经理）领导下的分散核算模式

第三节　小型企业财务与会计组织机构和岗位职责的设计

一、小型企业财务与会计组织机构的设计

小型企业一般经营规模和范围较小，经营过程、企业的组织形式和管理要求较简单，财务与会计业务量不大，因此通常将会计与财务合并设置为一个部门或成为某部门下属的一个子部门（如图3-3所示）。但是，当财务与会计业务量增多，并且财务管理工作日益复杂和重要时，也可以单独设置会计部门（如图3-2所示），并在会计部门内部进行简单的分工。

小型企业通常设置会计主管、出纳、明细账会计、总账会计等岗位，并配备财务会计人员2～6人。其中，会计主管可兼总账会计（或兼总账会计和明细账会计），但是出纳人员不得兼管稽核，会计档案保管，收入、费用、债权、债务账目的登账工作。当明细核算工作量较大时，也可按“一岗多人”的方式配备会计人员。

二、小型企业财务与会计岗位职责的设计

实行岗位责任制是为了分清每一位财务、会计人员的职责和要求，做到事事有人管、人人有专责，从而提高工作效率，保证会计信息质

量。岗位责任制是指明确各项财务、会计工作的职责范围、具体内容和要求，并落实到每个工作岗位或人员的一种工作责任制度。

表3-1、表3-2、表3-3、表3-4是设置会计主管、出纳、总分类账会计、明细分类账会计四个岗位的某小型企业（非电算化核算）的岗位基本职责内容。

表3-1 会计主管岗位基本职责内容

1	具体负责本企业的财务与会计的日常管理工作
2	组织制定本企业的各项财务与会计制度，并监督其贯彻执行
3	组织编制本企业的财务成本计划、资金筹措计划，并监督其落实
4	会同有关部门拟定企业各项固定资产的投资方案和流动资金定额
5	负责企业各种税费的计算和缴纳工作
6	负责企业各项财务分析工作
7	参加企业有关生产经营管理会议，参与有关经营预测、决策和各部门业绩考评工作
8	参与拟定和审核经济合同、协议和其他经济文件
9	负责向本企业领导和职工代表大会报告财务状况和经营成果，审查对外提供的财务报告
10	组织财会人员参加理论和业务学习，负责财会人员的考核工作，参与研究财会人员任用和调整工作
11	领导交办的其他与财务、会计有关的管理工作

表3-2 出纳岗位的基本职责内容

1	办理现金收付和银行结算业务
2	办理各种票据的收付业务
3	登记库存现金日记账、银行存款日记账和票据备查簿
4	保管库存现金和各种有价证券
5	填写支票、本票和汇票，并在会计主管核准后加盖企业印鉴章
6	保管有关印章、空白收据和空白支票
7	具体办理各种税金的申报和扣缴业务
8	其他与库存现金、银行存款收付有关的业务

表 3-3 总分类账会计岗位基本职责内容

1	审核原始凭证
2	填制和审核记账凭证
3	登记总分类账
4	编制各种会计报表
5	根据各月工资结算和职工福利费提存率，编制工资及职工福利费分配表
6	根据各月电费结算凭证，按耗电部门、用途和定额耗电量编制电费分配表
7	将生产费用在完工产品和在产品之间进行分配，计算产品总成本和单位成本
8	定期进行财务成本完成情况的分析
9	领导交办的其他与总账业务有关的工作

表 3-4 明细分类账会计岗位基本职责内容

1	根据审核过的会计凭证登记各种明细分类账
2	定期将明细分类账余额与总账余额核对
3	定期进行财产物资清查，保证账实相符
4	办理各种债权、债务往来款项的有关结算业务
5	根据领料凭证和材料明细记录，按领用部门和用途编制材料费用分配表
6	计提每月各类固定资产折旧额，编制固定资产折旧费计算分配表
7	根据各项待摊费用明细记录和摊销计划，编制各种待摊费用分配表
8	根据各项预提费用的预提计划，编制各种预提费用分配表
9	归集和分配各车间的制造费用
10	领导交办的其他与明细账业务有关的工作

第四节 大中型企业财务与会计组织机构和岗位职责的设计

一、大中型企业财务与会计组织机构的设计

由于大中型企业的经营规模和范围大，经营过程、企业的组织形式和管理要求较复杂，财务与会计业务量较大，因此适宜采取会计与财务分设模式（如图3-1所示）。即使采取会计与财务合并设置模式（如图3-2所示），会计人员也必然相应增多（通常需要配备6～60名财务、会计人员），从而会计机构较大，会计工作的分工较细。

《会计法》第三十六条第二款规定："国有的和国有资产占控股地位或者主导地位的大、中型企业必须设置总会计师。"在大中型企业，尤其是大型国有企业或国有资产占控股或主导地位的大型企业，通常应增设总会计师岗位。同时，由于大中型企业一般配备了较多的财务与会计人员，以分担较繁重的财务与会计工作，因此应在财务与会计部门内部适当设置一些分部（即增加一个子部门的管理层次，这些子部门有时称为"科"，有时称为"组"），从而建立一个以总会计师为首的、以财务与会计部经理为主管的、包括一些分部的财务与会计组织体系。

在大中型企业中，"一岗一人""一人多岗"的现象较少，而"一岗多人"的现象较为普遍。由于多人从事相同的工作，因此还应注意建立相应的岗位竞争与奖惩机制。

二、大中型企业财务与会计岗位职责的设计

表3-5至表3-22是某中型企业各会计核算、财务管理岗位的基本职责内容。其中，表3-5是该公司总会计师岗位的基本职责内容和要求；表3-6至表3-16是该公司会计部各岗位（包括会计部经理以及材料核算、固定资产核算、工资核算、成本核算、利润核算、往来结算、稽核、总账报表、综合明细核算和车间会计岗位）的基本职责内容和要求；表3-17至表3-22是该公司财务部各岗位（包括财务部经理以及出纳、规划、经营、信贷和综合分析岗位）的基本职责内容和要求。该公

司采用总会计师领导下的分散核算模式，并且分别设置会计与财务部门，但是在会计部和财务部下面不增设分部。

表3-5　　总会计师岗位基本职责内容和要求

1	组织领导本企业的财务与会计管理工作，并对财务与会计机构的设置、人员的配备和任用、专业职务的聘任等事项提出方案和建议
2	组织编制和执行业务预算、资本预算、筹资预算和财务预算，并组织建立和健全企业的全面预算管理制度和经济核算制度，进行经济活动分析
3	审批企业各项财务、会计管理制度，签署财务专题报告和会计决策报告
4	审批企业财务收支，组织进行成本费用的预测、计划、控制、核算、分析和考核工作
5	协助企业领导进行生产经营、业务发展、固定资产投资等方面的决策
6	参与制定企业新产品、技术改造、科技研究、产品定价和工资奖金等方案，参与研究和审查企业重大经营活动和经济协议
7	组织和监督企业执行国家有关财经法律、法规和规章制度，保护企业财产的安全与完整
8	领导交办的其他与财务、会计有关的管理工作
要求：总会计师必须由具有五年以上财务与会计管理经验的高级会计师担任	

表3-6　　会计部经理岗位基本职责内容和要求

1	具体负责企业的会计管理工作
2	参与制定企业的各项会计管理和核算制度，并监督贯彻执行
3	参加企业的有关生产经营管理活动，参与有关经营预测、决策和效绩评价工作
4	参与拟定或审核经济合同、协议和其他有关的经济文件
5	负责向总会计师报告会计工作情况，向企业领导和内部会计报告企业的财务状况、经营成果和现金流量情况
6	审核企业对外报送的财务报告
7	组织本部门会计人员的理论和业务学习，负责会计人员的业绩考核，参与研究会计人员的任用和调整
8	领导交办的其他与会计有关的管理工作
要求：会计部经理必须由具有三年以上会计管理经验的会计师或高级会计师担任	

表3-7　　**材料核算岗位基本职责内容**

1	会同有关部门拟定企业材料价值管理与核算的实施办法
2	负责物资采购、原材料和材料成本差异的明细核算和有关应付购货款结算业务
3	会同有关部门编制材料成本目录
4	参与库存材料的清查盘点工作
5	分析材料库存的储备情况
6	编制发出材料费用分配表
7	领导交办的其他与材料核算有关的工作

表3-8　　**固定资产核算岗位基本职责内容**

1	会同有关部门拟定企业固定资产价值管理与核算的实施办法
2	具体进行固定资产的明细核算和有关应付购货款的结算业务
3	计提固定资产折旧，编制固定资产折旧费用计算分配表
4	预提固定资产大修理费用，编制预提固定资产大修理费用计算分配表
5	参与固定资产的清查盘点工作
6	分析固定资产的使用情况和效果
7	领导交办的其他与固定资产核算有关的工作

表3-9　　**工资核算岗位基本职责内容**

1	会同有关部门拟定企业工资管理与核算的实施办法
2	编制和审核企业工资结算汇总表，监督工资的发放工作
3	计提应付职工社会保险等福利费
4	负责工资和职工福利费的分配，编制工资及职工福利费分配表
5	负责应付职工薪酬的明细核算
6	领导交办的其他与工资核算有关的工作

表 3-10　**成本核算岗位基本职责内容**

1	会同有关部门拟定企业成本管理与核算的实施办法
2	拟定企业产品成本核算方法
3	建立和完善企业成本管理、核算的基础工作
4	根据车间和仓库交来的半成品入库、领用原始凭证，编制有关半成品入库、领用的转账凭证
5	审核各车间转来的各项要素费用的原始凭证
6	进行各有关要素费用、跨期摊提费用、制造费用、辅助生产费用的分配，并编制有关费用分配的转账凭证
7	将生产费用在完工产品和在产品之间进行分配，计算完工产品总成本和单位成本，并编制有关产成品入库的转账凭证
8	审核车间成本和备用金开支
9	审核委托、受托外单位加工事项
10	编制有关产品成本、期间费用的会计报表
11	指导车间会计核算员的专业工作，完善车间、班组和部门的经济核算制度
12	领导交办的其他与产品成本核算有关的工作

表 3-11　**利润核算岗位基本职责内容**

1	会同有关部门拟定企业利润管理与核算的实施办法
2	办理销售款项的结算业务
3	负责销售和利润的明细核算
4	负责税金、利润分配的明细核算
5	编制利润表、利润分配表和其他有关附表
6	负责投资收益、营业外收入、营业外支出的审核和明细核算
7	领导交办的其他与利润核算有关的工作

表3-12　往来结算岗位基本职责内容

1	会同有关部门拟定企业往来结算管理与核算的实施办法，建立往来款项的清算手续制度
2	办理与供货单位、购买单位、其他单位及个人的往来结算业务和明细核算
3	负责各项备用金、财务费用的计算、审核和相关明细核算工作
4	负责租金、保证金、罚没金、股息的计算、审核和相关明细核算工作
5	负责债券的应计利息、溢折价摊销的计算、审核和相关明细核算工作
6	领导交办的其他与往来结算有关的工作

表3-13　稽核岗位基本职责内容

1	会同有关部门拟定企业稽核管理的实施方法
2	各项财务收支凭证、账簿、报表的审核
3	审核各项摊提、折旧费用
4	审核各项应收应付、预收预付账项
5	审核期末应收款项、存货、交易性金融资产、持有至到期投资、长期股权投资、固定资产、无形资产等的估计减值
6	审核企业选用的有关生产费用分配方法的科学性和合理性
7	审核各项税金的计算、申报和减免事项
8	审核有关业务的完成程度（完工率）
9	追踪审核各项已决定办理事项的执行情况
10	审核有关资产的购置和处置
11	审核产品销售价格
12	审核有关合同、契约
13	审核货币资金结算事项
14	审核有关财务收支和财务成本计划
15	领导交办的其他与财务稽核、业务稽核有关的工作

表 3-14　总账报表岗位基本职责内容

1	会同有关部门拟定企业总账报表管理、登记、编制的实施办法
2	登记企业各总分类账簿
3	填制结账时的账项调整转账凭证，并登记有关总账
4	编制资产负债表及其附表
5	核对其他会计报表
6	办理会计凭证、会计账簿、会计报表等各种会计档案资料的归档手续，并予以妥善保管
7	领导交办的其他与总账报表有关的核算工作

表 3-15　综合明细核算岗位基本职责内容

1	负责货币资金的明细核算
2	负责对外投资的明细核算
3	负责其他流动资产，包括包装物、低值易耗品、委托加工物资等的明细核算
4	负责无形资产的明细核算
5	负责长期待摊费用的明细核算
6	负责待处理财产损溢的明细核算
7	负责所有者权益的明细核算
8	编制有关流动资金报表
9	领导交办的其他与明细核算有关的工作

表3-16 **车间会计岗位基本职责内容**

1	组织本车间会计核算班组的核算工作
2	及时记录车间备用金的收付及结存情况
3	及时记录、复核本车间发生的各项要素费用
4	归集本车间范围内发生的各项制造费用
5	记录、审核职工的出勤情况
6	收集和审核本车间的产量及生产工时记录
7	编制本车间的工资结算表
8	审核和记录本车间生产用材料和其他物料的领用情况
9	记录本车间产成品、半成品的入库情况
10	记录委托、受托外单位加工业务情况
11	编制本车间有关成本报表
12	参与本车间财产清查盘点工作，并做好相关记录
13	处理本车间与其他部门之间的各项往来业务
14	领导交办的其他与车间会计事务有关的管理工作

表3-17 **财务部经理岗位基本职责内容和要求**

1	具体负责企业的财务管理工作
2	参与制定企业的各项财务管理制度、财务成本计划、信贷计划和利润计划，并监督贯彻执行
3	在预算管理委员会和总会计师的领导下，负责组织企业财务预算的编制、审核、汇总、上报、下达和报告等具体工作
4	跟踪监督企业财务预算的执行情况，分析预算与实际执行结果的差异及原因，提出改进企业预算管理的措施和建议
5	会同有关部门组织制定和分解下达企业各项资金定额管理指标
6	负责企业各项资金的调度事项
7	负责各种税费的计算、申报、缴纳、扣缴和退税事项
8	组织本部门财务人员的理论和业务学习，负责财务人员的业绩考核，参与研究财务人员的任用和调整
9	领导交办的其他与资金筹集、运用和分配有关的管理工作
要求：财务部经理必须由具有三年以上财务管理经验的会计师（或经济师）或高级会计师（或高级经济师）担任	

表3-18 出纳岗位基本职责内容

1	办理现金收付业务、银行结算业务、票据和其他有价证券的收付业务
2	登记库存现金日记账、银行存款日记账和票据登记簿
3	保管库存现金和各种有价证券
4	保管有关印章、空白收据和空白支票
5	领导交办的其他与出纳有关的结算工作

表3-19 规划岗位基本职责内容

1	具体进行利率、汇率、证券价格和企业现金流量的预测
2	以金融市场和现金流量预测为基础，编制现金预算，确定资金筹措计划
3	编制利润计划，拟定企业生产经营和财务活动的目标
4	对实物投资计划进行可行性咨询分析，对金融投资计划进行独立的决策分析
5	审核汇编材料采购用款计划
6	会同有关部门制定材料消耗定额或标准
7	参与拟定企业固定资产需要量，参与编制固定资产的更新改造和大修理计划
8	会同有关部门制定流动资金定额
9	编制企业流动资金计划和银行借款计划
10	编制企业成本、费用计划，并考核其执行情况
11	会同有关部门加强成本管理的基础工作
12	领导交办的其他与资金筹措、财务预算管理有关的工作

表3-20 经营岗位基本职责内容

1	具体组织资金的筹措和供应工作
2	具体进行金融市场投资
3	具体负责企业流动资金调拨，组织流动资金供应和其他资金分配，考核资金的使用效果
4	控制材料采购成本
5	会同有关部门拟定企业各种财产物资的价值管理办法
6	具体办理各种税费的计算、申报、缴纳、扣缴和退税业务
7	领导交办的其他与资金投入、运用有关的管理工作

表3-21　**信贷岗位基本职责内容**

1	会同有关部门拟定企业资信调查和催款的实施办法
2	对赊销对象和投资对象进行信用调查，确定可提供信用的对象，确定信用政策
3	对提供了信用的对象进行追踪调查，掌握其生产经营情况和还款能力
4	对拖欠款项者进行债务催收和清理
5	领导交办的其他与企业资信调查和催款有关的管理工作

表3-22　**综合分析岗位基本职责内容**

1	综合分析企业的财务状况、经营成果和现金流量情况
2	编写企业财务状况说明书
3	进行财务预测，提供经营决策所需资料
4	领导交办的其他与综合财务分析有关的管理工作

第五节　企业集团财务与会计组织机构和岗位职责的设计

一、企业集团

企业集团（business group）是由母公司及其控股子公司、分公司和其他分支机构组成的企业联合组织。企业集团以母公司为核心，由多个有内在经济、技术联系的企业、科研单位等组成。其中，母公司和子公司都是独立的企业法人，但企业集团本身不是法人，母公司（或子公司）下属的分公司和分支机构也不是法人（可以采用独立核算或非独立核算形式）。对于分公司和分支机构，企业往往按经营环节、产品或地区等设置。企业集团的主要特点是规模大型化、经营多样化。此外，企业集团在许多情况下还具有资本国际化的特点。因此，企业集团的财务与会计组织机构的设计与上述单体公司（大中型企业和小型企业）的财务与会计组织机构的设计相比，既有许多相似之处，又有不同之处。其相似之处主要表现在：企业集团中的母公司和子公司也应根据其经营规模和范围的大小，经营过程、组织形式的特点及管理要求，采取会计与财务分设模式或合并设置模式，并在其内部设置相应的机构和岗位。其不同之处主要表现在：企业集团的财务、会计职责范围更大、分工更细，并且往往还需要在母公司（或子公司）下属的分公司和分支机构设置财务、会计部门等。

图3-5是企业集团财务与会计组织机构的一种设置形式。其中，子公司、分公司和其他分支机构的财务、会计部门应在业务上受企业集团总部财务、会计部门的指导。

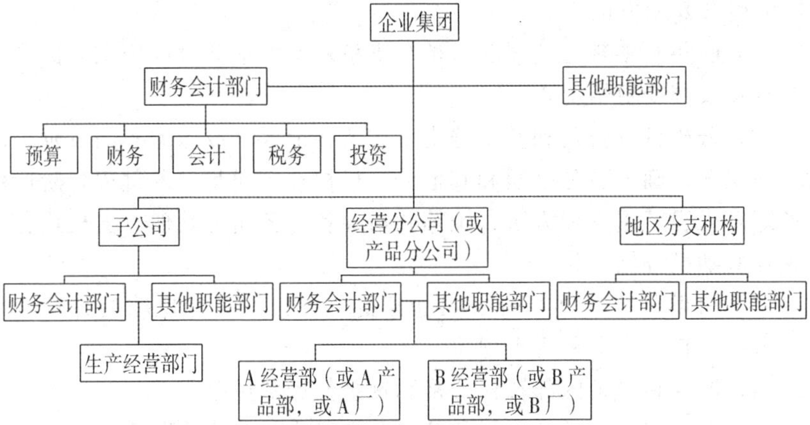

图3-5 企业集团的财务与会计组织机构

二、企业集团财务与会计岗位职责的设计

企业集团财务与会计岗位职责的设计与单体公司财务与会计岗位职责的设计存在许多相似之处。上述各种类型、规模的单体公司的财务与会计岗位职责都应在企业集团财务与会计岗位职责的设计中得到体现，同时企业集团还应增设反映整个企业集团中非独立核算的分公司、其他分支机构的财务状况、经营成果和现金流量情况及进行财务分析的岗位职责，资金调度与监督的岗位职责，母公司编制合并会计报表的岗位职责，税务筹划的岗位职责等。此外，在预算管理、投资核算与管理等方面，企业集团的设计应比单体公司更具体，要求更严格。

企业集团财务与会计岗位职责设计的特殊要求列示如下：

1.日常会计核算、合并会计报表方面

（1）制定总公司、分公司和其他分支机构的会计核算制度和实施规则。

（2）指导分公司和其他分支机构的日常会计核算，加强对会计人员的业务培训。

（3）核算有关业务的内部成本，明确各有关责任中心的经济责任。

（4）收集和审核分公司和其他分支机构的个别会计报表，汇总编制总公司、分公司和其他分支机构的汇总会计报表，并编制整个企业集团的合并会计报表。

2.税务筹划方面

（1）收集和整理分公司和其他分支机构所在地区（或国家）的各种税法规定及其变更情况。

（2）分析各分公司和其他分支机构所在地区（或国家）的各种税法的实施状况，确定各分公司和其他分支机构在筹建与经营过程各阶段的税务筹划内容、重点和方法，统筹和指导各分公司和其他分支机构各具体税种的纳税筹划工作。

（3）协助（或代办）分公司和其他分支机构各种税款的计算、申报、缴纳、扣缴和退税等事项。

（4）制定和调整内部转让价格和资金使用费用率。

（5）汇总和分析各分公司和其他分支机构的纳税情况等。

3.预算管理方面

（1）确定分公司和其他分支机构的预算管理办法和具体实施措施。

（2）指导和归集分公司和其他分支机构的各项业务预算（包括营业收入预算、生产预算、制造费用预算、产品成本预算、营业成本预算、采购预算和期间费用预算等），并汇总编制总公司的整体业务预算。

（3）指导和归集分公司和其他分支机构的各项资本预算（包括固定资产投资预算、权益性资本投资预算、债券投资预算等），并汇总编制总公司的整体资本预算。

（4）汇总编制总公司、分公司和其他分支机构的各项筹资预算（包括长期借款预算、短期借款预算、债券筹资预算和还本付息预算等）。

（5）汇总编制总公司、分公司和其他分支机构的各项财务预算（包括现金预算、预计资产负债表、预计利润表等）。

（6）具体组织实施财务预算，及时进行必要的调整，并进行有效的监督。

（7）分析与考核财务预算的执行结果。

4.投资管理方面

（1）收集分公司、其他分支机构和总公司有关部门的投资需要和意见。

（2）组织调查和预测企业集团有关项目的投资环境，参与各投资项目的可行性研究。

（3）安排和落实已定投资项目所需资金。

（4）跟踪分析和监督投资计划的执行情况。

（5）分析已完工并交付使用的投资项目的经济效益，并提出调整意见。

5.资金调度、监督和其他财务分析方面

（1）综合分析各分公司、分支机构的资金占用、使用情况及效益。

（2）调查和分析各分公司、分支机构所在地区（或国家）的金融环境和法律环境等。

（3）按总公司、分公司和其他分支机构的资金需要量合理筹集资金，并有效地分配和调度资金。

（4）监督分公司和其他分支机构各项资金的完整性和安全性。

（5）协助（或代办）分公司和其他分支机构对外借款及偿还事项。

复习思考题

1.企业内部会计机构的设置主要有哪几种形式？请说明其主要的使用范围。

2.企业设计会计组织机构及其岗位责任制时，应遵循哪些基本原则？

3.调查一个企业的会计组织机构及其岗位职责分工的实例，并予以点评。如果你是该企业财务会计的主要负责人，你将如何进行修订？

案例分析

江庐公司是一家主要从事家电产品加工制造的中型企业，采取部门经理领导下的集中核算模式，其财务与会计组织机构如图3-6所示。

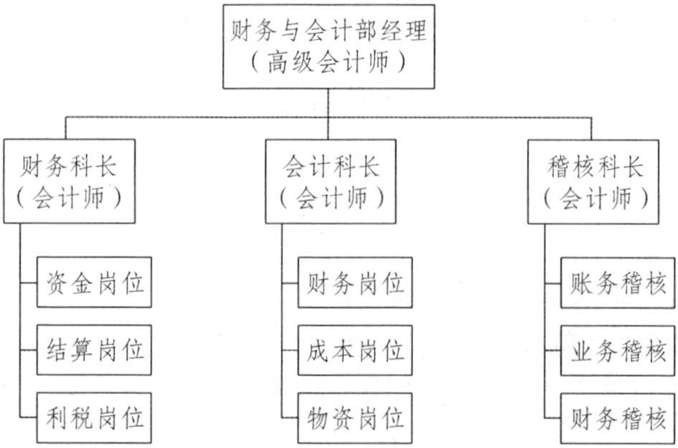

图3-6　江庐公司财务与会计组织机构图

江庐公司设计的财务与会计岗位职责为：

1.资金岗位职责

（1）负责资本预算、筹资预算和财务预算的编制、监督执行和控制。

（2）负责办理资金的筹措、分配和调度事项，包括办理各项借款的借入和清偿手续、各项对外投资的投放和收回手续。

（3）负责各项对外投资的明细核算。

（4）负责公积金和公益金的管理与明细核算。

（5）负责编制现金流量表和其他资金报表，并对其进行必要的分析。

（6）负责领导交办的其他与资金调度有关的事项。

2.结算岗位职责

（1）负责库存现金、银行存款和票据的出纳及保管。

（2）负责库存现金日记账、银行存款日记账、各种票据备查簿的登记。

（3）办理与供货单位、购货单位和其他单位或个人的往来结算及明细核算。

（4）负责企业各项借款费用的审核、计算、收付及明细核算。

（5）负责备用金的审核、计算、收付及明细核算。

（6）负责保证金（押金）、租金、罚没金、股息红利的计算和收付事项。

（7）负责货币资金日报表的编制和分析事项。

（8）负责领导交办的其他与货币资金结算有关的事项。

3.利税岗位职责

（1）负责利润计划的编制和日常监控事项。

（2）负责利润的计算和分配等事项。

（3）负责各种税款的计算、申报、缴纳、扣缴和退税等事项，包括进口原材料、机器设备的关税申报、缴纳和退税事项。

（4）负责进出口证明书、单据、结汇及报关事项。

（5）负责利润表、利润分配表和其他有关附表的编制和分析。

（6）负责领导交办的其他与利税有关的事项。

4.财务岗位职责

（1）负责原始凭证的汇总和复核。

（2）负责记账凭证的填制（或输入）、复核、编号、装订和保管事项。

（3）负责总账和部分明细账（除其他部门或岗位负责的明细账之外的所有其他明细账）的登记和保管事项。

（4）负责总分类账户的试算平衡、期末结账时的账项调整和登记工作，并及时结账，不得提前或推后结账。

（5）负责资产负债表的编制和分析以及各种会计报表的审核和保管事项。

（6）负责企业财务结构、损益变动及其趋势的预测和分析，并编制财务情况说明书。

（7）负责会计制度的设计和修订事项。

（8）负责领导交办的其他与账务处理有关的事项。

5.成本岗位职责

（1）负责成本计划的制订、分析和日常控制。

（2）负责各项生产要素的归集、分配和明细核算。

（3）制定并不断完善产品成本的计算方法。

（4）归集和分配跨期摊提费用、辅助生产费用和制造费用并进行必要的分析。

（5）将生产费用在完工产品和在产品之间进行分配，计算完工产品的总成本和单位成本，并进行相应的明细核算。

（6）负责各种成本报表的编制、复核与分析。

（7）负责领导交办的其他与成本核算有关的事项。

6.物资岗位职责

（1）负责储备资金定额、材料采购计划的编制和日常控制。

（2）负责各项财产物资明细核算，及时反映其收、发、结存情况。

（3）会同有关部门确定材料、固定资产、包装物、低值易耗品和其他物资的保管与清查制度。

（4）负责物资采购、材料成本差异、产品成本差异的明细核算，计算材料采购成本、材料成本差异率和产品成本差异率。

（5）负责领导交办的其他与财产物资核算有关的事项。

7.账务稽核岗位职责

（1）负责货币资金收支原始凭证、转账业务原始凭证和原始凭证汇总表（如摊提费用分配表、折旧费用分配计算表、工资费用分配表等）以及记账凭证的审核。

（2）负责应收应付、预收预付账项的审核。

（3）负责期末存货、应收款项、交易性金融资产、可供出售金融资产、持有至到期投资、长期股权投资、固定资产、在建工程、无形资产估价的审核。

（4）负责各项费用分配方法的审核。

（5）负责税金申报和减免事项的审核。

（6）负责领导交办的其他与账务处理有关的审核事项。

8.业务稽核岗位职责

（1）审核业务计划的执行情况。

（2）审核实际业务活动的合规性、合理性和有效性。

（3）追踪审核决定办理事项的实施情况。

(4) 负责领导交办的其他与业务稽核有关的审核事项。

9. 财务稽核岗位职责

(1) 审核资产的购置和处理的合规性、合理性和有效性。

(2) 审核材料物资的采购价格和产品销售价格的恰当性。

(3) 审核合同和契约。

(4) 审核有关货币资金的结算事项。

(5) 审核有关财务收支和财务成本计划。

(6) 负责领导交办的其他与财务稽核有关的审核事项。

要求:

(1) 江庐公司财务与会计岗位的职责分工是怎样的? 会计部门和财务部门分别负责哪些方面?

(2) 江庐公司财务与会计组织机构和岗位职责的设计有哪些优缺点?

(3) 请分别设计江庐公司财务与会计部经理、财务科长、会计科长岗位职责,并比较三个岗位职责的异同。

第四章

财务与会计基础工作管理制度的设计

财务与会计基础工作是指为财务管理和会计核算提供必备的资料和条件的各项基础工作的总称，主要包括原始记录、定额管理、价格管理、物资管理、财产清查、计量验收等基础工作，这些基础工作是做好财务与会计工作的前提。基础工作薄弱，搞好财务与会计工作也就成了一句空话，从而会影响企业经营管理目标的实现。因此，企业应该把财务与会计基础工作管理制度纳入财务与会计制度体系之中。

第一节　物资管理制度的设计

物资管理是对企业生产经营活动的各种材料、物品进行有计划的采购、保管和使用以及对产成品进行贮存、发出和清查等各项管理工作的总称。它是根据物资管理的规律，应用科学的管理方法，对物资的收、付、存活动进行计划、组织、协调、核算、控制和监督，使企业的供产销各项活动实现最佳的协调与配合，并通过降低物资成本和满足生产经营的需要来提高劳动效率和经济效益的过程。

物资管理制度是企业最重要、最基础的管理制度。搞好物资管理，对于保证公司顺利进行生产经营活动、合理组织物资流动、加速资金周转、节约物资消耗、降低产品成本、提高经济效益，都具有十分重要的意义。

一、物资管理的基本内容

1.物资管理范围

（1）生产经营用各种材料、备件及物品。

（2）公司生产的各种产品、部件。

（3）基建技改用工程物资。

（4）库存的机器设备。

（5）其他库存物品。

2.物资管理制度所规范的物资管理环节

（1）各类材料、物品的采购、入库、出库、保管和清查。

（2）产成品的生产、入库、出库、保管和清查。

（3）其他物资的采购、入库、出库、保管和清查。

3.物资管理的基本任务

（1）按质、按量、按时、齐备地供应公司生产经营活动所需要的各种物资，保证生产经营活动的正常进行。

（2）有计划地组织物资采购、保管和使用工作，合理组织物资流动，加速物资周转，压缩库存资金占用，避免物资积压、浪费和损坏。

（3）做好物资的节约和合理使用，努力降低物资消耗。

（4）有计划地做好产成品的生产、入库和发出工作。

（5）做好库存物资的收、发、存核算，保护公司物资的安全完整，实现物资管理的账账、账实相符。

4.物资管理的主要内容

（1）制定先进、合理的物资消耗定额。

（2）确定科学、合理的物资储备定额。

（3）正确编制、严格执行物资采购计划。

（4）正确编制、及时修订、严格执行产品生产计划。

（5）正确编制、严格执行物资领用计划。

（6）做好仓库物资的收、发、存核算。

（7）定期进行物资清查，保证物资安全。

5.物资保管人员上岗的基本条件

（1）坚持原则，实事求是，客观公正，认真负责。

（2）热爱本职工作，努力钻研业务。

（3）遵纪守法，廉洁奉公。

（4）熟悉本公司的生产经营情况。

（5）具有一定的会计核算知识，会记账、算账、对账、报账。

（6）身体健康，能适应公司的物资管理工作。

二、物资的采购、入库、领用与退库管理

1.物资采购流程

（1）销售部计划员根据公司确定供货的产品订单填制产品销售计划，经销售部长签字批准后报公司制造部。

（2）制造部根据产品销售计划填制产品生产通知单和材料消耗计划表，经制造部长签字批准后下达到各生产分厂、储运部和财务部。

（3）储运部根据制造部下达的材料消耗计划表进行查库，根据库存情况和生产需要编制物资采购计划，经储运部长、公司分管总经理签字批准后报公司采购部和财务部。

（4）采购部根据储运部的物资采购计划编制采购订单，组织物资采购工作。

2.采购物资的入库流程

（1）入库物资必须在公司下达的物资采购计划范围内，并备有供货单位出具的产品质量保证单。

（2）物资到库后，仓库保管人员将准备入库的物资与物资采购计划进行核对，在计划之内的开具物资待检单，由质检员对采购物资进行检验。检验合格的准予办理入库手续，检验不合格的由采购部负责退货。不在物资采购计划范围内的物资，一律不予办理质检及入库手续。

（3）为了实现物资的零库存管理，凡是先使用、后付款的物资，在生产领用前一律不予办理正式入库手续，而是只办理如下收存手

续：①保管人员一式三份开具物资收存单，送货人、保管员、采购员各一份；②保管人员根据物资收存单按日登记物资收、发、存台账；③采购员将物资收存单按供货单位分类保存。

（4）对已办理仓库收存手续的物资，每月25日之前根据生产领用数量办理正式入库。具体手续如下：①财务部材料会计根据当月材料领用数量通知采购部；②采购部通知供货单位开具入库物资增值税专用发票；③财务部材料会计在供货单位开具的增值税专用发票审核无误后，一式四联开具物资入库单，库管员、材料会计各一联，财务部两联。

（5）凡不纳入零库存管理的物资，应在物资验收合格后办理正式入库手续。

3.物资领用的流程

（1）各生产分厂根据制造部下达的产品生产通知单组织产品生产，根据制造部下达的材料消耗计划表填制领料申请单，到材料会计核算组办理领料手续。

（2）材料会计审查领料申请单是否符合制造部下达的材料消耗计划表，有计划并在消耗定额范围内的，开具定额发料通知单；有计划但超出消耗定额的，经分厂厂长签字认可后，开具超定额发料通知单；无计划或超定额无分厂厂长签字的，一律不予受理；特殊情况必须经过制造部部长的批准。

（3）各分厂领料员凭材料会计开具的发料通知单到有关仓库领料。

（4）保管人员凭发料通知单发货。需要称重确定领用数量的物资，领料员可首先到仓库称重，然后凭保管员开具的过磅单和领料申请单到材料会计组办理开具发料通知单的手续。

4.物资退库程序

用料部门领用物资后，有下列情形之一的，必须到储运部办理物资退库手续：

（1）生产任务完成后节余下来的材料。

（2）生产计划调整，导致原来的物资有剩余或不再使用。

（3）领用的物资规格与质量不符或错发的物资。

（4）边角余料中可继续用于其他生产的材料。

（5）分厂转产不再需用的各类物资。

（6）分厂月末节余的物资，下月继续使用的，应办理假退库手续。

物资退库，需办理如下手续：

（1）退料单位填写物资退库单。

（2）保管员验收并在物资退库单上签收。

（3）财务部、保管员分别根据物资退库单登记账簿。

5.分厂领用物资的执行程序

分厂领用物资时，需要注意与其他部门之间的物资交接、账目登记。

（1）各分厂从储运部、其他分厂领用的材料、部件以及各工段（车间）加工的半成品，由各分厂的中转库集中管理。

（2）中转库要建立中转库存货保管账，各分厂中转库的保管员必须按材料及部件的具体品种、规格设置明细保管账，对中转库物资的收入、发出及结存进行序时登记、永续盘存。

（3）对于中转库收到的物资，保管员应将品种、数量与材料会计开具的发料通知单（回执联）进行核对，确保无误，入库数量要在当天登记入账。

（4）各工段（车间）到中转库领用物资时，由中转库保管员在中转库存货保管账上填写发出数量，由领料人签字。

6.物资采购、入库、领用程序中需要特别强调的事项

（1）采购部采购物资必须严格执行公司下达的物资采购计划，大宗物资采购、和长期供应商的合作都必须签订采购合同；否则，储运部不予入库，财务部不予付款。

（2）制造部向各分厂下达的各类生产通知单（包括新产品、试制品、工装、模具等），必须附上材料消耗计划表；否则，分厂不予生产，储运部不予发料，财务部不予核算产品成本。

（3）分厂到仓库领用物资必须由专人负责，按材料消耗计划表领用。超定额领料必须说明理由，并经分厂厂长签字；否则，材料核算组不予开单，储运部不予发料。

三、产品、部件的生产、入库、出库与退货管理

1.产品及部件的生产流程

（1）制造部根据销售部编制的产品销售计划填制产品生产通知单，

经制造部部长签字批准后下达到各生产分厂和储运部。

（2）各分厂根据制造部下达的产品生产通知单组织产品生产。

（3）各分厂之间需要协作配套生产的部件，由需要加工的分厂填写内部加工申请单，经制造部部长签字批准后，由制造部下达内部加工生产通知单并安排承接分厂加工。

（4）需要公司外部单位加工的部件，由需要加工的分厂填写外部加工申请单，经制造部部长签字批准后，由制造部与外部加工单位签订委托加工合同，经财务部核价后，经办单位填写委托加工领料申请单，到材料核算组及仓库办理委托加工的发料手续。

2.产品入库流程

（1）经检验合格的产品，各分厂要安排专人填写产品入库单，及时办理入库手续。

（2）保管员将申请入库的产品与制造部下达的产品生产通知单进行核对，无计划的不予受理，有计划的验收无误后在产品入库单上签字。

（3）保管员每天将办完入库手续的产品入库单交财务部登记账簿。

3.部件加工的入库流程

（1）各分厂之间加工的部件，不需要到储运部办理入库手续，可直接通过中转库进行分厂与分厂的交接。

（2）委托外单位加工的部件交回公司时，首先由制造部开具委托加工入库单，到储运部办理入库手续，并到财务部办理委托加工合同的注销手续；如果有关分厂领用委托加工的部件，则需填写领料申请单，到材料核算组及储运部办理领用手续。

4.模具及工装加工流程

（1）需加工模具、工装的部门填写模具及工装加工审批单。

（2）制造部测算加工对象的生产消耗定额，向配件分厂（或其他加工分厂）下达模具及工装加工通知单和材料消耗计划表。

（3）财务部核定加工对象的结算价格。

（4）配件分厂（或其他加工分厂）根据制造部下达的模具及工装加工通知单和材料消耗计划表组织生产。

5.产品出库流程

（1）销售部开具产品发货通知单。

（2）财务部审核无误后加盖内部核算专用章。

（3）保管员凭产品发货通知单发货。

6.产品销售的退货流程

（1）销售部根据客户退回的产品清单开具产品退库单。

（2）财务部审核无误后，在产品退库单上加盖内部核算专用章。

（3）保管员以产品退库单为依据，予以收货及登记保管账。

（4）退货的产品按三种情况分别处理：①产品完好无损，可以继续销售的，留在仓库等待销售。②产品需维修后再销售的，由储运部填写产品退库返修单，退到有关分厂维修，维修合格后重新办理入库手续。③产品作报废处理的，由储运部填写产品报废审批单，办理有关报废手续。

7.产品及部件生产、入库中需要特别强调的事项

（1）各分厂的生产任务必须由制造部统一安排，各类生产通知单要科学编号，分厂领料、入库时都应注明生产通知单的编号。

（2）各分厂必须按公司下达的生产通知单组织产品及部件生产，一律不准私自安排生产任务。

（3）不符合生产通知单的产品、部件，储运部一律不予入库。

（4）各分厂生产工人的计件工资一律按照实际入库数量和相关分厂按计划接受加工的部件数量计算。

（5）有关部门通过制造部安排下达生产通知单的各类产品（含新产品、试制产品）、部件、工装、模具，必须按时到承担加工任务的分厂领取（或由分厂送货）；在加工过程中改变生产计划的，必须及时通知制造部和加工分厂；加工完成的新产品、部件、工装、模具如果不再需要的，申请加工部门必须撰写专门报告说明原因，提出已加工物品的处理意见。由于工作不负责任、决策随心所欲而导致的经济损失，公司将追究责任人的行政及经济责任。

（6）当客户的产品订单发生变化时，销售部必须区分不同情况采取如下处理措施：①属于专用且客户一年内不可能再订货的产品，要立即通知制造部、分厂、采购部、储运部等部门，停止执行相关产品的生产通知单，各部门要尽最大努力减少由此造成的损失。②通用产品或属于专用但客户承诺一年内再订货的产品，要立即通知制造部、分厂、采购部、储运部等部门，搞清相关生产通知单的执行进度，已经投产的部分

尽快完成，未投产部分停止投入。③凡由于停止执行生产通知单而滞留在各分厂的物资，一律作退库处理。

四、物资的定额管理

物资定额是指在一定的生产技术和组织条件下，对物资消耗、物资占用等方面所规定的数量及金额标准。加强物资定额管理是提高物资管理水平，实现公司生产经营活动科学化、系统化的重要措施。

（一）物资消耗定额

物资消耗定额由制造部负责，凡是安排各分厂生产的产品、部件、工装及模具，制造部都必须安排专人核定科学、合理的消耗定额并根据物资消耗定额和生产数量编制材料消耗计划表，这是生产通知单不可缺少的附件。对于缺少材料消耗计划表的生产通知单，各分厂一律不得安排生产。

（二）物资储备定额

1.物资储备定额的责任部门

（1）原材料、外协件、辅助材料、包装物的储备定额由采购部和储运部负责制定和管理。

（2）修理用备品、备件的储备定额由制造部和储运部负责制定和管理。

（3）产成品的储备定额由销售部和储运部负责制定和管理。

（4）财务部负责储备定额的综合管理、监督和指导，并负责公司内部计划价格的制定和管理。

2.物资储备定额分解

储运部要将各种物资的储备定额分解落实到各仓库保管员，保管员要严格按照物资储备定额控制各种物资的库存量。一般情况下，超过储备定额的物资，保管员有权拒绝入库；储备不足的物资，保管员应及时填报物资补库计划。

3.物资库存的升降变化

储运部要按月分析物资库存的升降变化，并按月填报库存物资超储、积压、不足明细表，上报财务部、采购部、销售部和制造部。库存物资超储、积压、不足明细表中要分别注明如下事项：

（1）超过储备定额的材料名称和超出数量。

（2）超过储备定额的产品名称和超出数量。

（3）积压物资的名称、数量和积压时间，其中积压产品要注明生产通知单的编号。

（4）储备不足的物资名称和不足数量。

4.物资超储、积压原因分析的责任分工

有关责任部门要对造成超储、积压的原因进行分析，写出书面报告，并对超储、积压物资进行积极处理。对于因不负责任造成的超储、积压，公司将追究有关责任人的责任。物资超储、积压原因分析的责任分工如下：

（1）采购部负责原材料、辅助材料及包装物的超储、积压原因分析。

（2）制造部负责修理用备品、备件的超储、积压原因分析。

（3）销售部负责产成品的超储、积压原因分析。

五、物资的库存管理

1.物资的合理分类和分库保管

库存物资要以其“用途”和“特性”两个标准进行合理分类和分库保管，要将用途相同、物理特性和化学特性相同的物资归类在一起保管，而不能将用途相同、物理特性和化学特性相同的物资分给不同的保管员进行管理。保管员要对库存物资合理编排、堆放，制作标志，使物资在仓库中排列整齐、堆放有序、标示清楚、盘点容易、领发便利。有条件的仓库可推行“五五化”、“四号定位”和“四对口”的物资管理办法。

（1）“五五化”是指库存物资中高的“五五”成行，矮的“五五”成堆，带眼的“五五”成串，小的“五五”成包，做到横看成行、竖看成线、左右对齐、过目成数。

（2）“四号定位”是指各种物资按存放的库房、货架、货架层次和货位给一个编号，做到一看编号就知道物资存放在哪个地方。例如，某材料的货位编号是“03-03-01-16”，表明该材料存放在3号库第3个货架第1层的第16号货位。

（3）“四对口”是指财务账、保管账、实物及资金占用要按月核对，达到四相符。

2.入库物资的验收计量

要加强入库物资的验收计量，凡需要过磅的物资，必须将过磅单附在入库单上，作为附件交财务部一并核对入账。物资的合理亏耗由采购人员填写物资盈亏损耗报告单，由采购部长、财务部长和总经理签发处理意见。

3.库存物资的摆放

库存物资要按照“先进先出”的原则摆放，并加有标志，保证发料时做到先进先出。

4.严格执行安全保卫制度

储运部要严格执行安全保卫制度，非仓库人员一律不准入库，库区严禁烟火，要加强消防设备和电源的管理，定期检查，全面做好防火、防水、防爆、防事故、防破坏、防盗窃工作，保证库存物资的安全。

5.坚持巡回检查制度

保管人员要坚持巡回检查制度，对露天货场要建立巡回检查记录，发现问题及时处理，消除事故隐患。

6.管理办法和保管措施

保管员要熟悉自己所管物资的特性，针对不同的物资采取不同的管理办法和保管措施：

（1）对易碎、怕压的物品要轻搬轻放，摆放稳固，不挤压、不撞击。

（2）对轻纺、劳保物资要防止虫蛀、鼠咬、发霉、发潮，做到定期检查。

（3）对金属材料、设备配件要有锈必除，清洗上油；对购入的已锈蚀材料，必须先保养后存放。

（4）对怕冻、怕潮、怕晒、易挥发的物资必须进库房存放或垫高、盖严，有的应注意保温密封，有的应注意冷却降温。

（5）对易燃、易爆、易感染、易腐蚀及有毒的物资必须重点保管、隔离储存，随时检查包装物的破损情况，要按照消防安全管理的规定进行保管和领用。

（6）对橡胶制品要防止老化、龟裂、变形和粘连，不准日晒和重压。

（7）对有储存期限的物资，应记清生产日期和入库时间，分批存放；对即将超过有效期的物资，应报请领导及时处理，以免造成损失。

7.永续盘点

库存物资要实行永续盘点，做到“五查、二核、一及时”，即收料前查计划、查库存，发料后查库存、核定额，月末查库存、核定额，一年一次大清查，发现问题及时处理。

六、废料的管理

1.废料回收

凡是公司生产经营中产生的有回收价值的废料，均应由储运部统一回收，按废料的大类和品种进行分类保管，并按废料品种建立保管账。

2.废料入库手续

将各类废料向废料仓库移交的工作由废料产生部门负责，废料入库时需办理如下手续：

（1）废料产生部门填写废料入库单，安排专人将废料送至废料仓库。

（2）废料仓库保管员对废料进行验收、过秤并开具废料入库单，由保管员、财务部和废料产生部门分别登记入账。

3.废料的销售程序

废料的销售由专人负责，并严格执行如下程序：

（1）负责处理废料的人员填写废料处理审批单，审批单的项目包括销售客户，废料名称、数量，建议销售价格等。

（2）财务部对废料处理审批单的价格进行查询、审核并由财务部长签署审核意见。

（3）总经理在废料处理审批单上签署意见。

（4）销售部根据废料处理审批单开具废料销售发票。

（5）购废料单位凭提货单到废料仓库提货，凭出门联带废料出厂。

七、仓库保管账的设置和核算

1.物资核算

物资核算由财务部领导，由材料核算组和保管员具体负责。

2.保管账的基本内容

仓库保管员设置保管账，对所保管的物资进行数量核算；财务部及材料核算组按照库别和物资大类采用计划价格核算，并设立材料价格差异明细账。保管账需要反映每种物资的下列基本内容：

（1）每天及累计的收、发、存数量。

（2）物资的供货单位。

（3）尚未办理正式入库手续的物资名称、数量及供货单位。

3.账簿格式

为完整反映每种物资的情况，在采用计算机核算的情况下，应设置多栏式保管账；在手工记账的情况下，保管员需要设置保管台账和保管账两本账。具体账簿格式见表4-1、表4-2和表4-3。

表4-1　　**计算机保管账**

物资编码：　　物资类别：　　物资名称：　　规格型号：

计量单位：　　最高定额：　　最低定额：　　存放地点：

年		凭证编号	业务内容	供应商	收存物资情况（数量）			入库物资情况（数量）			合计结存情况		
月	日				收存	入库	结存	入库	出库	结存	数量	计划单价	金额

表4-2　　**手工保管台账**

物资编码：　　物资类别：　　物资名称：　　规格型号：

计量单位：　　最高定额：　　最低定额：　　存放地点：

年		凭证编号	业务内容	供应商	收存物资情况（数量）		
月	日				收存	入库	结存

表4-3 **手工保管账**

物资编码：　　物资类别：　　物资名称：　　规格型号：

计量单位：　　最高定额：　　最低定额：　　存放地点：

年		凭证编号	业务内容	供应商	入库物资情况				
月	日				入库数量	出库数量	结存数量	计划单价	结存金额

4.账务登记

保管台账和保管账都必须逐笔、序时登记，日清日结。

5.账务处理

仓库物资的账务处理要做到：记账有凭证，盈亏有原因，调整有依据，损坏、丢失有报告，并按规定程序经有关部门批准。

6.结账方式

保管账每月结账一次，将每种物资在本月及累计的收付情况进行统计。结账方式有账簿“月计”和汇总报表两种形式。

7.账务核对

物资的采购、验收、入库、出库、退库、盘存都要做到计量准确、记录清楚、原始记录齐全。保管账与财务部的会计账必须每月核对一次，核对结束后，对于余额核对不符的账户，保管员和会计需要共同填制物资收、发、存情况核对表。该表一式三份，保管员、会计、财务部各持一份。

8.档案保管

保管账和各种物资的原始单据是公司重要的档案资料，必须妥善保管。一般来说，保管员只能保管两年之内的账簿和原始单据，两年以上的账簿和原始单据要移交储运部集中管理。在保管账与会计账、保管账与实物账账相符、账实相符的前提下，超过10年的保管账和原始单据经财务部审查、公司领导批准后可作销毁处理。

八、物资的清查盘点

1.清查盘点的种类

清查盘点是物资管理的重要内容，清查盘点的种类包括全面清查、局部清查、定期清查和不定期清查四种。

2.物资的清查方法

各种物资的清查应从数量和质量两个方面进行，并根据各种物资的实物形态、体积、质量、堆放方式不同，分别采用实地盘点法和技术推算盘点法。

3.清查周期

库存物资的清查由财务部和储运部共同负责，每年除必须在年终决算前全面清查一次外，在年度期间，还应区别不同情况，对物资进行重点抽查或定期清查。仓库保管员调动工作时，必须进行清查盘点。在日常工作中，材料保管员每月至少核对账务一次。

4.清查重点

库存物资的清查应重点抓好以下两方面的工作：一是通过点数、过磅或测量等盘点方法，准确确定物资的实存数量，将其同账面结存数量相核对，查明账实不符的原因。二是在清查中要注意库存物资的质量，发现霉烂变质、毁损、报废及超储积压的物资，应查明原因；对于清查盘点结果，要编制材料盘点报告表，反映各种物资的账面结存和实存数量，盘盈、盘亏、报废数量和金额以及造成盘盈、盘亏、报废的原因等情况。

5.物资报废程序

储运部对清查出来的报废物资要填报库存物资报废审批单，经技术部门签署鉴定意见，财务部、采购部、销售部等相关部门审核后，报总经理批准，办理报废手续。

6.对清查结果的账务处理

财务部对物资的盘盈、盘亏、报废情况要及时进行报批处理，确保账账、账实相符。

7.责任归属

对在物资清查盘点中发现的问题要分析原因，落实责任。属于责任事故的，公司将追究责任人的行政及经济责任。

8.工作交接程序

保管员如因工作需要或其他原因调离岗位的，要对其所经管的物资、账册、资料、用具等全部列出清单，逐件、逐项点交清楚，并由交接双方、材料会计和储运部长在交接清册上签章。未经办理交接手续或交接中出现问题待查的，一律不得离岗。

第二节 财产清查制度的设计

为了加强财务管理，保护企业资产的安全、完整，实现价值管理与实物管理的账账相符、账实相符，必须设计好财产清查制度。

一、财产清查的内容及种类

财产清查是通过对各项财产进行盘点和核对，确定各项财产物资、货币资金、债权、债务的实存数额及对方单位的数额，查明账账、账实数量及金额是否相符的一种专门方法。财产清查按清查范围和时间安排分为四种类型：

1.全面清查

这是指对企业所有财产进行全面盘点和核对。企业在下列情况下，必须进行全面清查：

（1）在年终财务决算之前进行全面清查，以保证年度财务成果的完整性和准确性。

（2）企业改制、撤销、合并或改变隶属关系时进行全面清查，以明确经济责任。

（3）开展清产核资，进行全面清查，以摸清家底，准确核定资金。

2.局部清查

这是指根据需要对一部分财产进行清查，如独立进行的库存现金盘点，固定资产清查，债权、债务清查等。

3.定期清查

这是指按预先安排的时间对财产进行的清查，一般在年度、季度或月度末结账时进行。

4.不定期清查

这是指事先并不规定清查时间，而是根据实际需要进行的临时性清查。企业在下列情况下，必须进行不定期清查：

（1）更换财产、物资和库存现金保管人员时进行财产清查，以分清经济责任。

（2）发生非常灾害和意外损失时进行财产清查，以查明损失情况。

（3）政府主管部门依法对企业进行财务检查时进行财产清查，以查清企业资产状况。

（4）社会中介机构对企业进行会计验证、评估时进行财产清查，以验证会计资料的准确性。

二、货币资金清查的设计

货币资金清查包括库存现金及有价证券、银行存款和其他货币资金的清查。

1.库存现金及有价证券的清查

库存现金及有价证券的清查由财务部门负责，通过实地盘点的方法确定库存现金及有价证券的实存数额，再与库存现金日记账及有价证券账的账面余额进行核对，以查明盈亏情况。库存现金及有价证券的清查一般由财务部部长、资金科科长或主管会计主持，出纳人员必须在场。盘点结束后，应根据盘点的结果，填制库存现金及有价证券盘点表存档。

库存现金清查的时间：一是出纳人员负责每日清点一次；二是财务部门不定期清查，一般每月进行一次。

2.银行存款的清查

银行存款的清查由财务部门负责，采用与开户银行核对账目的方法进行。在同银行核对账目之前，应先详细检查本单位银行存款日记账的正确性和完整性，然后根据银行对账单逐笔核对，核对完毕后编制银行存款余额调节表存档。

银行存款的清查每月进行一次，必须于次月15日前核对完毕，同时每季度要与银行面对面核对账目一次。

3.其他货币资金的清查

财务部门负责外埠存款、银行汇票存款、银行本票存款、信用卡存款、保证金存款等其他货币资金的清查，采取的清查方式是按月与存款银行进行核对，核对完毕后编制其他货币资金核对表存档。

三、债权、债务清查的设计

债权、债务清查由财务部门和业务经办部门共同负责，一般一年应全面核对一至两次。若债权、债务过多或长期未清查，应成立债权、债务专门清理机构进行集中清理，以防止呆账、坏账的发生。

（1）财务部门负责“应收账款”“应付账款”“其他应收款”“其他应付款”等往来核算账户的会计人员专司债权、债务清查之职。对于核对后的往来账项，必须填写往来账项对账单存档。

（2）销售部门的销售人员必须建立产品发出、货款回收及结存台账，逐笔登记产品发出及货款回收情况，并按月与公司财务部门、仓库及对方单位的财务部门、供应部门、仓库核对账目。

（3）物资采购部门的采购人员必须建立物资购入、货款支付及结存台账，逐笔登记购入、货款支付及结存情况，并按月与公司财务部门、仓库及对方单位的财务部门、销售部门核对账目。

四、财产物资清查的设计

财产物资的清查应从数量和质量两个方面进行，并根据各种财产物资的实物形态、体积、质量、堆放方式不同，分别采用不同的清查方法。

实物数量的清查方法一般有两种：一是实地盘点法，即通过逐一清点或用计量器具来确定财产的实存数量；二是技术推算盘点法，即通过量方、计尺等方法来确定财产的实存数量。技术推算盘点法适用于对煤炭、矿石等大量成堆存放，难以逐一清点或计量的物资盘点。

各种财产物资清查的具体方法和要求如下：

1.固定资产的清查

固定资产的清查由财务部门、归口管理部门和使用部门共同负责，每年至少在年终决算前清查一次。固定资产的清查要做好以下三方面的工作：

（1）查物点数，核对账目。负责清查的人员要深入现场，逐项清查固定资产，核对每台设备的主机、附机的实存数与账面数额是否一致，核对设备存放地点与账面记录是否相符。发现固定资产盘盈、盘亏或毁损的，要认真记录，查明原因，弄清责任，妥善处理。

（2）检查固定资产的保管、使用及维护情况。要弄清固定资产有无长期闲置、使用不当的情况，有无保管不妥、维护不够精心的情况，管理制度有无不完善之处。发现不需用或长期闲置的设备，应建议转让或内部调剂，将死钱变活钱；发现毁损的设备，要建议及时修复，保证设备完好；发现报废的设备，应查明原因，立即办理报废手续。

（3）对清查盘点的结果，要编制固定资产清查报告表，正确反映固定资产的账存、实存数量和金额，以及盘盈、盘亏、报废的数量和金额，并说明盘盈、盘亏、报废的原因等情况。

2.材料及产成品的清查

材料及产成品的清查由财务部门和物资管理部门共同负责，每年除必须在年终决算前全面清查一次外，在年度期间还应区别不同情况，对材料及产成品进行轮流盘点、重点抽查或定期清查。对贵重物资每月至少清查一次。仓库保管员调动工作时，必须进行清查盘点。在日常工作中，仓库保管员每月至少要核对账物一次。材料及产成品的清查要抓好以下三方面工作：

（1）通过点数、过磅或测量等盘点方法，准确确定材料及产成品的实存数量，将盘点数量与账面结存数量进行核对，并查明账实不符的原因。

（2）在清查中要注意库存材料及产成品的质量，发现霉烂变质和毁损的物资以及超储积压的物资，应查明原因。

（3）对清查盘点的结果，要编制库存材料及产成品盘点报告表，正确反映各种材料及产成品的账存、实存数量和金额，以及盘盈、盘亏、报废的数量和金额，并说明盘盈、盘亏、报废的原因等情况。

3.在产品的清查

在产品的清查由财务部门、生产部门共同负责，每月财务结账日清查一次。清查时，要通过实物盘点的方法查明存放在中转库及生产工序上的在产品数量，以准确核算完工产品成本及在产品成本。

4.低值易耗品的清查

低值易耗品的清查由财务部门、归口管理部门和使用部门共同负责，年终决算前必须进行一次清查，清查结束后应编制在用低值易耗品盘点表。

5.在建工程的清查

在建工程的清查由财务部门、项目管理部门共同负责，除年终决算前清查一次外，项目决算竣工前必须进行清查盘点，将剩余的材料退回仓库，减少工程成本，准确核算工程造价。

五、年终财产清查的设计

为全面反映企业一个会计年度的财务状况、经营成果和现金流量情况，确保财务会计报告的数据真实、准确和完整，公司在进行年度会计决算之前必须进行全面的财产清查。

（一）清查盘点截止期限

各类财产物资一律以每年11月30日止的账面数字与实际盘点数为准，凡提前或拖后截止盘点时点的数字，一律按11月30日的数字轧齐。编制年度会计决算报表时，只需调整12月份的发生额即可得出全年的清查盘点数字。

（二）清查盘点的范围及分工

1.固定资产

（1）财务部负责固定资产清查盘点的组织领导工作。

（2）制造部负责公司生产用、非生产用机器设备的清查盘点。

（3）储运部负责公司车辆的清查盘点。

（4）行政科负责公司房屋、建筑物的清查盘点。

（5）各职能部室及固定资产管理、使用部门要密切配合。

2.流动资产

（1）财务部负责流动资产清查盘点的组织领导工作，并负责财务部与各仓库、分厂账目的核对，以及债权、债务、银行存款、库存现金、有价证券的清查核对工作。

（2）储运部负责仓库物资的清查盘点，包括产成品、原材料、辅助材料、外协件、备品备件、包装物、燃料、工程物资、在库低值易耗品等。

（3）各分厂负责在产品的清查盘点。

（4）制造部负责生产用低值易耗品的清查盘点。

（5）行政科负责非生产用低值易耗品的清查盘点。

（6）各子公司、分公司负责各自管辖的财产物资的清查盘点。

3.在建工程

基建部门负责清查盘点所管辖的在建工程，已完工项目要造册登记，进行竣工决算，报财务部作增资处理。

（三）清查盘点的具体步骤和要求

（1）登记、核对全部账目。财务部门要在进行财产清查之前将有关账目登记齐全，结出账面余额，并抓紧时间与仓库等部门核对账面数字，确保于12月10日前将截至11月30日的账目全部核对完毕，做到账簿记录完整、计算正确、账账相符、账证相符，为财产清查提供正确可靠的账面记录依据。

（2）物资入库登记和整理。物资管理部门和保管人员应及时将截止到清查日的所有经济业务办好出入库手续，全部登记入账，并结出余额。对所保管的各种财产物资应进行整理，排列整齐，挂上标签，标明品种、规格和结存数量，以便盘点核对。

（3）准备盘点用的器具和表册。财务部门和物资管理部门要准备好清查盘点用的计量器具和各种表册。

（4）全面盘点财产物资。物资管理部门所管辖的财产物资，都要在日常永续盘点的基础上进行全面盘点。以件计量的物资，要逐件盘点；以重量计量的物资，该过磅的过磅，需打方测量的要反复核准；属于计量罐内的液体物资，要反复测量，准确计算。对在盘点实物中发现的数量、质量等问题，要查明原因，填写盘盈、盘亏、毁损登记表，给出处理意见。在盘点中一律不得以估计数量代替实物盘点，一经发现，公司将对责任者给予严肃处理。同时，要杜绝白条抵库现象的发生。

（5）财务部门要派员参与各项财产物资清查盘点的全过程。

（6）申报材料。

各部门要根据责任分工，将财产清查盘点资料于12月15日前上报财务部，财务部审核汇总后于12月20日前报总经理审批，经批准后的财产清查报告于年终决算前按国家会计制度的规定处理账务。如因责任事故延误上报时间，公司将按有关规定追究责任人的责任。

（四）组织领导

1.财产清查领导小组成员

为保证年终财产清查工作的顺利进行，公司设立财产清查领导小组。组长由总经理担任，副组长由财务负责人及财务部部长担任，成员由财务、生产、仓储、基建、行政、销售、供应等职能部门的负责人组成。

2.常设工作机构

财务部为财产清查的常设工作机构，具体负责组织协调公司的财产清查工作。

六、财产盘点制度的设计

（一）财产盘点的范围

1.库存物资盘点

库存物资盘点指公司仓库所存原材料、外协件、半成品、产成品的盘点。

2.在产品盘点

在产品盘点指各分厂中转库及正在加工过程中的在产品的盘点。

3.固定资产盘点

固定资产盘点指房屋、建筑物、机械设备、运动设备、生产器具等劳动资料的盘点。

4.在建工程盘点

在建工程盘点指基本建设、技术改造等专项工程及工程物资的盘点。

5.低值易耗品盘点

低值易耗品盘点指各部门工装、器具、办公设备、办公家具等不纳入固定资产管理的劳动资料的盘点。

6.外存物资盘点

外存物资盘点指外协加工物品、外存产成品的盘点。

7.财务盘点

财务盘点指库存现金、黄金、票据、有价证券等财务部门直接保管的资产的盘点。

（二）财产盘点的时间与方式

1.财产的定期盘点时间为月末盘点、半年盘点和年终盘点

（1）月末盘点。每个月末的会计结账日，仓库物资、在产品、库存现金、有价证券要全面盘点一次。其中，仓库保管员经管物资在500种以上的，采取全月循环盘点的办法；在产品的盘点必须在月末结账日进行，以便正确核算产品成本。

（2）半年盘点。每年的6月末，仓库物资、在产品、固定资产、库存现金、有价证券要全面盘点一次。

（3）年终盘点。每年年末，公司的所有财产都要全面盘点一次，此项工作可从11月中旬开始，以便留有充足的时间保证盘点质量。

2.库存现金、有价证券的盘点方式

（1）经管人员应坚持每天自行盘点一次。

（2）库存现金及有价证券的盘点应于盘点当日上班未办理业务前或当日下午结账后进行。

（3）月末、半年及年终盘点前应先将现金存放处封存，并于核对账册后开启，由会点人员与经管人员共同盘点。

3.外存物资的盘点方式

（1）外协加工物资由负责外协加工的经办人员与财务人员一起到外协单位进行盘点，外协加工物资盘点表应由外协加工单位负责人签认。

（2）外存产成品由销售部业务员与财务人员共同到产成品的外存仓库进行盘点，外存产成品盘点表应由外库保管员签认。

（三）盘点人员的分工与职责

1.总盘人

总盘人由财务总监担任，负责财产盘点工作的指挥，督导盘点工作的进行，并对盘点中出现的异常事项进行裁决。

2.主盘人

主盘人由各物资管理及使用部门的负责人担任，负责实际盘点工作的安排和实施。

3.盘点人

盘点人由各种财产物资的保管人员担任，负责清点财产数量。

4.会点人

会点人由各物资管理部门和财务部门指派，负责会点并记录盘点结果，与盘点人分段核对、确认盘点数据。

5.协点人

协点人由各物资管理部门指派，负责盘点物资的搬运、整理工作。

6.监盘人

监盘人由财务部门指派，负责盘点监督及抽查工作。

（四）盘点前的准备事项

1.月末盘点和日常盘点

月末盘点和日常盘点由财务部门和各物资管理部门根据各自分工组织盘点工作。

2.半年盘点和年终盘点

半年盘点和年终盘点由财务部门在每次盘点前做出盘点计划，事先依盘点种类、项目编排“盘点人员编组表”，经财务总监核定后，召开专门会议公布实施。

3.准备盘点表格

财务部门要将财产盘点所需盘点表格事先准备齐全。

4.准备、整理盘点用具及盘点物资

物资管理部门要将盘点用具及盘点物资预先整理、准备妥当，主要有：

（1）物资的堆置应力求整齐、集中、分类，并设置标示牌。

（2）库存现金、有价证券应按类别整理并列明清单。

（3）各项财产要依编号顺序事先准备妥当，以备盘点。

（4）各项财务账册应于盘点前登记完毕。如因特殊原因无法完成，应由财务部门将尚未入账的有关单据，如入库单、领料单、退料单等利用“财产结存调整表”将账面数据调整为正确的账面结存数。

5.已收存、尚未办妥入账手续的物资的处理

盘点期间已收存但尚未办妥入账手续的物资，应另行分别存放，并予以标示。

（五）半年及年终盘点

（1）盘点前的准备工作。财务部门应在盘点前签发盘点通知，负责召集各部门负责人召开盘点协调会，拟订盘点计划表，通知各有关部门限期办理盘点工作。

（2）盘点期间除紧急用料外，暂停收发物资。

（3）采取全面盘点方式。

（4）采用精确的计量器具。物资盘点应采用精确的计量器具，避免用主观的目测方式，盘点后的数据不得随意更改。

（5）记录、汇总数据。盘点物品时，会点人均应依据盘点人实际盘点数将其详实记录于盘点统计表中，核对无误后，盘点人在该表上签名确认。盘点完毕后，盘点人应将盘点统计表汇总编制财产盘存表。

（6）随机抽样盘点。财务部门要对各种财产盘点结果进行随机抽样盘点，抽样盘点结果不符率达到10%的，一律责成盘点人重新盘点。

（7）调整有关账项。财务部门应依据财产盘存表编制财产盘点盈亏报告表，经物资管理及使用部门列明差异原因、财务部门拟定处理意见后，转呈财务总监及总经理审批，财务部门和物资管理部门根据审批意见调整有关财产账项。

（8）会计处理。盘点盈亏金额，平时暂列待处理科目，年终时以净额转入本期“营业外收支”科目。

第三节　定额管理制度的设计

定额是指在一定的生产技术和生产组织条件下，在充分考虑人的主观能动性的基础上，对人力、物力、财力的消耗、占用等方面所规定的数量及金额标准。定额管理是对企业各种定额的制定、执行、修订等一系列管理活动的总称。加强定额管理，有利于加强财务管理，提高企业管理水平，保证生产经营活动科学、有序进行。

一、定额管理的分类及责任分工

（一）定额的分类

1.物资定额

物资定额指有关材料消耗或占用方面的定额，如材料消耗定额、工具领用定额、物资储备定额等。

2.劳动定额

劳动定额指有关人力资源消耗或占用方面的定额，如定员定额、劳动生产率定额、工时定额、工资定额、服务定额等。

3.生产及设备定额

生产及设备定额指有关生产能力及设备利用或占用方面的定额，如产量定额、设备利用率定额、生产能力利用定额、台时定额等。

4.资金定额

资金定额指有关流动资金占用方面的定额，如储备资金定额、生产资金定额、产成品资金定额、货币资金定额等。

5.费用定额

费用定额指有关制造费用、管理费用、销售费用耗费方面的定额，如制造费用定额、管理费用定额、销售费用定额等。

（二）定额管理的责任部门

1.物资定额的责任部门

物资定额由制造部主管，工程部、财务部及各分厂等部门配合。

2.劳动定额的责任部门

劳动定额由人力资源部主管，制造部、财务部、工程部及各分厂等部门配合。

3.生产及设备定额的责任部门

生产及设备定额由制造部主管，工程部、财务部及各分厂等部门配合。

4.资金定额的责任部门

资金定额由财务部主管，制造部、采购部、销售部及各分厂等部门配合。

5.费用定额的责任部门

费用定额由财务部主管，各相关部门配合。

（三）各部门在定额管理中的职责

1.主管部门

主管部门负责所主管定额的制定、修订、报批工作。

2.相关部门

相关部门负有积极配合主管部门搞好各项定额管理的责任，并负责有关定额的审核、会签等工作。

（四）定额管理的要求

1.定额的制定要做到“全、快、准”

（1）“全”是范围上的要求，即要求凡是需要制定定额的供、产、销各个环节，在人、财、物各个方面都要制定定额。

（2）“快”是时间上的要求，即要求定额的制定要简便易行、迅速及时。例如，新产品投产时，产品开发部门应立即将新产品的工艺消耗资料传递给制造部，以便制造部及时核定新产品的物资消耗定额。

（3）“准”是质量上的要求，即要求定额水平要先进合理，制定的定额要在已经达到的实际水平的基础上有所提高，并且在正常生产技术条件下，员工经过努力后可以达到。

2.定额的实施要做到严格执行、严格考核、严格奖惩

（1）定额制定后必须严格贯彻执行，要使定额成为规范、约束供应、生产、销售、科研、管理等一系列经营活动的标准和检查考核、奖惩兑现情况的依据。只有这样，才能发挥定额在企业管理中的重要作用。

（2）制造部向分厂下达生产任务通知单时，必须将材料消耗定额表作为附件同时下达。

（3）各分厂要以材料消耗定额表为依据到仓库领料。

（4）材料核算组和仓库保管员要严格按材料消耗定额表控制发料。

（5）要严格进行各种定额执行情况的核算、检查、考核和分析工作，并通过经济责任制、计件工资等形式将定额的执行结果与各部门及每名员工的物质利益挂钩，以促进定额的贯彻执行。

3.定额的修订要做到及时、合理

定额是在一定条件下的生产技术和管理水平的客观反映，为了保持定额的科学性、先进性和合理性，必须随着生产的发展、技术的进步、员工操作的熟练程度、管理水平的提高和劳动生产率的提高而及时修订，使之与现实情况相适应。通常情况下，企业每年可结合年度预算或财产清查等工作对各项定额全面审查、修改一次，个别波动大的定额应不定期地及时修订。

二、定额制定和修订的程序与权限

1.物资定额的制定和修订

物资定额由制造部负责拟订草案，工程部、财务部及各分厂等部门会审、签署意见，分管生产的副总经理审批。

2.劳动定额的制定和修订

劳动定额由人力资源部负责拟订草案，制造部、财务部、工程部及各分厂等部门会审、签署意见，总经理审批。

3.生产及设备定额的制定和修订

生产及设备定额由制造部负责拟订草案，工程部、财务部及各分厂等部门会审、签署意见，总工程师审批。

4.资金定额的制定和修订

资金定额由财务部负责拟订草案，制造部、采购部、销售部及各分厂等部门会审、签署意见，总经理审批。

5.费用定额的制定和修订

费用定额由财务部负责拟订草案，企管部、人力资源部、工程部、制造部及各分厂等部门会审、签署意见，总经理审批。

第四节　财务与会计档案制度的设计

为了加强会计档案的管理，保证会计档案安全、完整，及时归档和定期销毁，根据财政部、国家档案局颁布的《会计档案管理办法》（2015年12月修订，2016年1月1日起执行），会计部门应结合本企业实际，设计财务与会计档案的管理制度。

一、会计档案的范围及管理部门

1.会计档案

会计档案是指会计凭证、会计账簿、财务会计报告等会计核算专业材料，是记录和反映经济业务的重要史料和凭据。

2.会计档案管理部门

会计档案管理部门为档案室、财务部及各级财务部门。档案室及各级财务部门应安排专人或兼职人员负责会计档案的管理。财务部门在年度终了后，应将当年形成的会计档案清理造册，并上报档案室。档案室负责会计档案的保管、查阅、利用和销毁事宜，同时负责对财务部门的会计档案管理工作进行业务指导。若公司暂时未设档案室，会计档案则由财务部门安排专人保管。出纳人员不得兼管会计档案。

二、会计档案的整理与归档

1.会计档案的整理和装订

会计档案由会计人员负责整理。月度终了，财务部门要安排专人及时整理、装订各类会计凭证和会计报表；年度终了，财务部门要及时整理、装订各类会计账簿。

各类会计档案的整理、装订要求是：

（1）会计凭证。应将各种记账凭证按时间和凭证号顺序装订成本，做到附件齐全、折叠整齐、厚薄均匀、装订牢固美观、不压字、无金属物。每本会计凭证的厚度一般在2厘米左右，在封面上要填写规定的内容和加盖公章，在脊背上注明该本凭证的日期、凭证种类和顺序号。

（2）会计账簿。应将空白账页和账皮抽掉，用线绳装订成本，然后逐页编号，贴上封面，分类标号，标注清晰。

（3）财务会计报告。应将各类会计报表整理齐全，封面按规定填写、盖章。

（4）工资表。应分月装订成册，保证其不漏页、不重页、印章齐全。

（5）计算机存储的会计信息要打印输出为纸质会计档案进行保管，

储存会计信息的磁盘、光盘等介质应当定期拷贝、更换，以保证其安全性。

2.会计档案的保管

当年形成的会计档案，原则上由财务部门保管两年。期满后，由财务部门编造清册，移交档案室。档案室要按期清点查收，不得推诿和拒绝。

（1）档案室接收保管的会计档案，应当保持原卷册的封装，个别需要拆封重新整理的，应当会同财务部门和原经办人共同拆封整理，以分清责任。

（2）财务部门和档案室对会计档案必须进行科学管理，做到妥善保管、存放有序、查找方便。要严格执行安全和保密制度，不得随意存放，严防毁损、散失和泄密。

（3）合并、撤销单位的会计档案，原则上由并入单位负责接收保管，并由交接双方在移交清册上签章。

三、会计档案的查阅和借用

各类会计档案原则上只允许财务部门会计人员查阅和使用，查阅已归档的会计凭证，应办理查阅登记手续。

本公司其他部门或外单位人员需要查阅、借用会计档案时，必须经财务负责人批准，办理查阅登记手续后，由会计档案管理员协同查阅。凡经批准查阅会计档案者，应严格执行有关保密制度，在会计档案存放地点查阅，严禁涂画、拆封或抽换会计档案，未经领导批准严禁复印和借出。凡经分管领导批准借出的会计档案，必须详细登记调阅档案的名称、调阅日期、调阅人员的姓名和工作单位、调阅理由及归还日期等。

会计档案不得携带出境，境内单位在境外设立的企业的会计档案应按本制度和国家有关规定进行管理。

四、会计档案的保管期限

会计档案的保管期限从会计年度终了后的第一天算起。

会计档案根据其特点在保管期限上分为永久和定期两种。定期保管期限分为10年、30年两类。各类会计档案的保管期限详见表4-4。会计档案的保管期限可根据实际需要适当延长。

表4-4　　　　　　　　　**各类会计档案的保管期限**

序号	会计档案名称	保管期限	备注
一	会计凭证类		
1	原始凭证	30年	
2	记账凭证	30年	
3	汇总凭证	30年	
二	会计账簿类		
4	总账	30年	包括日记总账
5	明细账	30年	
6	日记账	30年	库存现金和银行存款日记账保管30年
7	固定资产卡片		固定资产报废清理后保管10年
8	辅助账簿	30年	
三	财务报告类		
9	月、季度财务报告	10年	包括文字分析
10	年度财务报告（决算）	永久	包括文字分析
四	其他类		
11	会计移交清册	30年	
12	会计档案保管清册	永久	
13	会计档案销毁清册	永久	
14	银行存款余额调节表	10年	
15	银行对账单	10年	
16	各类会计软盘、光盘	30年	

五、会计档案的销毁

会计档案保管期满需要销毁时，由档案室会同财务部门提出销毁意见，共同鉴定、严格审查，编制会计档案销毁清册，经公司财务负责人及总经理审查同意并在销毁清册上签署意见后，报经董事会批准销毁。

会计档案销毁时，应由档案室和财务部门共同派员监销。监销人在销毁会计档案之前，应当按照会计档案销毁清册所列内容认真清点核对，销毁后在销毁清册上签章，并将监销情况报告财务负责人及总经理。

保管期满但未结清的债权、债务原始凭证和涉及其他未了事项的原始凭证不得销毁，应当单独抽出立卷，保管到未了事项了结为止。

复习思考题

1.物资管理包括哪几个环节？每个环节在设计时应注意哪些问题？

2.设计财产清查制度的目的是什么？

3.定额制度在设计时有什么要求？

4.档案的保管年限分几种？

第五章

企业内部控制制度框架的设计

第一节　内部控制制度的含义与特征

21世纪初期，安然公司事件出现后，美国政府加强了对上市公司内部控制的规范，并在世界范围内掀起了以强化内部控制为基础的企业管理革命。内部控制作为现代企业内部管理制度，逐渐受到人们的重视，成为国际通用的“管理语言”。

自改革开放和发展市场经济以来，为了规范企业内部管理，我国政府也相继颁布了一些企业内部控制方面的规定。2008年6月28日，财政部等五部委在北京联合发布了《企业内部控制基本规范》。该基本规范自2009年7月1日起先在上市公司范围内施行，鼓励非上市的其他大中型企业执行。2010年4月26日，财政部等五部委联合发布了《企业内部控制配套指引》。该配套指引包括《企业内部控制应用指引》（18项）、《企业内部控制评价指引》和《企业内部控制审计指引》，连同此前发布的《企业内部控制基本规范》，标志着适应我国企业实际情况、融合国际先进经验的中国企业内部控制规范体系基本建成。2017年6月，财政部制定了《小企业内部控制规范（试行）》。

为确保企业内控规范体系平稳顺利实施，财政部等五部委制定了实施时间表：自2011年1月1日起在境内外同时上市的公司首先施行，自2012年1月1日起扩大到在上海证券交易所、深圳证券交易所主板上市的公司施行；在此基础上，择机在中小板和创业板上市公司施行；同时，鼓励非上市大中型企业提前执行。

内部控制涉及企业管理的多个方面，其中财务与会计制度是企业内部众多管理制度的重要组成部分，财务与会计制度的设计必须符合内部控制的原则。

一、内部控制制度的含义及演进过程

内部控制制度是企业为了提高工作效率和经济效益而采取的一种有效管理制度，是企业内部各级管理部门为了保护经济资源的安全、完整，确保经济信息的正确、可靠，协调经济行为，控制经济活动，利用单位内部因分工产生的相互制约、相互联系的关系，形成一系列具有控制职能的方法、措施，并予以规范化、系统化，使之组成一个严密的、较为完整的体系。这一理论的发展主要经历了以下几个阶段：

（一）内部牵制阶段

内部牵制是内部控制的最初形式。在这一时期，人们对内部控制还没有形成明确的概念，而是在会计实践过程中逐渐摸索出内部牵制这一方法，即任何人都完全独立地支配或控制账户，某一职员所从事的业务必须与另一位职员的业务形成相互弥补、相互控制的关系。

（二）内部控制概念形成阶段

内部控制概念由美国会计师协会在1936年出版的《注册会计师对财务报表的检查》中最早提出，该协会认为“内部控制是为了保护公司库存现金和其他资产，检查会计记录的准确性而在公司内部采用的方法和手段”。

1949年，美国审计程序委员会发表了《内部控制——调整组织的各种要素及其对管理当局和独立审计师的重要性》的研究报告，第一次正式提出了内部控制的定义，即“内部控制包括企业内部采用的机构计划和所有有关的调整方法和措施，旨在保护企业资产，检查会计数据的准确性和可靠性，提高经济效益，促使有关人员遵循既定的管理方针”。这个定义将早期的会计工作内部牵制扩展到对其他相关管理的控制，其控制范围比内部牵制的范围大得多。

1958年，美国会计师协会建议将内部控制分为内部会计控制和内部管理控制两个方面。前者的目标是保护企业资产，检查会计数据的准确性和可靠性；后者的目标是提高经营效率，促使有关人员遵守既定管理方针，实现经营目标。

（三）内部控制结构理论阶段

内部控制结构理论最早出现在1988年美国注册会计师协会发布的第55号《审计准则说明书》中。该说明书将内部控制定义为“为合理保证公司实现具体目标而建立的一系列政策和程序”，还提出了内部控制结构的概念，认为企业内部控制结构由控制环境、会计制度和控制程序三部分组成；内部控制结构不仅包括管理部门为实现企业经营目标而采取的各种方法及措施，还包括管理部门对内部控制的态度和行为。内部控制结构特别强调了管理层对内部控制的态度、认识和行为等控制环境的重要作用，认为环境因素是实现控制目标的环境保证。

（四）内部控制整体框架理论阶段

1992年9月，美国反对虚假财务报告委员会发布了《内部控制——整合框架》研究报告。该报告指出“内部控制是由企业董事会、经理阶层和其他员工实施的，为提高业务活动效率效果，增强财务报告可靠性及相关法律法规遵从性而提供合理保证的过程”，提出了内部制度整体框架的概念，认为内部控制由控制环境、风险评价、内部控制活动、信息交流和监督五个要素组成。这一整体框架的提出旨在为关注内部控制的有关各方，包括投资者、债权人、经营管理人员、审计人员和理论界，提供一个被普遍认可、内涵统一的内部控制概念框架以及相应的评价方法，反映了内部控制理论研究的日趋成熟和人们认识上的趋同。同以往的内部控制理论及研究成果相比，COSO（美国反虚假财务报告委员会下属的发起人委员会）的报告提出了许多新的、有价值的观点，体现在明确内部控制的“责任”、强调与企业的经营管理过程相结合、强调动态过程、强调人的重要性、强调风险意识等方面。

（五）企业风险管理总体框架阶段

1992年COSO发布的《内部控制——整合框架》已经被世界上许多企业采用，且成效显著。近几十年来，国际上不少企业破产或发生重大案件，如21世纪初美国安然等公司的财务丑闻，均与缺乏风险意识有关。在此背景下，会计理论界和实务界对内部控制框架提出了一些改进建议，强调内部控制框架的建立应与企业的风险管理相结合。迫于时代的要求，COSO于2004年10月发布了《企业风险管理——总体框架》①，它是在1992年报告的基础上，结合《萨班斯-奥克斯利法案》的相关要求扩展研究得到的。与传统的内部控制内容相比，风险管理框架的范围比内部控制框架的范围更为广泛，是对内部控制框架的扩展，是一个主要针对风险的、更为明确的概念。它新增加了一个观念（风险组合观）、一个目标（战略目标）、两个概念（风险偏好、风险容忍度）和三个要素（目标制定、事项识别、风险反应）。《企业风险管理——总体框架》的诞生是环境的变迁以及企业和COSO作为博弈双方经过多次博弈的结果，是从内控非均衡到内控均衡的过程，标志着新时期内部控制帕累托最优的产生。

二、内部控制制度的特征

第一，内部控制是一种手段而不是目的。内部控制是企业为了提高工作效率和经济效益而采取的一系列管理制度，它本身是在管理过程中采用的一种手段，而不是企业管理的最终目的。尽管内部控制包含了很多管理范畴因素，但一般来说，经营过程仍是通过计划、执行及监督等对企业加以管理的，内部控制只是管理的一种工具而不能取代管理。

第二，内部控制是一种客观存在。这是指在任何企业的生产经营过程中都存在控制，无论这种控制是有意识的还是无意识的，也无论这种控制的强度如何。内部控制客观存在于企业管理和其他相关生产经营活动过程之中，而非独立于企业基本活动之上。

第三，内部控制是一种动态循环过程。这一点体现在各种相关政

① 2017年9月COSO发布《企业风险管理——整合战略与绩效》（Enterprise Risk Management-Integrating with Strategy and Performance）。

策、计划、组织机构、程序、标准、方法和控制意识等控制措施的制定、实施、执行和反馈是首尾相接的动态的、循环的过程，要随着企业经营环境的变化而变化。

第四，内部控制只能为经营目标的实现提供合理保证。内部控制是一种检查、防范或调整的制约机制，其目标是提高经营效率及会计报表的可靠性，保证经营活动的合规性。其实施效果一方面取决于其自身的合理性，另一方面取决于控制环境的好坏。所以，内部控制并不能保证发现和纠正经营过程中出现的所有错弊现象，而只能在一定范围内为管理层提供实现目标的合理保证，但不是绝对保证。

三、内部控制制度的工作原理

内部控制制度的理论基础是控制论。根据控制论的基本原理和内部控制的基本目标，建立科学的内部控制制度应当遵循以下一些基本规律：

（一）以计划与规则的实现为目标

实施控制的目的之一是实现计划与规则的目标，因此只有当设计与实施的控制制度充分体现计划与规则的要求时，控制才会具有成效。由于每一项计划、规则都有不同的特点，在确定标准、控制关键点和重要参数、收集何种信息、如何收集信息、采用何种方法评定成效及由谁来控制和采取纠正措施等方面，都必须按照这些特殊要求和具体情况来设计与实施。

（二）组织适应性原理

组织适应性原理包括两方面：一是组织结构的设计要做到明确、完整和完善。内部控制制度必须依据组织结构中的职责和职务要求来设计，只有这样才能纠正与计划和规则的偏差。二是控制制度必须根据控制人员的特点来设计，即设计控制制度时不仅要考虑控制人员的职务要求，也要考虑担任该职务的控制人员的个性。组织结构是对组织内部各个成员担任各种职务的规定，同时也是执行计划、规则及纠正偏差的依据。因此，控制制度必须适合组织结构的类型。

（三）控制关键点原理

控制关键点原理是指控制过程中应当特别注意根据各种计划与规则

衡量工作成效时具有关键意义的因素或业务环节。如果缺少这些因素和关键环节，业务处理过程很可能出现错误和弊端，影响既定目标的实现。对于控制过程而言，随时注意计划与规则执行中的每一个细节或业务过程的每一个环节通常是不切实际的，不符合成本效益原则。控制人员只需将注意力集中于那些对既定目标有重要影响的因素或业务过程的重要环节并加以控制，便可有效防止财务错弊行为。

（四）例外原理

例外原理是指控制人员把注意力集中在那些超出常规的重要的例外偏差上，可以大大提高控制工作的效能和效率。正常情况下，企业各项活动都是在计划和规则的框架内进行的，可称之为常规活动，但有时也会出现例外情况，其中有些是企业的非常规活动，有些则可能是常规活动中出现的偏差。因此，在控制过程中还要应对经营过程中出现的例外情况，要将例外原理与关键点原理结合起来，把注意力集中在对关键点的例外情况的控制上。这样往往会事半功倍，取得很好的控制效果。

（五）控制趋势原理

对于控制全局的管理人员来说，重要的是现状所预示的趋势，而不是现状本身。控制变化的趋势比仅仅改善现状更加重要，当然也更困难。趋势通常是多种复杂因素综合作用的结果，趋势的形成需要长时间的积累，并对管理工作的成效起着长期制约作用。趋势往往被现象掩盖，不易被发现也不易被控制。当趋势发展到可以明显地描绘成一条曲线或可以表示成某种数学模型时，再进行控制则为时已晚。因此，控制趋势原理的关键在于从现状中揭示倾向，尤其是在趋势刚刚显露苗头时就发觉它。

四、内部控制制度的描述方法

（一）描述法

描述法也称文字说明法，是指对企业内部控制健全程度和执行情况的书面叙述。对内部控制进行书面叙述时，应按照不同的经济业务循环编写，阐明各项工作的负责人、经办人及由他们编写和记录的文件凭证等。这种方法适用于内部控制比较简单、比较容易描述的小企业。其优点是可对调查对象做出比较深入和具体的描述，弥补调查表只能做出简单肯定或否定的不足；其缺点是有时很难用简明易懂的语言来描述内部控制的细节，因而有时文字表述显得比较繁琐，不利于为有效进行内部控制分析和评价提供依据。

（二）调查表法

调查表就是将那些与保证会计记录的正确性、可靠性及与保证资产的完整性有密切关系的事项列作调查对象，设计成标准化的调查表，交由企业有关人员填写。调查表大多采用问答式，一般要按调查对象分别设计。调查表的优点有：首先，调查表能向所调查的对象提供一个简单的说明，有利于对企业内部控制做出评价；其次，编制调查表省时省力，可在调查初期较快地完成。调查表的缺陷在于：由于被调查单位的内部控制只能按项目分别考查，因此往往不能提供完整的看法；对于不同行业的企业或小规模企业，标准问题的调查表常常显得不太适用。

（三）流程图法

流程图是用符号和图形来表示企业经济业务和文件凭证在组织机构内部有序流动的文件。流程图能够清晰地反映企业内部控制的概况，是评价内部控制的有用工具。一份好的流程图可使人直观地看到内部控制是如何运行的，从而有助于发现内部控制中的不足之处。其优点是便于表达内部控制的特征，同时便于修改；其缺点是编制流程图须具备较娴熟的技术和花费较多的时间，内部控制的有些弱点有时很难在流程图上明确地表现出来。

五、内部控制制度的目标和原则

（一）内部控制制度的目标

内部控制制度的目标是内部控制存在的根本，也是建立内部控制框架、考核和评价企业内部控制的指导性参照物。现代企业中的内部控制目标已不再是传统意义上的查错和纠弊，而是涉及企业管理的方方面面，呈现出多元化、纵深化的趋势。

1.内部控制制度的财务目标

一个设计严密、完善的内部控制制度应当能够实现以下财务目标：

（1）保证业务活动按照适当的授权进行。

（2）保证所有交易和事项被正确反映，即在恰当的会计期间及时记录于适当的账户，使会计报表的编制符合会计准则和会计制度的相关要求。

（3）保证对资产和记录的接触、处理均经过适当的授权。

（4）保证账面资产与实际资产定期核对相符。

2.内部控制制度的非财务目标

（1）提高经营效率与经济效益。

（2）确保管理层制定的政策得以遵守。

（3）保证遵守国家有关法律法规的规定等。

（二）内部控制制度的原则

在明确内部控制制度目标的基础上，内部控制制度的设计还应该遵循以下具体原则：

1.合法性原则

合法性是企业建立一切内部控制制度的基本前提。合法性是指企业内部控制制度的建立必须符合国家法律法规和政策，必须把国家的法律法规和政策体现到内部控制制度中，保证每一项业务都能够在各项法律法规允许的范围内展开。比如，企业对货币资金的控制应当符合国家有关货币资金管理制度、结算纪律和账户管理的规定，对会计资料的控制应当符合国家有关会计档案管理的规定；对不符合法规要求的经济业务应当及时纠正。总之，内部控制制度体系是我国法律法规制度体系的一个子系统，必须与我国法律法规制度体系保持协调一致。

2.全面系统原则

全面系统原则一方面要求企业内部控制在综合考虑自身行业背景、经营规模、业务特征、操作流程等因素的基础上覆盖企业所有部门，贯穿于企业的所有经济业务；另一方面要求内部控制制度对企业全体员工都有约束力，即制度面前人人平等。因此，在进行企业内部控制制度设计时，应从系统论的观点出发，把企业看作一个普遍联系的有机整体，将各部门和岗位设计成既相互制约又具有纵横交错的控制网络与点面结合的控制系统，以保证各部门和岗位均能按照单位的目标相互协调地发挥作用。

3.内部牵制原则

内部牵制原则是指一项完整的经济业务活动必须分配给具有相互制

约关系的两个或两个以上的职位来分别完成。内部牵制必须考虑横向控制和纵向控制两个方面的制约关系：从纵向来说，至少要经过上下两级，使下级受上级的监督，上级受下级的牵制；从横向来说，至少要经过两个互不隶属的部门或岗位，借此相互制约，防止或及早发现错误与舞弊。

实行内部牵制制度的前提条件是明确企业内部各单位和部门的职能与性质，明确各部门及人员应承担的责任范围，并赋予其相应的权限，职责与权力应该尽可能以规范文件的方式明确地授予具体的部门、岗位和人员，以免在发生越权或在出现错误或舞弊时相互推诿扯皮。

4.成本效益原则

成本效益原则是指企业应力争以最小的控制成本取得最大的控制效果。实行内部控制制度的根本目的就是通过完善的内部控制，降低企业生产经营过程中的成本和人为因素，提高企业的经济效益。从内部控制的角度来考虑，参与控制的人员和环节越多，控制措施越严密、复杂，控制的效果就越好，纠正错弊的能力也越强，控制成本就越高。因此，在进行内部控制制度设计时，设计人员必须坚持成本效益观念，通过关键控制点的选择实行有重点的控制；同时要改进控制方法和手段，减少过繁的手续和程序，努力降低各种耗费，而不应过于强调严密性和完整性，不要设置一些不必要的控制点，以免在投入与产出上得不偿失。

5.责权利明确原则

要有效发挥内部控制制度的作用，必须以责任为中心，以权力为保证，以利益为手段。在设计内部控制制度时，企业应该根据各岗位的业务性质和人员要求，相应地分配工作任务和完成这些任务所必需的职责与权限。职责与权限是相互对等的两个因素，有明确的岗位责任，就要赋予此岗位完成任务所必需的权力，切忌出现岗位责任不明确、权力不清楚的现象。在明确职责和权力的基础上，还应该明确规定每个工作岗位的操作规程和处理手续，确定追究、查处责任的措施与奖惩办法等，做到工作业绩与个人奖励相挂钩，以增强每个人的事业心和责任感，提高工作质量和效率。

6.动态性和前瞻性原则

内部控制制度的设计不是一劳永逸的活动，设计好的控制制度也不应该是一成不变的。所谓动态性，是指控制系统自身应该具有信息反馈的功能，即内部控制制度的执行情况应该及时反馈给企业决策部门，决策部门根据反馈回来的信息及时修正制度中的缺陷与不足，始终保持企业内部控制制度的适应性。同时，由于各企业的内外部经营环境都是不断发展变化的，而内部控制制度又处于相对稳定的状态，为了既符合现时需要，又与未来发展相结合，保证制度在一定时期内的适应力和活力，在设计时还要有一定的前瞻性。

第二节　内部控制的基本形式

企业内部的经济业务多种多样，相应的控制形式也存在很多不同的种类，只有针对具体业务，采用适宜的控制方式，内部控制制度才能最大限度地发挥作用。

一、组织规划控制

组织规划控制主要涉及以下两个方面：

1.不相容职务相分离

不相容职务相分离制度是基于两个人无意识地犯同一个错误的可能性很小，而一个人舞弊的可能性要大于两个人舞弊的可能性这样的假设设计出来的。应当加以分离的职务通常有：

（1）授权进行某项经济业务的职务与执行该项业务的职务。

（2）执行某项经济业务的职务与审核该项业务的职务。

（3）执行某项经济业务的职务与记录该项业务的职务。

（4）保管某项财产的职务与记录该项财产的职务。

2.组织机构相互控制

一个企业的经济活动需要由不同的部门和机构相互协作来完成，其组织机构的设置和职责的分工应体现相互控制的要求。这些要求是：

（1）各组织机构的职责权限必须得到授权，并保证在授权范围内的职权不受外界干预。

（2）每类经济业务在运行中必须经过不同的部门，并保证有关部门要进行相互检查。

（3）在对每项经济业务的检查中，检查者不应从属于被检查者，以保证被检查出的问题能够得到迅速解决。

二、授权批准控制

授权批准控制指单位内部各部门或职员必须获得批准和授权后才能执行或处理有关的经济业务。授权批准控制可以保证单位既定方针的执行和避免滥用职权现象的出现。授权批准控制的基本要求是：单位内部各级部门必须在授权范围内行使相应职权，各级职员在处理具体业务时必须首先明确自己的职权和责任。各部门或职员要在授权范围内开展工作，既不能越权去处理本不属于自己职权范围内的事务，也不能对发生在自己职权范围内的过失推卸责任。

授权批准有一般授权和特定授权两种形式。一般授权是对办理一般经济业务时权力等级和批准条件的规定，通常在单位的内部控制制度中予以明确。特定授权是对特殊经济业务处理的权力等级和批准条件的规定，如当某项经济业务涉及的金额超过某部门的批准权限时，只有经过特定授权批准才能处理。

授权批准控制有利于岗位责任制的建立，使各部门工作人员在获得权力时，相应地承担责任，将所任职务与所负责任挂钩；便于有关人员各司其职、各负其责，有效防止问题的出现，即使发生问题也便于查找、解决。

完善的授权批准控制制度的设计应该符合下列几项要求：

（1）明确一般授权与特定授权的界限和责任。

（2）明确每类经济业务的授权批准程序。

（3）建立必要的检查制度，以保证经授权后所处理的经济业务的工作质量。

三、会计系统控制

会计系统控制要求各企业必须根据《会计法》和国家统一的会计制度的规定，制定适合本单位的会计制度，明确会计凭证、会计账簿和财务会计报告的处理程序，建立和改善会计档案保管和会计工作交接程序，实行会计人员岗位责任制，充分发挥会计的监督职能。其内容主要包括：

1.岗位轮换控制

岗位轮换是指各个岗位上的会计工作人员定期、不定期地相互调换职务，避免一个人在一个工作岗位上长期滞留，特别是涉及货币资金收支和财产实物收发的岗位，应尽可能地经常调换。岗位轮换控制的作用有四个方面：

（1）有利于促使工作人员尽职尽责。由于每一个工作人员随时都有调动职务、移交工作的可能，所以必须按规定及时完成自己的本职工作，不能拖拉疲沓。

（2）防止某些人因长期从事某项工作而产生惰性，或利用工作之便编织“关系网”进行舞弊活动。

（3）有利于及时发现问题，采取措施尽快解决，以免长期隐匿，造成大的损失。

（4）有利于培养“多面手”，提高工作人员的业务素质和独立工作的能力。

2.凭证控制

这是指在经济业务发生时，通过填制和传递原始凭证，对经济业务进行记录，以便在任何时候、任何问题发生时都有据可查。为此，设计足够的凭证联次和合理的凭证传递程序，将业务发生所涉及的各职能部门或个人联系起来，是强化内部控制的有效方式。其主要内容是：

（1）每发生一笔经济业务都必须填制或取得合法的、真实的、正确的原始凭证，作为各项业务的证明材料和控制依据。

（2）根据需要用复写方式填制凭证，即一式几联。

（3）重要的凭证，如收款收据、销货发票等应当事先编号，以防短缺；一般凭证可在使用时按顺序统一编号。

（4）凭证上必须有业务经办人员的签名或盖章，以明确其应负责任，强化制约关系。

（5）建立复查和核对制度，包括对凭证本身的复查和其他有关凭证的核对。

（6）建立科学合理的凭证传递程序，与业务的标准处理程序结合起来，使各种凭证在业务经办部门和人员之间合理流转。

（7）建立严格的凭证印制、购买、保管、使用、注销和存档等管理制度。

3.账簿控制

这是指通过利用会计账簿对经济业务进行序时、分类记载的功能，实施内部控制。其主要内容如下：

（1）设计完整的账簿组织体系，明确规定各种账簿的作用及它们之间的关系，做到：总账控制明细账、日记账；明细账控制财产实物和债权、债务的数量、金额变化；日记账控制收付款的笔数和金额。

（2）规定过账、对账、结账的要求，并区别各种账簿做出不同的规定。例如，总账既可逐笔过账，又可汇总过账，而明细账、日记账必须逐笔登记，尤其是库存现金、银行存款日记账还必须逐笔结出余额。

（3）建立严格的账簿领用、存档、查阅、销毁等方面的管理制度。

4.审批与稽核控制

这是指通过事前的审批控制与事后的稽核控制，对经济业务的合法合理性起到前把关、后验收的作用。其主要内容有以下几个方面：

（1）建立“一支笔”审批制度，防止乱人插手，“政”出多门，分不清责任，统一不了标准。

（2）严把审批关，按制度、政策办事，要求审有依据，批有理由，审要全面，批要慎重，正确行使权力；防止只批不审、滥用职权、草率从事、越俎代庖等现象。

（3）健全内部稽核制度，设置专职或兼职稽核员，负责凭证、账簿、报表、合同、计划、预算等的稽核，以及账证、账账、账表、账实之间的核对，保证正确相符。

5.档案管理控制

这是指对会计凭证、账簿、报表等档案资料实行专人保管，以便对档案所涉及的有关人员的工作情况实施控制，防止根据个人需要更改、调整甚至毁灭档案记录的现象发生。其主要内容是：设置专职或兼职（出纳员不得兼任）档案保管员并规定其岗位责任；规定专门的保管场所，规定各种档案的存续时间；建立严格的档案调阅、销毁等制度。

6.标准处理程序控制

这是指对每种经济业务的处理程序和手续制定出标准化模式，使程序的各个环节之间形成步步核查、环环监督的格局，以便及时发现差错和弊端，并加以处理，防止同类业务的处理因程序与手续不同而出现工作扯皮、职责不清、结果各异等现象。其主要内容有：规定每种经济业务应经过的环节和手续；对主要经济业务用文字或流程图的方式制定出标准化处理程序；规定经济业务由哪些部门和哪些人员处理，以及各环节的流转手续和滞留时间及审核内容等；规定各个环节和各道手续之间的关系。采用标准处理程序控制方式实施内部控制，一方面可以把各职能部门串联在一起，形成一个有机的整体，有条不紊地开展工作，及时、规范地完成任务；另一方面又可形成相互制约、相互监督的机制，把可能发生的差错和弊端消灭在业务处理过程中。

四、预算控制

预算控制是内部控制的一个重要方面，是为达到企业既定目标编制的经营、资本、财务等年度收支总体计划。预算的内容涵盖企业筹资、采购、生产、销售、投资、管理等经营活动的全过程。预算控制要求企业对各项经济业务编制详细的预算和计划，并通过授权由有关部门对预算或计划的执行情况进行分析和考核，以强化费用开支管理。其基本要求是：

（1）明确预算项目，凡能实行预算管理的项目力求纳入预算控制系统，并建立明确的预算标准。

（2）规范预算的编制、审定、下达和执行程序，划清各环节的控制责任。

（3）及时分析和控制预算差异，反映预算的执行结果，发现问题，采取改进措施。

（4）预算内开支实行责任人限额审批，限额以上的开支实行集体审批，严格控制无预算的资金支出。

五、实物资产控制

实物资产控制主要是针对流动资产、固定资产及其他资产，规定其采购、验收、入库、领用、计量、维修、盘点等职责、权限、程序和手续。实物资产控制主要包括限制接近控制和定期清查控制两种，是为保证单位实物资产安全采取的控制措施。

限制接近控制是指除出纳人员和仓库保管人员外，严格控制其他人员对实物资产及与实物资产有关的文件的接触，如库存现金、银行存款、有价证券和存货等，以保证资产的安全。

定期清查控制是指定期进行实物资产清查，保证实物资产实有数量与账面记载相符；如账实不符，应查明原因，及时处理。

六、成本控制

现代成本控制可分为粗放型成本控制和集约型成本控制。粗放型成本控制是在生产技术、产品工艺不变的情况下，单纯依靠减少耗用材料、合理下料来降低成本的成本控制法。集约型成本控制是依靠提高技术水平来改善生产技术、产品工艺，从而降低成本的控制法。把这两种方法结合起来就是现代成本控制。

1.粗放型成本控制

这种成本控制贯穿于从原材料的采购到产品最终售出这一过程的始终，是一种最基本、最主要的控制方法。

对原材料采购的成本控制，大宗常用材料一般采取公开招标或选择优秀厂家直接采购。对材料使用进行成本控制一般有两种方法：一是目标成本控制法；二是作业成本控制法。对产品销售的成本控制主要是促销成本控制，应掌握投入与产出的配比原则。

2.集约型成本控制

集约型成本控制主要有两种做法：

（1）通过改善生产技术来降低成本，如引进新的生产线，采用高科技生产产品等。

（2）通过产品工艺的改善来降低成本。集约型成本控制有赖于智力成果，它能带来超额利润。

七、内部审计控制

内部审计控制一般包括内部财务审计和内部经营管理审计。内部审计对会计资料的监督、审查不仅是内部控制的有效手段，也是保证会计资料真实、完整的重要措施。根据内部控制的基本原理和我国会计工作的实际情况，《会计法》规定，各单位应当在内部会计监督制度中明确“对会计资料定期进行内部审计的办法和程序”，以使内部审计机构或内部审计人员对会计资料的审计工作制度化和程序化。

八、电子信息控制

信息技术的发展为企业的信息化管理提供了技术支持，信息化管理要求企业必须运用电子信息技术手段建立内部控制体系，减少和消除人为操纵因素，确保内部控制的有效实施；同时还要加强对财务会计电子信息系统开发和维护、数据输出与输入、文件存储与保管、网络安全等方面的控制。

第三节　内部控制制度的设计步骤与方法

企业内部控制制度的设计要按照一定的步骤，选用具体的方法来完成。

一、内部控制制度的设计步骤

内部控制制度的设计步骤主要是确定控制目标，整合控制流程，鉴别关键控制点，确定控制措施，最终以流程图或调查表的形式体现出来。

（一）确定控制目标

控制目标既是管理经济活动的基本要求，又是实施内部控制的最终目的，也是评价内部控制的最高标准。在实际工作中，管理人员和审计人员要根据控制目标建立和评价内部控制系统，因此，设计内部控制制度时，首先应该根据经济活动的内容特点和管理要求提炼内部控制目标，然后选择具有相应功能的内部控制要素，组成该控制系统。

（二）整合控制流程

控制流程是指依次贯穿于某项业务活动始终的基本控制步骤及相应环节。控制流程通常与业务流程相吻合，主要由控制点组成。如果企业的业务流程存在控制缺陷，则需要根据控制目标和控制原则加以整合。

（三）鉴别关键控制点

实现控制目标主要是控制容易发生偏差的业务环节。这些可能发生错弊因而需要控制的业务环节通常称为控制点。控制点按其发挥作用的程度可以分为关键控制点和一般控制点。那些在业务处理过程中发挥作用最大、影响范围最广，甚至决定全局成败，对于保证整个业务活动控制目标的实现具有至关重要的影响的控制点，即为关键控制点。

（四）确定控制措施

确定控制措施是通过明确具体的控制技术和手续实现的。这些为预防和发现错弊而在某控制点所运用的控制技术和手续等就是内部控制制度的控制措施。

二、内部控制制度的设计方法

内部控制制度的设计方法包括一般控制法和业务循环控制法。

（一）一般控制法

一般控制法是企业根据其经济业务的性质、特点等，针对经常容易发生错弊的业务或环节所实施的控制程序、方法和措施。目前国内外大多数中小企业通常是针对人、财、物等要素，分别按内部管理控制制度和财务会计控制制度进行设计的。

1.内部管理控制

内部管理控制的范围涉及企业生产、技术、经营、管理的各部门、各层次、各环节。控制内容包括组织规划的所有方法和程序，这些方法和程序主要与经营效率和贯彻管理方针有关，通常只与财务记录有间接关系。内部管理控制一般包括统计分析、时动研究即工作节奏研究、业绩报告、员工培训计划和质量控制。

2.财务会计控制

财务会计控制的内容主要包括两个方面：一是会计控制，包括严格的凭证制度，即合规合法的凭证及传递程序、会计业务处理程序和会计复核与会计监督程序等。二是财务控制，这是通过对单位资金运行状况的监督与分析，对单位的各职能部门及人员的活动、工作实施控制，包括预算控制、财产物资管理、会计报表分析、货币资金控制、债权债务控制、成本费用控制、实物资产控制等。

（二）业务循环控制法

业务循环控制法就是按照处理企业内部某类经济业务事项的方法和

程序的先后顺序来实施控制的方法。一般而言，一个企业的所有交易和账户余额均可划分为几个业务循环。企业可将整个交易事项的处理过程划分为销售和收款循环、采购和付款循环、生产循环、筹资和投资循环、货币资金循环五个关键性的环节，并据此设计和实施相关的控制措施。

1.销售和收款循环

销售和收款循环是指企业围绕推销产品或劳务等所发生的经济业务。它是企业生产经营活动的基本内容，是生产经营过程的最后一个环节，目的在于卖出自己的产品而获得货币收入，实现产品的价值。销售和收款循环的内容主要包括接受客户订货、核准信用条件、发运商品、开列销售发票、记录收益和应收款项、开具账单、处理和记录收入现金等业务。销售业务的发生一方面引起企业的存货减少，另一方面引起企业收入的增加，因此它与资产盘存业务和货币资金收入业务密切相关。为销售业务设计严密、完善的内部控制制度，不仅可以保证销售业务合法、合理，而且可以加强资产盘存业务和货币资金收入业务的内部控制。

2.采购和付款循环

采购和付款循环是指企业围绕购买材料或商品等发生的经济业务。它是企业生产经营循环中的第一阶段。从业务的处理过程看，采购和付款循环由制订采购计划，签订采购合同或发出订货单，购买存货、其他资产和劳务，货物验收入库及编制验收报告，记录应付债务，核准、支付并记录现金支出等程序构成。该种业务涉及供应部门、财会部门及仓库的有关人员，他们分别负责货物的购买、验收和款项结算工作。因此，设计采购业务内部控制制度的重点是解决好这些部门及有关人员之间相互制约和分工协作的关系。

3.生产循环

生产循环是将原材料加工成零部件或产成品的过程，涉及储存原料、燃料，生产领用原材料以及制造成本的归集等业务。这一循环包含制造产品品种和数量的生产计划和控制、保持供货水平及与制造过程有关的交易和事项。

4.筹资和投资循环

筹资和投资循环由筹资活动和投资活动的交易事项构成。企业筹资是指企业根据其生产经营、对外投资及调整资金结构等活动对资金的需要，通过一定的渠道，采取适当的方式，获取所需资金的一种行为。企业投资是指企业为通过分配来增加财富，或为谋求其他利益，而将资产让渡给其他单位，获得另一项资产的一种行为。

筹资活动内部控制的重点在于注意筹资活动是否经过有关部门或领导的审核，是否符合国家有关法律法规，所有者权益在筹资过程中是否得到合理保证等。投资业务内部控制的重点是投资活动是否经过有关部门或领导的审核，投资资产的保管、记录、报告及投资收益的确认是否合理等。投资者在投资过程中要符合国家法律法规，保障投资利益不受损害。

5.货币资金循环

货币资金包括库存现金、银行存款和其他货币资金。货币资金循环是企业各种业务循环中最活跃的部分。其特点是业务量大、发生范围广，由于其自身的天然属性，这也是最容易发生差错和弊端的业务。货币资金的管理是整个资金管理的重点，货币资金收付业务的内部控制是整个内部控制制度的关键。如何堵塞漏洞，避免差错，防止弊端，保护货币资金的安全完整，是设计货币资金业务内部控制制度必须要解决的问题。

第四节　内部控制制度的评价

内部控制制度评价是指企业董事会或类似权力机构对内部控制制度设计与运行的有效性进行全面评价、形成评价结论、出具评价报告的过程。

一、内部控制制度评价的意义

企业实施内部控制制度评价，对于揭示、防范和管理企业风险，实现企业的经营目标和发展战略具有重大意义。内部控制制度评价通过评价企业内部控制体系的充分性、合规性、有效性和适宜性，促进企业切实加强内部控制体系的建设并认真执行，提高企业内部管理水平。内部控制制度评价的意义具体包括以下几点：

（1）建立健全内部控制机制，保障内部控制体系的有效实施；

（2）确保企业经营业务的合法合规性；

（3）保障企业资产的安全完整性；

（4）增强企业财务信息和管理信息的真实完整性；

（5）为企业提高风险管理水平提供信息服务和决策支持；

（6）提高企业经营效率，促进企业实现发展战略。

二、评价工作的组织

对单位内部会计控制制度进行检查评价是一项非常重要的工作，《内部会计控制规范——基本规范》要求各个单位给予充分的重视，做好评价的组织工作，配备好专业人员，提出明确的要求，确保单位内部会计控制制度的贯彻实施。

（一）由本单位内部审计机构组织专业人员进行监督检查

单位内部审计机构本身就是参与内部会计控制制度设计和监督的机构，它对本单位的经济业务流程比较熟悉，对各个环节的控制也比较清楚，因此由内部审计机构进行监督检查，能发挥很大的促进作用。

（二）聘请会计师事务所及专业人员进行监督检查

为了得到公正的评价结果，单位可以聘请信誉好、能力强的会计师事务所对本单位的内部会计控制制度进行评价监督。会计师事务所有注册会计师和有关专业人员，他们对内部会计控制的内容、环节都比较熟悉，一般都能胜任此项工作。会计师事务所接受委托后应认真组织好评价工作，在评价工作结束后，要提出有关的书面报告。

（三）接受财政部门对单位内部会计控制制度的监督检查

国务院财政部门和县级以上地方各级人民政府财政部门是管理单位会计工作的主管部门，应当根据《会计法》和《内部会计控制规范——基本规范》的要求，对本行政区域内各单位内部会计控制制度的建立和执行情况进行监督检查。

三、内部控制制度评价的原则与内容

（一）内部控制制度评价的原则

企业实施内部控制制度评价，至少应当遵循全面性、重要性和客观性原则，确保评价工作标准统一、客观公正。另外，企业也可根据评价工作的目标与企业自身特点，选择参考原则：风险导向原则、独立性原则、成本效益原则。

（1）全面性原则，是指评价工作应当包括内部控制制度的设计与运行，涵盖企业及其所属单位的各种业务和事项。

（2）重要性原则，是指在全面评价的基础上关注重要单位、重大业务事项和重要高风险领域。

（3）客观性原则，是指评价工作应准确揭示经营管理的风险状况，如实反映内部控制制度设计与运行的有效性。

（4）风险导向原则，是指内部控制制度评价应当以风险评估为基础，根据风险发生的可能性和对企业单个或整体控制目标造成的影响程度来确定需要评价的重点业务单元、重要业务领域或流程环节。

（5）独立性原则，是指评价机构的确定及评价工作的组织实施应当保持相应的独立性。

（6）成本效益原则，是指评价应当以适当的成本实现科学有效的评价。

（二）内部控制制度评价的内容

企业应当根据《企业内部控制基本规范》《企业内部控制应用指引》以及本企业的内部控制制度，围绕内部环境、风险评估、控制活动、信息与沟通、内部监督等要素，确定内部控制制度评价的具体内容，对内部控制制度的设计与运行情况进行全面评价。

（1）企业内部控制制度评价应当以内部环境为基础，重点关注以下内容：治理结构是否形同虚设；发展战略是否可行；机构设置是否重叠；权责分配是否明晰；不相容岗位是否分离；人力资源政策和激励约束机制是否科学合理；企业文化是否促进员工勤勉尽责；社会责任是否有效履行等。

（2）企业内部控制制度评价应当以生产经营活动为重点，至少应关注以下内容：资金的筹集、投放和运营过程是否存在资金链断裂；资产运行中是否存在效能低下或资产流失；采购与销售环节是否存在舞弊行为；研发项目是否经过科学论证；工程项目是否存在商业贿赂等。

（3）企业内部控制制度评价应当兼顾控制手段，至少应关注以下内容：全面预算是否具有约束力；合同履行是否存在纠纷；信息系统是否与内部控制有机结合；内部报告能否及时传递和有效沟通等。

四、内部控制制度评价机构、方法与报告

（一）内部控制制度评价机构

企业应当指定内部审计机构或其他机构具体组织实施内部控制制度评价工作，根据内部控制制度评价办法制定评价方案，组成评价小组，明确分工和进度安排，采取现场检查等方式开展内部控制制度评价。企业也可以借助中介机构或外部专家实施内部控制制度评价，参与企业内部控制制度评价的中介机构不得同时为同一企业提供内部控制审计服务。

（二）内部控制制度评价方法

企业开展内部控制制度评价，应当编制工作底稿。工作底稿应当由评价小组直接填写，指定专人严格复核。

评价小组可以综合运用个别访谈、调查问卷、专题讨论、穿行测试、统计抽样、比较分析等多种方法，广泛收集被评价单位内部控制制度设计和有效运行的证据，研究认定内部控制制度设计缺陷和运行缺陷。评价小组研究认定的内部控制缺陷，应当按照规定的权限和程序报经审批后确定。

企业应当对内部控制缺陷进行综合判断，按其严重程度分为重大缺陷、重要缺陷和一般缺陷。重大缺陷是指一个或多个控制缺陷的组合，可能导致企业严重偏离控制目标的情形。重要缺陷是指一个或多个控制缺陷的组合，其严重程度和经济后果低于重大缺陷，但仍有可能导致企业偏离控制目标的情形。一般缺陷是指除重大缺陷、重要缺陷之外的其他控制缺陷。

在发现内部控制存在缺陷时，企业应当建立内部控制缺陷整改机制，明确内部各管理层级和单位整改的职责分工，确保内部控制制度设计与运行中的主要问题和重大风险得到及时解决和有效控制。董事会负

责重大缺陷的整改，接受监事会的监督。经理层负责重要缺陷的整改，接受董事会的监督。内部有关单位负责一般缺陷的整改，接受经理层的监督。

（三）内部控制制度评价报告

企业应当根据内部控制评价结果和整改情况，编制内部控制制度评价报告。内部控制制度评价报告至少应当包括下列内容：

（1）组织实施内部控制制度评价的总体情况。

（2）内部控制责任主体的声明。

（3）内部控制制度评价的范围和内容。

（4）内部控制制度评价的标准和依据。

（5）内部控制制度评价的程序和方法。

（6）内部控制重大缺陷及其认定情况。

（7）内部控制重大缺陷的整改措施及责任追究情况。

（8）内部控制有效性的结论。

企业存在一个或多个内部控制重大缺陷的，应当做出内部控制无效的结论。企业内部控制制度评价报告应当报企业经理层审核、董事会审定后公布。企业应当以12月31日作为年度内部控制制度评价报告的基准日，也可选择6月30日作为基准日。内部控制制度评价报告应于基准日后4个月内报出。

复习思考题

1. 简述内部控制制度的含义及特征。

2. 简述内部控制制度的工作原理。

3. 简述会计系统控制的主要内容。

4. 简述财务会计控制的主要内容。

5. 试述内部控制制度的评价。

案例分析

案例1

2018年2月，A公司（国有企业）按照财政部门的要求，决定在公司内全面开展《会计法》执行情况的检查。4月初，A公司派出检查组，对设在外省的销售分公司B公司（以下简称B公司）进行检查，发现B公司存在多头开户、私设“小金库”等问题。正当检查组准备对有关问题进行深入检查时，A公司接到有关部门通报：A公司财会部经理许亮，B公司经理赵强、副经理张志刚携巨款潜逃国外。A公司立即向公安机关报案，同时决定对B公司几年来的经营管理和财务会计工作情况进行全面检查。经过6个多月的检查，一桩作案多年、涉案金额近2 000万元的资金盗用案揭开了面纱。

经查，许亮等人的主要作案手段和有关情形如下：

2015年，许亮被任命为B公司经理，赵强担任B公司副经理，张志刚任会计兼出纳。当时，A公司出于开拓市场、扩大经营规模等考虑，授予B公司产品销售定价自主权和对外投资自主权。由于尚未建立销售网络计算机控制系统，对各销售分公司的销售情况，A公司每月手工统计汇总一次，并要求各销售分公司每月末将当月销售款集中汇缴A公司账户，确认销售收入。许亮等人利用A公司授予的销售定价权，采用高价销售、低价向A公司汇总报账的手法截留销售货款，形成“小金库”，并利用销售货款上缴的时间差，挪用销售货款给赵强炒股，其非法所得也流入“小金库”。然后，由会计兼出纳张志刚将“小金库”款项源源不断地汇往境外许亮等人控制的账户。

2016年，许亮调任A公司财会部经理，赵强接任B公司经理，张志刚任副经理仍兼任会计和出纳工作。在此后的几年间，许亮、赵强、张志刚三人继续采用上述手法大肆作案，直到2018年4月A公司检查组进驻B公司。

案发后，A公司对此案高度重视，针对此案暴露出的分公司权力过大及内部控制方面存在的缺陷等问题，A公司董事会做出以下决定：

第一，建立健全公司的内部控制制度，由总经理组织制定与实施，今后如果内部控制方面再出现问题，应由总经理承担全部责任。

第二，加强对外投资控制，收回各分公司的对外投资权，该公司所有投资均由A公司董事长审批。

第三，加强财务管理，会计和出纳人员分设，出纳人员不得兼任账目登记工作，A公司的银行预留印鉴等一律由总会计师统一保管。

第四，加强销售与收款控制，所有销售业务（包括制定销售价格、签订销售合同、组织货物发运、结算销售货款等）均由A公司销售部统一负责，各销售分公司仅负责市场宣传推广，协助催收货款。

第五，加强计算机系统的建设和内部审计工作，实现销售网络计算机控制，由A公司财会部每年组织对本公司及下属分公司、子公司内部控制制度执行情况和会计资料进行审计。

要求：

（1）针对A公司发生的案件，分析其内部控制方面的缺陷，并说明理由。

（2）从内部控制的角度指出A公司董事会所作决定的不当之处，并说明理由。

案例2

巴林银行是有250多年历史的老牌英国银行，在全球拥有雇员1 300多人，总资产逾94亿美元，所管理的资产高达460亿美元，许多英国王室显贵（包括英国女王伊丽莎白二世和查尔斯王子）都是它的顾客，曾被称为“英国的皇家银行”。巴林银行经历了1986年伦敦金融市场解除管制的“大爆炸”仍然屹立不倒，成为英国金融市场的重要支柱。然而，巴林银行长达两个多世纪的辉煌业绩却在1995年2月毁于一旦。

里森于1989年7月10日正式到巴林银行工作，在这之前，他是摩根士丹利银行清算部的一名职员。进入巴林银行后，他很快争取到了去印度尼西亚分部工作的机会。由于他富有耐心和毅力，善于逻辑推理，能很快解决一些以前没有解决的问题，印度尼西亚分部的工作有了很大起色，因此他被视为期货与期权结算方面的专家。巴林银行伦敦总部对里森在印度尼西亚分部的工作表现相当满意，并允诺在未来给他安排一个适当的职务。1992年，巴林银行伦敦总部决定派他到新加坡分行建立期货与期权交易部，并出任总经理。作为一名交易员，里森应该承担代表巴林银行的客户买卖衍生性商品、替巴林银行从事套利活动这两项工作。

1992年7月17日，里森手下的交易员金·王将要求买进20口日经指数期货合约的指令错误地理解为卖出20口，结果损失了2万英镑。里森并没有将这一事件报告给巴林银行伦敦总部，而是利用一个错误账户88888掩盖了这个失误。另外一名交易员乔治则将应该卖出的100份期货全部买进，使损失高达800万英镑，里森同样利用错误账户88888掩盖了这个失误。

为了赚回足够的钱补偿所有损失，里森从事大量夸式期权交易，但好运并没有眷顾里森。到1994年7月，88888账户非但没有赚钱，反而使亏损达到了8 000万英镑。1995年1月18日，日本神户发生大地震，其后数日日经指数大幅度下跌，里森一方面遭受更大的损失，另一方面却购买更庞大数量的日经指数期货合约，希望日经指数会上涨到理想的价格范围。1月30日，里森以每天1 000万英镑的速度从伦敦获得资金，累计买进3万口日经指数期货，并卖空日本政府债券。2月10日，里森以新加坡期货交易所交易史上创纪录的数量，握有5 500口日经指数期货及2万口日本政府债券合约。结果，交易数量越大，损失越大。

1995年2月23日，在巴林银行期货交易的最后一日，里森为影响市场走向所付出的努力彻底失败。日经指数收盘降至17 885点，而里森的日经指数期货多头风险额度已达6万余口合约，同时日本政府债券价格一路上扬，其空头风险额度亦已达26 000口合约。里森为巴林银行带来的损失，在巴林银行的高级主管仍做着次日分红的美梦时，终于达到86 000万英镑的高点，导致世界上最老牌的巴林银行命运的终结。

组织中一个员工的行为失控会导致整个组织命运的终结，这似乎是危言耸听，但确确实实地发生了。组织是成员力量的集合体，个人的力量对组织的影响有时是那么微不足道，有时又是如此重大，尤其是对规模庞大的组织来说，个人在其中发挥的作用更是难以预料。尽管许多组织都把人员的行为控制作为管理控制的一个焦点，但其控制措施往往只顾及“面”，而没有针对每一个具体的个人。然而，正是无数个具体的个人，经由其力量的汇聚而构成了组织。组织与个人的关系是所有管理工作（包括控制工作在内）都必须正视的一个重要而棘手的问题。

要求：试从内部控制角度对巴林银行倒闭的原因进行分析。

第三部分

会计核算与控制制度实务操作的设计

第六章

企业会计科目、凭证、账簿及账务处理程序的设计

第一节　企业会计科目的设计

会计科目是账户的名称。任何一个会计科目都对应一个账户，因此账户种类和数量的设计取决于会计科目的设计。

会计科目又是根据企业外部会计报表使用者和企业内部会计信息使用者决策时所需财务指标的要求，对会计对象的具体内容进行的分类项目，也是对会计数据进行分门别类处理的依据。企业只有科学设计会计科目，才能保证为外部会计报表使用者和企业内部会计信息使用者提供系统的、分类的决策信息。

一、会计科目的设计目的和内容

会计信息使用者要求会计对所发生的各项经济业务进行分类，并系

统地反映和监督，为其提供各种对决策有用的会计信息。因此，设计会计科目的目的在于为外部会计报表使用者和企业内部会计信息使用者提供分类的、系统的决策信息。

会计科目设计的主要内容包括：

（1）对会计对象的具体内容进行总括分类，确定一级科目，以全面反映企业财务状况和经营成果等的总括情况。

（2）对某些总括分类的一级科目进一步按会计信息使用者的要求作多层次的明细分类，确定各级明细科目，以反映各有关总括分类的具体明细情况。

（3）将所有横向结构的一级科目和纵向结构的多层明细科目结合在一起，并形成一个完整的有机整体（即会计科目体系）。同时，在会计科目体系（又称会计科目表）中，还必须对会计科目进行科学的分类、排列和编号。

（4）编写会计科目的使用说明。

此外，会计科目的设计内容通常还包括主要会计事项的分录指南（或举例），但是，在文体结构上，主要会计事项的分录举例通常作为附件，放在会计制度的后面。

因此，可以将会计科目的设计任务概括为：确定每个会计主体的会计科目表（包括会计科目的分类、排列和编号），编写各个会计科目的使用说明及必要的会计分录指南（举例）。

二、会计科目的具体设计原则

根据会计制度设计的基本原则，设计会计科目时应遵循下列具体原则：

（1）在会计准则和国家统一的会计制度的基础上，适应各企业会计对象的具体特点和具体管理要求。

首先，会计科目的设计必须符合会计准则和国家统一的会计制度。例如，为了适应当时国营企业利改税的要求，我国曾根据马克思的劳动价值论将企业所得税作为税后利润的分配项目，专设“利润分配——应交所得税”科目，并按应付税款法进行核算。现在，我们根据国际惯例，从会计主体的角度将企业所得税作为企业为获取税后利润所必须支付的一种代价（即所得税费用），专设“所得税费用”科目（损益类科目），并按应付税款法或纳税影响会计法（包括递延法和债务法）进行核算。

其次，会计科目的设计必须以资金运动规律和会计要素为依据。企业的资金运动具有静态和动态两种形式，因此需要设计静态会计科目和动态会计科目，以全面反映企业资金的运动状况。其中，静态会计科目是设计实账户和资产负债表的基本依据；动态会计科目是设计虚账户和利润表、利润分配表的基本依据。会计要素是会计对象的基本内容，因此会计科目分类设计必须考虑会计要素的划分要求。

最后，会计科目的设计必须符合各企业会计对象的具体特点和管理要求。例如，应收账款比较多的企业就可以设置相应的明细科目，比如可以按顾客名称设置，以便对应收账款进行精细化管理。又如，对存货实行计划成本计价核算的企业需要专设“材料成本差异”“产品成本差异”科目，并按计划成本对所有存货科目进行日常计价核算；对存货实行实际成本计价核算的企业则不需要设置“材料成本差异”“产品成本差异”科目，且按实际成本对所有存货科目进行日常计价核算。

（2）每一个重要的资金运动环节（或每一项重要的经济业务）应单独设计会计科目加以核算。

如果多个重要的资金运动环节（或多项重要的经济业务）同在一个会计科目中进行核算，就会模糊其反映的信息内容，也容易引起会计信息使用者的误解。例如，在1989年财政部制定的《国营工业企业会计制度》中，“销售”科目核算企业对外销售产品、材料，提供劳务所发生的销售收入、销售税金、销售工厂成本、销售费用及其他费用、销售利润（或销售亏损）。显然，这是一个计价对比科目，优点是核算方法简单，缺点就是直接提供的会计信息量较少，并增加了编制利润表的分析填列难度等。

（3）会计科目的名称应简明扼要，含义清晰，便于理解、记忆和使用。

在设计会计科目时，应力求简明，并能明确表示科目所代表的经济业务内容或用途，不易使人误解。例如，将“企业管理费用”“应收销货款”“计提固定资产折旧费用”科目简化为“管理费用”“应收账款”

“累计折旧”科目，既简单清楚，又不会引起误解。

但是，不能因为简化或其他原因，使会计科目含义不清或容易被误解。例如，在《事业单位会计制度》中，为了简化核算，设计了“结转自筹基建”科目并直接作为报表项目列入资产负债表中。对于该科目，可能只有少数专业人员才能确切把握其含义。其实，“结转自筹基建”科目是一个作为当期支出处理的专项银行存款（转存建设银行的自筹基建存款）科目。由于它将资产业务（自筹资金转存业务）和列报支出业务合二为一，且在会计科目名称上又未标明“存款”或“支出”字样，因此许多企业会计专家可能都不解其意。

（4）企业范围内总、分支机构相同的会计事项使用相同的会计科目进行核算。

企业应该制定总公司、各分公司的会计科目表，明确各种经济业务所涉及的会计科目，并确保总、分支机构相同的会计事项在相同会计科目中反映。

（5）对会计科目进行科学的分类、排列和编号，并在某些科目之间留有适当的空号，供增设会计科目之用。

从1993年开始，国家制定的企业会计制度已按会计准则的要求，将会计科目分为资产类、负债类、所有者权益类、成本类和损益类，并按流动性高低对资产和负债科目进行排列。在过去高度集中的财务管理体制下，企业的产权关系单一，破产清算的可能性极小，因此负债和财务风险观念不强，没有必要严格区分债权人权益和所有者权益的界限，也无须按流动性高低对会计科目进行排列。在当时的外部经营环境中，企业只需简单将会计科目分为资金来源类（或再分为资金来源类、收入类）和资金占用类（或再分为资金占用类、支出类），并在科目排列上凸显生产能力的分析（即将固定资产排在最前面）。随着企业的产权关系日益复杂和独立法人资格的获得，企业自主经营、独立核算、自负盈亏、自担风险，在客观上要求企业在会计核算上明确区分债权人权益与所有者权益的界限，并凸显偿债能力的分析（即按流动性高低对资产和负债科目进行排列），以达到会计报表使用者对信息的要求。

会计科目的编号应该简单明了、层次分明、便于记忆；编号应清晰，数字不宜过长；编号规律应显而易见，便于记忆；编号之间应留有余地，以便增添科目。

三、会计科目的基本设计步骤

会计科目的设计包括分析经济业务、编制完整的会计科目表和编写详细的会计科目使用说明等。设置会计科目的主要依据包括会计准则、国家统一的会计制度、本单位经济业务的具体情况、会计信息使用者对财务指标的要求等。其基本步骤包括：

（1）确定会计科目的类别，包括大类和小类。

（2）确定总账科目的数量和名称。

（3）确定各层明细科目的数量和名称。

（4）对已确定的各级会计科目分别进行排列和编号，并编制会计科目表（即确定会计科目体系）。

（5）编写每个会计科目的使用说明。编写内容主要包括：确定会计科目核算的具体经济业务内容，即用途；明确应设置的明细科目及其编号；说明会计科目的具体使用方法。

此外，最好在企业内部会计制度的后面附上“主要会计事项的分录指南（举例）”。

四、会计科目的分类设计和分级设计

企业应该依据会计准则和国家统一的会计制度的规定，同时考虑外部会计报表使用者和内部会计信息使用者所需财务指标的详细程度，确定会计科目的分类设计方法和会计科目的分级设计方法。

1.会计科目的分类设计

在我国，会计科目的分类设计方法先后有二类分类法、四类分类法和五类分类法三种。

（1）二类分类法。

财政部1981年制定并于1985年和1989年修订实施的《国营工业企业会计制度》，将会计科目分为“资金来源类”“资金占用类”两类。

财政部1972年颁布实施的《基本建设会计制度》，也将会计科目分为“资金来源类”“资金占用类”两类。

二类分类法是在过去高度集中的财务管理体制下制造行业和施工行业等大多数行业采用的传统分类方法。

（2）四类分类法。

原商业部1970年制定的《商业会计制度（试行方案）》先将会计科目分为“资金来源及收入类”“资金占用及支出类”，然后在此基础上将会计科目具体分为“来源科目”“收入科目”“占用科目”“支出科目”四类。

中国人民保险公司1984年修订的《中国人民保险公司会计制度》，将会计科目分为“资产类”“负债类”“资产负债共同类”“损益类”四类。

（3）五类分类法。

财政部1985年4月24日颁布的《中外合资经营工业企业会计科目和会计报表》，将会计科目分为“资产类”“负债类”“资本类”“成本类”“损益类”五类。

财政部1992年5月25日颁布的《外商投资工业企业会计科目和会计报表》（同年7月1日开始实施），将会计科目分为“资产类”“负债类”“投资人权益类”“成本类”“损益类”五类。

财政部1992年12月31日颁布的《工业企业会计制度》（1993年7月1日开始实施），将会计科目分为“资产类”“负债类”“所有者权益类”“成本类”“损益类”五类。这种分类法是许多国家和地区通行的一种会计科目分类方法。该制度按国际惯例设计会计科目和会计报表，意味着我国采用了国际通行的商业语言。从此，我国所有行业的企业会计制度均按此种分类方法进行设计。

财政部1997年6月25日颁布的《财政总预算会计制度》，将会计科目分为“资产类”“负债类”“净资产类”“收入类”“支出类”五类。随后，1997年7月17日财政部颁布的《事业单位会计制度》和1998年2月6日财政部颁布的《行政单位会计制度》均将会计科目分为此五类。

2.会计科目的分级设计

会计科目的分级设计是指确定至总账科目止的会计科目的级数。会计科目的分级设计方法主要有三级设计法和二级设计法两种。

（1）三级设计法。

这是先根据会计科目的性质分为大类，大类之中再按某一标准划分小类，然后在小类基础上直接设置总账科目的一种分级设计方法。在三级设计法中，第一级为大类，第二级为小类，第三级为总账科目，见表6-1。

表6-1 三级设计法

一级	二级	三级
大类	小类	总账科目

（2）二级设计法。

这是先根据会计科目的性质进行分类，然后在一次分类的基础上直接设置总账科目的一种分级设计方法。在二级设计法中，第一级为大类，第二级为总账科目，见表6-2。

表6-2 二级设计法

一级	二级
大类	总账科目

对于会计科目的分类，企业应在会计准则和国家统一的会计制度的基础上，根据其规模的大小和会计信息使用者的要求加以确定。一般来说，大中型企业多采用三级设计法，小型企业可采用二级设计法或者“资产类”和“负债类”会计科目采用三级设计法而“所有者权益类”会计科目采用二级设计法。

目前，在我国统一的企业会计制度中，“资产类”和“负债类”会计科目采用的是三级设计法。在这种分类设计中，由于第一级“大类”和第二级“小类”不具有会计核算意义，只有第三级“总账科目”才具有核算意义，因此习惯上将总账科目称为“一级科目”。

五、会计科目的排列设计

会计科目的排列顺序主要取决于与其相应的报表项目在资产负债表和利润表中的排列顺序，为记账、检查、分析账簿记录和编制会计报表提供方便。从理论上讲，会计科目的排列方法主要有按流动性程度排列法（即流动性列前法）、非流动性列前法、按重要性程度排列法三种。

1.按流动性程度排列法

它是将流动性高的科目排在前面，而将流动性低的科目排在后面的一种排列设计法。此法的主要目的在于为分析企业财务状况和偿债能力（包括近期偿债能力、短期偿债能力、中期偿债能力和长期偿债能力等）提供方便。

按流动性程度排列法主要适用于市场经济条件下的资产类、负债类会计科目的排列，因为在市场经济条件下，企业会计报表使用者特别强调企业偿债能力和财务风险的分析。

2.非流动性列前法

它是将某些非流动性科目排在前面，而将流动性高的科目排在后面或中间的一种排列设计法。此法的主要目的在于为分析企业的生产经营能力及其未来变化趋势提供方便。

非流动性列前法主要适用于计划经济（或其他非市场经济）条件下的资产类、负债类会计科目的排列。因为在计划经济（或其他非市场经济）条件下，企业破产的可能性很小（或较小），所以对企业会计报表使用者来说，偿债能力和财务风险的分析显得并不是特别重要，而企业的生产经营能力及其未来变化趋势的分析变得非常重要。此法有利于安排生产经营计划，检查计划的完成情况。

3.按重要性程度排列法

它是将重要的科目排在前面，而将次要的科目排在后面的一种排列设计法。此法的主要目的在于为分析企业的经营成果及其稳定性或凸显有关科目之间的前因后果关系等提供方便。

按重要性程度排列法主要适用于市场经济条件下的所有者权益类、成本类和损益类会计科目的排列。

目前，我国企业会计制度对资产类、负债类会计科目采用按流动性程度排列法，而对所有者权益类、成本类和损益类会计科目则主要采用按重要性程度排列法。

六、会计科目的编号设计

会计科目的编号是在会计科目表中，以数字、文字、字母、横线或圆点等作为符号，对每一个会计科目所规定的固定编码。会计科目的编号从属于会计科目的分类和排列，设计者必须按会计科目的分类、排列顺序进行科学的编号。

对会计科目进行编号的主要目的在于以下几点：方便会计核算电算化；清晰地反映会计科目的分类（包括大类、小类）、分级和会计科目体系，使会计科目的设计更系统、严密和具有逻辑性；利用电脑对账簿数据进行科目汇总与分析等。

按其所使用的符号不同，会计科目的编号方法主要有单纯数字法、数字加圆点（或横线）法、数字加文字（或字母）法等。

1.单纯数字法

单纯数字法是只采用阿拉伯数字组成编码的一种方法，主要适用于全国性（或地区、部门性）会计制度设计中会计科目的编号设计。因为在全国性（或地区、部门性）会计制度设计中，通常只设计总账科目，而明细科目由各企业根据其生产经营的特点和管理要求自行设计确定。

按其所使用的数码位数的不同，单纯数字法又可分为三位数字法、四位数字法和六位数字法等。

（1）三位数字法。

自1992年12月起，财政部陆续发布的分行业的企业会计制度，基本上采用的就是三位数字法。以1992年12月31日财政部发布的《工业企业会计制度》为例，会计科目的三位数字法编号规则见表6-3（表中所列总账科目名称及编号仅为当时工业企业会计制度中的部分科目）。

（2）四位数字法。

2006年发布的《企业会计准则》采用的就是四位数字法，其编号设计的特点是一级会计科目的编号一般采用四位纯数字表示，总账科目占两位数，其中第1位数字（即千位）表示会计科目的类别，1表示资产类，2表示负债类，3表示共同类，4表示所有者权益类，5表示成本类，6表示损益类。为便于会计科目的增减，一般情况下，编码要考虑未来的扩展性，在编码间要留有一定的间隔。会计科目的四位数字法编号规则见表6-4。

依此类推，还有五位数字法和六位数字法等。不过，从既简明又科学实用的角度出发，我们认为四位数字法（至总账科目为止，暂不考虑明细科目的编号）比较好。

2.数字加圆点（或横线）法

数字加圆点（或横线）法是同时采用阿拉伯数字和圆点（或横线）

表6-3　　　　　　　　**三位数字法编号规则**

第1位		第2位		第3位	
大　类		小　类		总账科目	
编号	名　称	编号	名　称	编号	名　称
1	资产类	10～13	流动资产类	101	库存现金
				102	银行存款
				109	其他货币资金
				111	短期投资
				121	材料采购
				131	材料成本差异
		15	对外长期投资类	151	长期投资
		16	固定资产和在建工程类	161	固定资产
		17	无形资产类	171	无形资产
		18	长期待摊费用类	181	递延资产
		19	待处理损溢类	191	待处理财产损溢
2	负债类	20～23	流动负债类	201	短期借款
				211	应付职工薪酬
				221	应交税金
				231	预提费用
		24～26	长期负债类	241	长期借款
				251	应付债券
				261	长期应付款
3	所有者权益类	30	资本金类	301	实收资本
		31	资本公积和资本积累类	311	资本公积
		32	利润的形成与分配类	321	本年利润
4	成本类	—	—	401	生产成本
				405	制造费用
5	损益类	50	主营业务收入费用类	501	产品销售收入
		51	附营业务收入费用类	511	其他业务收入
		52	管理、财务费用类	521	管理费用
		53	投资收益类	531	投资收益
		54	营业外收入类	541	营业外收入

表6-4 **四位数字法编号规则**

第1位		第2位		第3、4位	
大　类		小　类		总账科目	
编号		编号	名　称	编号	名　称
1	资产类	0～4	流动资产类	1001	库存现金
				1002	银行存款
				1012	其他货币资金
				1101	交易性金融资产
				1121	应收票据
				1122	应收账款
				1123	预付账款
				1131	应收股利
				1132	应收利息
				1221	其他应收款
				1231	坏账准备
				1321	受托代销商品
				1401	材料采购
				1402	在途物资
				1403	原材料
				1404	材料成本差异
				1405	库存商品
				1406	发出商品
				1407	商品进销差价
				1408	委托加工物资

续表

编号		编号	名　称	编号	名　称
1	资产类	0～4	流动资产类	1411	周转材料
				1471	存货跌价准备
		5～9	非流动资产类	1501	持有至到期投资
				1502	持有至到期投资减值准备
				1503	可供出售金融资产
				1511	长期股权投资
				1512	长期股权投资减值准备
				1521	投资性房地产
				1531	长期应收款
				1532	未实现融资收益
				1601	固定资产
				1602	累计折旧
				1603	固定资产减值准备
				1605	工程物资
				1606	固定资产清理
				1701	无形资产
				1702	累计摊销
				1703	无形资产减值准备
				1711	商誉
				1801	长期待摊费用
				1811	递延所得税资产
				1901	待处理财产损溢

续表

编号		编号	名　称	编号	名　称
2	负债类	0～3	流动负债	2001	短期借款
				2101	交易性金融负债
				2201	应付票据
				2202	应付账款
				2203	预收账款
				2211	应付职工薪酬
				2221	应交税费
				2231	应付股利
				2232	应付利息
				2241	其他应付款
				2314	受托代销商品款
		4～9	非流动负债	2401	递延收益
				2501	长期借款
				2502	应付债券
				2701	长期应付款
				2702	未确认融资费用
				2711	专项应付款
				2801	预计负债
				2901	递延所得税负债
3	共同类			3101	衍生工具
				3201	套期工具
				3202	被套期项目

续表

编号		编号	名　称	编号	名　称
4	所有者权益类			4001	实收资本
				4002	资本公积
				4103	本年利润
				4104	利润分配
				4201	库存股
5	成本类			5001	生产成本
				5101	制造费用
				5201	劳务成本
				5301	研发支出
6	损益类			6001	主营业务收入
				6051	其他业务收入
				6101	公允价值变动损益
				6111	投资收益
				6301	主营业务收入
				6401	主营业务成本
				6402	其他业务成本
				6403	税金及附加
				6601	销售费用
				6602	管理费用
				6603	财务费用
				6701	资产减值损失
				6711	营业外支出
				6801	所得税费用
				6901	以前年度损益调整

组成编码的一种方法，主要适用于企业内部会计制度设计中会计科目的编号设计。因为在企业内部会计制度的设计中，不仅应考虑类别和总账科目的编号，还必须考虑各级明细科目（包括二级科目、三级科目等）的编号。如果采用单纯数字法，会使编码过长，不便于识别和记忆。

当然，由于各企业的具体情况不同，除国家统一的会计制度中明确规定了部分明细科目的编号外，其余明细科目的编号由企业自行设计确定。

3.数字加文字（或字母）法

数字加文字（或字母）法是同时采用阿拉伯数字和文字（或字母）组成编码的一种方法，也是主要适用于企业内部会计制度设计中会计科目的编号。比如以下这些：

1211	原材料
1211-L	原料及主要材料
1211-F	辅助材料
1211-W	外购半成品
1211-X	修理用备件

七、会计科目使用说明的设计

会计科目使用说明的设计内容和要求主要包括：确定会计科目核算的具体经济业务内容（即用途）；明确有关经济业务或会计事项的账务处理方法（或说明会计科目的具体使用方法）；明确应设置的明细科目及其编号。此外，还可以根据不同会计科目的核算或管理要求，增加一些其他需要特别予以说明的内容。下面以“库存现金”科目为例，说明其具体设计方法。

“库存现金”科目的使用方法比较简单，通常只需规定借方登记的内容、贷方登记的内容、余额方向及其表示的经济含义。为了强化其指导、规范、监督、检查的功能，也可以再列举一些库存现金主要收支业务和有关会计事项的账务处理方法（如下列江庐公司编写的“库存现金”科目的使用说明）。

库存现金是企业流动性最强的资产。设置和登记库存现金日记账，既是及时、详细反映库存现金增减变化及结存情况的重要方法，也是加强库存现金内部控制的必要措施。因此，应在会计科目使用说明中，明确规定库存现金日记账的设置和登记的规则与要求。

如果企业不单独制定现金管理制度（如将会计核算职能与财务管理职能合并设置机构的中小型企业，往往不单独制定有关现金的内部控制制度或其他财务管理制度），也可以将一些现金管理的要求列于科目使用说明中（如下列江庐公司编写的“库存现金”科目的使用说明）。但是，如果企业已经建立了货币资金的内部会计控制制度或其他有关财务管理制度，则不必将现金管理要求列于其中。

下面以江庐公司为例，说明如何编制“库存现金”科目的使用说明。

1.本科目的核算内容

本科目核算企业出纳员所保管的库存现金的增减变化及结存情况。

企业内部其他部门周转使用的备用金，在“其他应收款——××部门”或“备用金”科目核算，而不在本科目核算。

2.主要现金收支业务或有关事项的账务处理

本科目的借方登记出纳员收入的现金，贷方登记出纳员支出的现金。本科目的余额在借方，表示出纳员所保管的库存现金的结存额。

（1）企业从银行提取现金时，应根据支票存根所记载的提取额借记本科目，贷记“银行存款”科目。

（2）企业将现金送存银行时，应根据银行盖章退回的送款单的回单联（第一联）借记“银行存款”科目，贷记本科目。

（3）职工因公预借差旅费或预借采购资金时，应根据审核批准的支出凭证所记载的金额，借记“其他应收款——××职工（或部门）”科目，贷记本科目。

（4）出差人员报账结算时，应按实际收回的现金借记本科目，按应报销的金额借记“管理费用”或“物资采购”等科目，按实际收回的现金和报销金额之和贷记“其他应收款——××职工（或部门）”科目。

（5）在现金清查过程中，如果发现现金短缺，应按实际短缺的金额借记“待处理财产损溢——待处理流动资产损溢”科目，贷记本科目。

待查明原因并根据管理权限经批准后，作如下处理：①对于应由责任人赔偿的部分，应按批准的赔偿额借记“其他应收款——××个人”或“库存现金”等科目，贷记“待处理财产损溢——待处理流动资产损溢”科目。②对于应由保险公司赔偿的部分，应按确认的赔偿额借记“其他应收款——××公司”科目，贷记“待处理财产损溢——待处理流动资产损溢”科目。③对于无法查明短缺原因的部分，应借记“管理费用——现金短缺”科目，贷记“待处理财产损溢——待处理流动资产损溢”科目。

（6）在现金清查过程中，如果发现现金溢余，应按实际溢余的金额借记本科目，贷记“待处理财产损溢——待处理流动资产损溢”科目。

待查明原因并根据管理权限经批准后，作如下处理：①对于应支付给有关个人或单位的部分，借记“待处理财产损溢——待处理流动资产损溢”科目，贷记“其他应付款——××单位（或个人）”或“库存现金”等科目。②对于无法查明溢余原因的部分，应借记“待处理财产损溢——待处理流动资产损溢”科目，贷记“营业外收入——现金溢余”科目。

3.设置和登记库存现金日记账的规则与要求

企业必须设置并如实、及时地登记库存现金日记账，由出纳员根据审核过的收付款凭证（包括现金收款凭证、现金付款凭证、从银行提取现金时填制的银行存款付款凭证），按经济业务发生的顺序逐日逐笔登记。每日终了，应计算出当日的现金收入合计数、现金支出合计数和结余数，并将库存现金日记账的账存数与现金实际库存数核对，做到账款相符。如果发现账款不符，应及时查明原因，并进行相应的账务处理。如果现金的实际结存数超过了企业核定的库存现金限额，应将超过库存现金限额的部分于当日或次日上午（遇法定节假日和轮休日时往后顺延）送存银行。月末，库存现金日记账的余额应与现金总账余额核对，保证账账相符。

4.明细账簿的设置及编号

本公司按币种设置下列库存现金日记账，进行明细核算：

1001.1　人民币库存现金日记账

1001.2　港币库存现金日记账

1001.3　美元库存现金日记账

5.其他有关现金核算与管理的要求

（1）本公司收支的各种款项必须按照国务院颁发的《现金管理暂行

条例》的规定办理，在规定的现金使用范围内收付现金。

（2）本公司不允许坐支现金。

（3）出纳员不得以白条抵库。

（4）财会部门和出纳员从银行支取现金时，不得谎报用途套取、挪用现金。

（5）财会部门和出纳员不准用本公司银行存款账户代其他单位或个人存取现金。

（6）财会部门和出纳员不得公款私存，不得设置“小金库”。

第二节　企业会计凭证的设计

一、会计凭证设计概述

（一）会计凭证设计的意义

会计凭证是用来记录经济业务、明确经济责任并据以登记账簿的书面证明。各个单位每发生一笔经济业务时，都应该按照规定的程序和要求填制会计凭证。在具体会计工作中，执行和完成该项经济业务的有关部门或人员取得或填制证明经济业务内容、数量和金额的凭证，在凭证上签名或盖章，对凭证的真实性和正确性负责。一切会计凭证还必须由有关人员严格审核，经审核无误后才能作为登记账簿的依据。

经济业务发生后，取得或填制原始凭证并据以编制记账凭证，是会计核算工作的重要内容和基础环节。这一方面可以作为证明经济业务发生的原始材料，另一方面有利于发挥会计监督的作用。因此，科学合理地设计各种类型的原始凭证和记账凭证是会计工作中重要的一环。

真实性是会计工作应当遵守的一条原则，也是保证会计核算资料真实、可查验的关键。在各个企业的会计核算中，货币资金的收付，收入、费用、生产成本的计算，往来款项的清算等任何一项经济业务，都必须根据有关的凭据进行账务处理。因此，设计会计凭证不仅对记录经济业务、反映资金变化、明确经济责任有直接作用，而且影响登记账簿、计算成本、清查财产及编制报表等会计核算工作，同时与会计分析和会计检查及内部控制等工作也有直接的关系。具体地讲，设计会计凭证的意义有以下几个方面：

1.记录经济业务的发生，及时准确地提供会计信息

取得和填制合法的、真实的原始凭证是会计信息唯一的、重要的来源，编制会计凭证是对取得的会计信息进行加工和处理，使之成为有用的会计信息，并作为记账的依据。因此，会计凭证设计得是否恰当关系到能否及时、正确地反映经济业务，能否保证会计核算的真实、完整，能否按规定向企业内部和外部提供准确、公允的会计信息。

2.为登记账簿提供依据

企事业单位若要连续、系统、全面地反映和监督经济活动过程及结果，就必须采用登记账簿的会计核算方法。账簿的登记必须借助会计凭证，账簿上记录的各项数据资料都来源于相应的会计凭证，凭证上反映的各项经济业务也必须经过整理、归类、汇总登记到有关的账簿中。因此，设计会计凭证为会计账簿的登记提供了依据。

3.明确经济责任，便于内部控制

会计凭证不仅要记录经济业务的内容，而且要明确业务经办人员的经济责任。办理经济业务的相关单位和人员要签名或盖章，以明确在业务受理过程中所负有的责任。设计得当的会计凭证，能够促使有关人员在自己的职责范围内严格按照规章办事，增强有关人员的责任感。同时，通过合理设计会计凭证的传递程序，可将业务涉及的部门和个人联系起来，使各职能部门之间及财会部门内部各有关人员之间形成既相互联系又相互制约、相互监督的格局，强化和完善会计工作的内部控制制度，保证会计工作的规范运行。

4.为开展会计检查和审计工作提供主要依据

设计恰当的会计凭证可以证明经济业务真实、正确、合法、合理，通过审核和检查会计凭证，可以确定经济活动是否符合国家有关的经济政策、法规和制度的规定，了解有无挥霍浪费、弄虚作假、贪污盗窃等违法乱纪行为。因此，设计恰当的会计凭证不仅能保证会计监督职能的充分发挥，而且有利于审计工作的开展，有助于及时发现生产经营过程中存在的问题，有针对性地采取措施，改进工作。

（二）会计凭证设计的原则

按其主要用途和填制程序不同，会计凭证可分为原始凭证和记账凭证。原始凭证是在经济业务发生时取得或填制的，作为业务办理手续、证明业务发生情况、明确经办人员责任的原始依据，是具有法律效力的书面文件。记账凭证是会计人员根据原始凭证反映的业务内容，运用会计科目加工处理、编制会计分录后作为账簿登记依据的会计凭证。

1.原始凭证的设计原则

原始凭证的设计就是按照经济业务的发生情况和内部控制制度的要求，对原始凭证的种类、格式、内容和联次等进行的规定。由于原始凭证具有法律效力强、种类繁多、使用范围广、经手人员多的特点，因此设计时应遵循以下原则：

（1）全面、详细地反映经济业务发生的情况。

作为业务发生最初书面证明的原始凭证，应详细地反映业务发生的时间、地点、内容、有关人员的责任等基本情况，以便充分发挥原始凭证的作用。因此，设计的原始凭证应当具备以下要件：原始凭证的名称（反映业务种类）；填制凭证的日期（反映业务发生时间）；填制凭证和接受凭证的单位（表明业务发生地点）；经济业务的具体内容；有关单位或个人的签章（表明经手人员责任）。这样才能保证原始凭证对经济业务的反映具有全面性和可靠性。

（2）充分满足内部控制制度的要求。

企业、行政事业单位等发生的经济业务，除少数外，大部分要涉及若干单位或同一单位的几个职能机构及相关人员。因此，在设计原始凭证时，必须根据实际需要，合理确定各种凭证所需要的联次，并规定各联的具体用途；既要满足各单位、各部门从事经济管理和核算的要求，加强岗位责任制，又要通过连续编号、复写多联等方式使各部门之间相互制约、相互监督，加强内部控制制度。例如反映销货业务的“销货单”（发货票），在大中型企业里至少应设计四联，由销货单位的销售部门、财会部门、仓库及购货单位各持一联。销售部门留作存根进行业务核算，财会部门凭以收款并进行会计核算，仓库凭以发货并进行实物核算，购货单位作为付款凭证办理采购业务的会计核算。

（3）有利于加快凭证传递，提高工作效率。

凭证如何传递不仅关系到经办业务的各职能部门如何联系和相互制约，促使其尽职尽责，积极完成自己承担的任务，而且关系到如何简化凭证传递过程，提高工作效率，防止工作脱节和产生漏洞。因此，在设计原始凭证时，要科学合理地规定每一凭证的传递程序，避免传递过程中的迂回或脱节，具体规定哪些凭证需要经过哪些部门，在传递过程的哪个环节留归相关部门，以及各个传递环节的任务等。

（4）原始凭证的种类、用途、格式力求标准化和通用化。

在企事业单位内部，办理同类性质的经济业务所用的凭证必须统一，并保持稳定，不能经常改变，以方便凭证的填制和审查，同时节约设计和印刷费用。有些凭证应尽可能在部门、系统范围内通用，有条件的还应在地区或全国范围内统一使用，以方便财政、税务和审计等部门监督。

2.记账凭证的设计原则

记账凭证与原始凭证既有紧密的联系又有明显的区别，因此在设计记账凭证时，在符合内部控制要求和力求标准化、通用化的基础上，还应遵循以下原则：

（1）必须具备记账凭证的基本内容。

记账凭证上必须包括以下内容：记账凭证的名称；填制凭证的日期和编号；经济业务的简要说明；使用的会计科目（包括总账科目和明细科目）及其增减变化金额；所附原始凭证的张数及有关人员的签名或盖章。

（2）必须与使用的会计核算形式相适应。

不同的会计核算形式要求有不同种类的记账凭证。在记账凭证核算形式下，可以设计收款、付款和转账三种凭证，也可以设计统一的记账凭证；在汇总记账凭证核算形式下，则必须分设收、付、转三种凭证，并相应设计汇总收款凭证、汇总付款凭证和汇总转账凭证才能满足需要。

（3）满足账簿登记的需要。

记账凭证是登记账簿的主要依据，由于账簿有总分类账和明细分类账之别，为了使总账和明细账的登记都有依据，在设计记账凭证时，会计科目必须分清总账科目、子目和细目，以便分别记载它们的增减变化。此外，为了使记账凭证与账簿之间的关系更加严密，清楚地反映凭证中每一个数字记入账簿的页码，应在记账凭证上设计“账页”一栏。

二、原始凭证的设计

（一）原始凭证的种类

原始凭证又称单据，是在经济业务发生时取得或填制，用以证明经济业务已经发生或已经完成的会计凭证。

原始凭证按不同的标准有不同的分类。

1.原始凭证按其来源不同分类

原始凭证按其来源不同，分为自制原始凭证和外来原始凭证。

自制原始凭证是由本单位人员在经济业务发生时所填制的凭证。自制原始凭证按填制手续不同，又可分为一次凭证、累计凭证。一次凭证是只反映一项经济业务或若干同类性质的经济业务，填制手续一次完成的凭证。累计凭证是在一定时期内反映若干项同类性质的经济业务，填制手续分次完成的凭证。累计凭证大多数只在单位内部使用，必须自行设计。

外来原始凭证是在经济业务完成时从其他单位取得的原始凭证，如发票、银行进账单等。

2.原始凭证按其用途不同分类

原始凭证按其用途不同，分为通知凭证、执行凭证和计算凭证。

通知凭证指命令或要求有关部门办理某项经济业务的凭证，由通知单位设计，被通知单位不需要设计。执行凭证是证明某项经济业务正在进行或已经完成的凭证，需自行设计。计算凭证是通过一定的计算手续编制的、提供某项会计指标的凭证。

3.原始凭证按其格式适用性不同分类

原始凭证按其格式适用性不同，分为通用凭证和专用凭证。

通用凭证是具有全国性或某一地区、某一系统、某一部门统一规定的凭证，可从市场上购买。专用凭证是具有专门用途，反映各企业特殊经济业务的凭证，需自行设计。

（二）原始凭证的基本内容

原始凭证的基本内容通常包括：

（1）原始凭证的名称。

（2）发生经济业务的时间。

（3）接受凭证的单位或部门。

（4）凭证编号。

（5）经济业务内容。

（6）金额。

（7）填制凭证的单位和经办人员的签名或盖章。

（8）凭证联次、附件（有的经济业务需要，有的不需要）。

（三）原始凭证的设计步骤

明确设计步骤，有利于在设计凭证时统筹规划，合理安排，有秩序、有主次地进行设计，防止重复、遗漏等现象。原始凭证的设计步骤如下：

1.根据实际需要确定原始凭证种类

原始凭证的种类受经济业务具体内容、管理要求及核算方式的影响。确定符合实际需要的原始凭证种类，是设计原始凭证要解决的首要问题。各企事业单位在设计原始凭证时，必须根据本单位的经济业务类型、经营管理要求和会计核算方式等，确定所需要的原始凭证种类，保证单位发生的各种经济业务都有相应的原始凭证予以反映。

2.按照原始凭证用途设计原始凭证的格式和联次

这是设计原始凭证的关键步骤和具体工作。不同种类的原始凭证具有不同的用途，因而各种原始凭证的具体内容也不同。这就要求企业针对不同用途的原始凭证，按照设计原则分别设计各种凭证的格式、联次，并规定各联的具体用途。设计时，必须对凭证的全部内容做出合理的安排，表格内外各列的项目、有关项目之间的关系、上下左右的布局、规格尺寸的确定、每种凭证需一式几份、各联的区分，采用的印刷纸质、印成的颜色、印刷的数量等，都应进行合理的设计。

3.制定原始凭证的传递程序

制定科学合理的原始凭证传递程序，是建立正常的会计业务处理程序、加强会计工作内部控制、提供真实可靠的会计资料、提高会计工作效率的保证。制定传递程序，就是对原始凭证取得或填制后，应当经由哪些部门及个人进行必要的业务处理，直到最后归档为止的全部过程做出规定。原始凭证的传递程序可以通过原始凭证各联次的具体用途或有关单位和个人的签章体现。

4.建立原始凭证的使用保管制度

原始凭证是具有法律效力的经济资料和会计档案，在设计完成后，应明确规定原始凭证的使用要求，建立规范的使用制度，保证原始凭证使用的合理合法性。同时，在完成经济业务手续和记账后，必须对原始凭证妥善保管，以便日后随时查阅。未使用的空白原始凭证也应由专人负责保管，特别是事先已经盖章的原始凭证和已经使用的原始凭证“存根”，更要加强管理，防止丢失。任何单位都必须按照《会计档案管理办法》的要求，对原始凭证的保管办法、保存期限、查阅和复制手续、销毁办法等做出明确的规定，建立严密、完善的原始凭证保管制度。

（四）原始凭证的具体设计

不同的经济业务需要不同的原始凭证来反映，按照经济业务的种类，原始凭证大致可以分为以下几类：一是反映货币资金业务的原始凭证；二是反映工资业务的原始凭证；三是反映固定资产业务的原始凭证；四是反映采购业务的原始凭证；五是反映存货业务的原始凭证；六是反映成本核算的原始凭证；七是反映销售业务的原始凭证；八是反映其他业务的原始凭证等。现在介绍各类经济业务所需要的原始凭证的设计。

1.反映货币资金业务的原始凭证设计

货币资金业务主要是指企业的库存现金、银行存款业务。反映此类业务的原始凭证具有以下特点：既有自制原始凭证，又有外来原始凭证；既有专用凭证，又有通用凭证；都是一次凭证。银行存款业务的原始凭证，如支票、商业汇票等都实行通用化，不需要自行设计；而反映现金业务的各种原始凭证，如借款单、收据、差旅费报销单等大多需要自行设计。所以，现金业务原始凭证是设计的重点。

常用的现金业务的原始凭证设计见表6-5和表6-6。

现金收据一般为一式三联：第一联作为存根备查；第二联送交付款单位（或个人）收执作为报销凭证，并加盖或加印税务部门的签章；第三联交会计凭以记账。

差旅费报销单只设计一联，属于汇总原始凭证，由报销人和会计主管人员共同填制，经有关人员签章后，会计据此及所附各原始凭证进行账务处理。

表6-5　　　　　　　　　　**现金收据**

年　　月　　日　　　　　　　　字第　　号

交款单位或个人名称	
收款事由	
人民币（大写）	
注：本收据无单位公章无效	

收款单位：　　　　出纳：　　　　审核：　　　　交款人：

表6-6　　　　　　　　**××企业差旅费报销单**

年　　月　　日

报销人姓名			所在单位			出差地点			
出差事由			出差时间	月　日至　月　日					
费用项目	交通费					住宿费	补助费	其他费用	合计
	火车	飞机	轮船	长途汽车	短途汽车				
凭证张数									
金额									
借款数					报销数		退补费		
人民币（大写）									

审计：　　　　报销单位负责人：　　　　报销人：

2.反映工资业务的原始凭证设计

工资是以货币形式支付给职工的劳动报酬。工资业务主要包括工资的结算和工资费用的分配等。为了防止在工资结算和工资发放过程中出现弄虚作假现象，必须设计严密的控制程序。反映工资业务的原始凭证有工资单、集体计件工资分配表和工资分配汇总表等。

工资单是由劳资部门和财会部门按车间、职能科室、工段或小组记录工资发放情况的原始凭证。工资单一般为一式三份：第一份由劳资部门和会计部门留存备查，第二份由会计部门进行账务处理，第三份连同工资一起发给职工，具体设计见表6-7。

表 6-7　　　　　　　　　　××企业工资单

车间或部门：　　　　　　　　　　　　　　　　　　　　年　　月

工号	姓名	计时工资			计件工资	加班工资	奖金	津贴	应发工资	代扣款项							实发工资	领款人签章
		日工资率	出勤天数	金额						房租	水电费	工会费	借支	幼托费	其他	合计		
合计																		

车间或部门负责人：　　工资核算员：　　复核：　　制单：　　出纳：

集体计件工资分配表是在按照生产小组、产量和计件单价计算出小组应得工资后，分配给小组成员的其应得计件工资的原始凭证，一般按小组内各成员工资等级和实际工作时间进行分配，具体设计见表 6-8。

表 6-8　　　　　　　　××企业集体计件工资分配表

小组名称：　　　　　　　　　　　　　　　　　　　　年　　月

姓　名	工资等级	工资等级系数	实际工作时数	小时工资系数	每一系数小时应得工资	应得工资
①	②	③	④	⑤=③×④	⑥	⑦=⑤×⑥
合计						

会计主管：　　　　　　复核：　　　　　　制单：

工资分配汇总表是对各车间或部门的工资费用按用途进行归集和分配的原始凭证，具体设计见表 6-9。

3. 反映固定资产业务的原始凭证设计

由于固定资产业务的发生不太频繁，此类原始凭证也不经常使用，所以一般没有固定格式，多采用书面说明的办法或者自行设计专用凭证。同时，因为固定资产业务比较复杂，需要在凭证上反映的内容较多，所以设计此类凭证比较麻烦。反映固定资产业务的原始凭证设计如下：

表6-9　　　　　　　　　　××企业工资分配汇总表

年　　月

车间或部门	应贷账户	应借账户							
	应付职工薪酬	生产成本		制造费用	管理费用	销售费用	在建工程	应付职工薪酬	合计
		基本生产	辅助生产						
合计									

会计主管：　　　　　　　复核：　　　　　　　制单：

固定资产验收单用于投资者投入固定资产、企业购进不需要安装的固定资产业务，通常由固定资产验收小组填制后，交财会部门结合其他有关资料进行账务处理，具体设计见表6-10。

表6-10　　　　　　　　　××企业固定资产验收单

编号：　　　　　　　　　　　　　　　　　　　　　年　　月　　日

合同号数	固定资产名称	规格型号	计量单位	质量检查		合同数量	实收数量	备注
				合格	不合格			

使用部门：　　　　管理部门：　　　　质检部门：　　　　财会部门：

固定资产报废单通常为一式两联。固定资产管理部门或使用单位提出报废申请，按报废对象填制，详细说明固定资产的技术状况和报废原因，经有关部门审查批准后，送交财会部门一联，作为组织固定资产清理核算的依据；另一联留归固定资产管理部门或使用部门存查，并登记固定资产卡片。各部门审查后在“处理意见”栏加注意见并签章，具体设计见表6-11。

4.反映采购业务的原始凭证设计

采购业务发生后必须取得供货单位的发货票、运输单位的运单、银行的结算凭证等有关凭证。采购业务的会计核算任务是计算材料的实际采购成本，反映材料入库的实际情况。由此，需要设计的原始凭证有二：一是材料入库单，二是材料采购成本计算单。其具体设计见

表6-12和表6-13。

表6-11 **××企业固定资产报废单**

固定资产名称： 年 月 日 字第 号

<table>
<tr><td>编号</td><td>规格型号</td><td>单位</td><td>数量</td><td>预用年限</td><td>已用年限</td><td>原始价值</td><td>已提折旧</td><td>残值</td><td>附属设备</td><td>备注</td></tr>
<tr><td></td><td></td><td></td><td></td><td></td><td></td><td></td><td></td><td></td><td></td><td></td></tr>
<tr><td colspan="3">固定资产状况及报废原因</td><td colspan="7"></td><td></td></tr>
<tr><td rowspan="2">处理意见</td><td colspan="2">使用部门</td><td colspan="3">技术鉴定小组</td><td colspan="3">设备管理部门</td><td colspan="2">主管部门意见</td></tr>
<tr><td colspan="2"></td><td colspan="3"></td><td colspan="3"></td><td colspan="2"></td></tr>
</table>

表6-12 **××企业材料入库单**

供货单位： 年 月 日 入字第 号

发票编号： 收料仓库：

材料类型	材料名称	规格与型号	计量单位	数量		计划单价	金额	备注
				应收	实收			

仓库负责人： 收料人： 交料人：

表6-13 **××企业材料采购成本计算单**

材料名称： 年 月 日 字第 号

成本项目	购进数量	单位成本	总成本	备注
材料实际成本				

主管会计： 复核： 制单：

材料入库单应设计一式三联：第一联留在仓库登记材料卡片，第一联退给交料单位进行业务核算，第三联交给财会部门进行账务处理。

材料如果按实际成本计价，计划单价栏应按实际成本计价。

5.反映存货业务的原始凭证设计

存货是指企业用于销售或生产消耗的各种物品。为了正确反映存货的收到、发出、结存情况，应设计领料单、产品入库单和存货盘点报告表等原始凭证。

领料单用于车间或部门从仓库领用材料，一般为一式四联：第一联由领料单位保存备查，第二联由审批单位进行业务核算，第三联送交财会部门报账，第四联留归材料仓库登记材料卡片。其具体设计见表6-14。

表6-14　　××企业名称领料单

领料单位：　　　　年　　月　　日　　　　字第　　号

用途：　　　　　　　　　　　　　　发料仓库：

材料类型	材料名称	规格与型号	计量单位	数量		单价	金额	备注
				请领	实发			
合计								

领料单位负责人：　　审批：　　发料人：　　领料人：

产品入库单是用来记录已经生产完工、经检验合格送交仓库准备销售的产品的原始凭证，一般为一式三联：第一联仓库盖章后交生产部门留存，第二联仓库登记存货账，第三联送交财会部门进行账务处理。其具体设计见表6-15。

表6-15　　××企业产品入库单

年　　月　　日

车间：　　　　班组：　　　　编号：

产品名称	规格与型号	鉴定等级	计量单位	交库数	实收数	单位成本	总成本
合计							

交库人：　　保管：　　会计：　　制单：

存货盘点有两种情况：一种是采用实地盘存制的企业在期末进行的盘点，另一种是采用永续盘存制的企业为了保证账实相符而进行的盘点。两种盘存制所采用的存货盘点报告表也不同。

采用实地盘存制时，进行盘点是为了通过确定结存数计算本期发出存货的数量和金额。其盘点报告表的内容包括存货的名称、规格、计量单位、单价、期初数、本期收入数、本期发出数、期末结存数等，具体设计见表6-16。

表6-16　　　　××企业存货盘点报告表（实地盘存制）

仓库：　　　　　　　　　　　　　　　　　　　　　　年　　月　　日

名称	规格	计量单位	单价	期初结存		本期收入		本期发出		期末结存	
				数量	金额	数量	金额	数量	金额	数量	金额
合计											

盘点负责人：　　　　　　　　保管：　　　　　　　　制单：

采取永续盘存制时，进行盘点是为了对那些账实不符、发生盘盈盘亏的存货进行反映。盘点报告表的内容包括存货的名称、规格与型号、计量单位、单价、账面结存、实际结存、盘盈盘亏的数量和金额、原因等，具体设计见表6-17。

表6-17　　　　××企业名称存货盘点报告表（永续盘存制）

单位名称：　　　　　　　　　　　　　　　　　　　　年　　月　　日

财产类型：　　　　　　　　　　　　　　　　　　　　　　字第　　号

编号	品名	规格与型号	计量单位	数量		单价	盘盈		盘亏		盘亏原因
				账存	实存		数量	金额	数量	金额	

主管会计：　　　　　　盘点负责人：　　　　　　实物保管人：

6.反映成本核算的原始凭证设计

成本核算所使用的原始凭证包括产品成本计算单、材料费用分配表和制造费用分配表。

产品成本计算单是按照产品名称计算企业各种完工产品成本的原始凭证，具体设计见表6-18。

表6-18　　**××企业名称产品成本计算单**

年　　月　　日

产品名称：　　　　　　　　计量单位：　　　　　　　　字第　　号

成本项目	月初在产品成本	本月费用	生产费用合计	月末在产品成本	产成品成本			备注
					数量	总成本	单位成本	
合计								

主管会计：　　　　　　　　　　　　制单：

材料费用分配表是对某月份内所消耗材料按其用途进行分配的一种原始凭证，具体设计见表6-19。

表6-19　　**××企业材料费用分配表**

材料类别：　　　　　　年　　月　　　　　　仓库：

应借账户 应贷账户		生产成本——基本生产			辅助生产	制造费用	管理费用	在建工程	合计
总账户	明细账户	A产品	B产品	小计					
合计									

主管会计：　　　　　　　　复核：　　　　　　　　制单：

制造费用是车间管理部门为组织管理产品生产而发生的间接费用。为了保证产品成本计算的准确性，应将制造费用按照一定的标准分配计入各种产品的成本。制造费用分配表的具体设计见表6-20。

表6-20　　　　××企业制造费用分配表

车间：　　　　　　　　　　　　　　　　　　　　　　年　　月

成本计算对象	制造费用额	分配标准数	分配率	分配金额
①	②	③	④=②÷③	⑤=③×④
合计				

主管会计：　　　　　　　　复核：　　　　　　　　制单：

7.反映销售业务的原始凭证设计

反映销售业务的原始凭证主要是销货单和代垫运费清单。销货单一般为一式五联：第一联由销售部门留存进行业务核算，第二联由购货人回单位报账，第三联由财会部门办理收款并进行会计核算，第四联由仓库保管凭以发货并登记仓库台账，第五联交门卫留存查验。销货单的具体设计见表6-21。

表6-21　　　　××企业销货单

年　　月　　日　　　　　　　　销字第　　号

购货单位或个人：　　　　　　发货仓库：

货号	品名	规格与型号	计量单位	数量	单价	金额	备注
合计（金额大写）							

业务主管：　　　会计：　　　制单：　　　保管：　　　提货人：

代垫运费清单是在采用发货制方式销售产品时，由销货单位代替购货单位向运输单位垫支运费后再与购货单位计算款项所使用的原始凭证。代垫运费清单一般设计三联：第一联加盖公章后随同运输单位开具的货物运输收费单送交购货单位，第二联送交财会部门进行会计核算，第三联留归销售部门存查。其具体设计见表6-22。

表6-22　　××企业代垫运费清单

购货单位：　　　　年　　月　　日　　　　字第　　号

货物名称		运输方式	
运输单位		预计到货日期	
垫支项目			
垫支金额（大写）			
注：本凭证无销货单位公章无效			

业务负责人：　　　　主管会计：　　　　制单：

各类原始凭证在设计时要注意以下事项：

（1）反映货币资金收支变化的原始凭证。

此类原始凭证用来反映和记载库存现金、银行存款的收支情况，设计时应注意以下问题：①为了保证资金的安全，防止伪造，这种原始凭证除了设置小写金额栏外，还应设置大写金额栏；②应设计经济业务说明栏，记录经济业务的内容；③有关负责人的签章必须齐全。

（2）反映财产物资增减变动的原始凭证。

此类原始凭证用于反映和记载各种固定资产、材料、产成品、低值易耗品的增减变动情况。对各种物资的核算既要进行价值计算，又要进行实物核算，因此应注意以下问题：①凭证中应设计各种财产物资的品名、类别、规格型号、计量单位、数量、单价等内容；②财产物资的增减变动涉及的部门较多，因此设计的联次应较多；③当交易的财产物资涉及外单位时，应加盖公章，并设计金额大写栏。

三、记账凭证的设计

（一）记账凭证的种类

记账凭证是会计人员根据审核后的原始凭证确定会计分录，并作为记账依据的会计凭证。记账凭证的作用主要有：①连接原始凭证和账簿记录；②有利于会计监督；③有利于会计人员内部牵制。

记账凭证根据填制方式不同，可以分为复式记账凭证、单式记账凭证。

1.复式记账凭证

它要求将某项经济业务所涉及的全部会计科目集中登记在一张记账凭证上，按其涉及的内容可以分为通用记账凭证和专用记账凭证。通用记账凭证是指将每一项经济业务均用一张记账凭证来反映，适用于小型企业。专用记账凭证是指将所有的经济业务按其与库存现金、银行存款的关系分为收款凭证、付款凭证和转账凭证，适用于大中型企业。

2.单式记账凭证

它要求将一项经济业务所涉及的会计科目分别编制凭证予以登记，一张凭证只登记一个总账科目。

（二）记账凭证的内容

记账凭证的基本内容包括：

（1）记账凭证的名称。

（2）填制记账凭证的日期。

（3）记账凭证的编号。

（4）经济业务的简要说明。

（5）会计科目的名称。

（6）表明记账方向的栏次或标记。

（7）金额。

（8）记账凭证所附原始凭证张数。

（9）过账标记。

（10）会计主管、复核、记账、制证人员的签名或盖章，收付款凭证还要有出纳人员的签名或盖章。

（三）记账凭证的具体设计

企业的经营规模和财会机构的内部分工决定了记账凭证采用通用格式还是专用格式，企业的会计核算形式是逐笔过账还是汇总过账决定了企业采用单式记账凭证还是复式记账凭证。企业常用记账凭证的具体设计如下：

1.复式记账凭证

复式记账凭证是目前企业使用较多的记账凭证。其优点是填制手续简单，便于从一张凭证上了解经济业务的全貌，掌握资金变化的来龙去脉；其缺点是不利于编制汇总记账凭证。复式记账凭证既可以设计为通用格式，又可以设计为专用格式。

（1）通用复式记账凭证。通用记账凭证见表6-23。

表6-23

通用记账凭证

年　月　日　　字第　号　附件　张

摘要	会计科目	账页	借方金额		贷方金额	
			总账科目	子目	总账科目	子目
合计						

会计主管：　记账：　出纳：　复核：　制证：

通用格式的复式记账凭证在设计时也可将“借方金额”栏和“贷方金额”栏下的总账科目和子目移至“会计科目”栏下。这样设计有利于分清楚会计科目，但不利于借贷金额的试算平衡。

（2）专用复式记账凭证。专用复式记账凭证包括收款凭证、付款凭证、转账凭证，见表6-24、表6-25和表6-26。

表6-24

收款凭证

借方科目：　　年　月　日　　字第　号　附件　张

摘　要	贷方科目	账　页	金　额	
			总账科目	子　目
合　计				

会计主管：　记账：　出纳：　复核：　制证：

表6-25 **付款凭证**

贷方科目：　　　　　　　年　月　日　字第　号　附件　张

摘　要	借方科目	账　页	金　额	
			总账科目	子　目
合　计				

会计主管：　记账：　出纳：　复核：　制证：

表6-26 **转账凭证**

年　月　日　字第　号　附件　张

摘　要	会计科目		账　页	借方金额	贷方金额
	总账科目	子　目			
合计					

会计主管：　记账：　出纳：　复核：　制证：

2.单式记账凭证

单式记账凭证有利于会计工作的分工，便于汇总每一会计科目的发生额，进而简化登记总账的工作量，但在凭证上不易反映账户之间的对应关系，难以了解经济业务的全部情况，且填制工作量大、费用高。

单式记账凭证的具体设计见表6-27、表6-28、表6-29和表6-30。

表6-27

收款凭证

借方科目：　　　　年　　月　　日　　字第　　号　　附件　　张

二级或明细科目	摘　要	账　页	金　额
	合　计		

会计主管：　　记账：　　出纳：　　复核：　　制证：

表6-28

付款凭证

贷方科目：　　　　年　　月　　日　　字第　　号　　附件　　张

二级或明细科目	摘　要	账　页	金　额
	合　计		

会计主管：　　记账：　　出纳：　　复核：　　制证：

表6-29

借项转账凭证

借方科目：　　　　年　　月　　日　　字第　　号　　附件　　张

二级或明细科目	摘　要	账　页	金　额
对方科目		合　计	

会计主管：　　记账：　　复核：　　制证：

表6-30

贷项转账凭证

贷方科目：　　　　年　　月　　日　　字第　　号　　附件　　张

二级或明细科目	摘　要	账　页	金　额
对方科目		合　计	

会计主管：　　记账：　　复核：　　制证：

第三节　企业会计账簿的设计

一、会计账簿设计概述

（一）会计账簿设计的意义

会计账簿是由具有一定格式的账页组成，以会计凭证为依据，用来全面、连续地反映一个单位的经济业务，对大量分散的数据或资料进行分类、归集、整理，逐步加工成有用的会计信息的工具。

在会计核算中，每一笔经济业务的发生都必须填制凭证，以便及时、客观地记录各项业务的发生情况，明确各经办人员的责任，但它毕竟是零星的、分散的，每张凭证只能反映一项或几项同类性质的经济业务。要全面地反映企业的经济活动，还必须设计另一种信息载体——账簿。因此，设计会计账簿对于分门别类地、系统地积累会计资料，编制会计报表，积累与经济活动的过程和结果有关的数据资料，加强会计监督都有非常重大的意义。

1.为连续、系统、分类记录和监督经济业务提供信息载体

连续、系统、分类反映和监督经济业务是会计的特点之一，而这一特点主要反映在会计账簿中。会计账簿的序时记录为“连续性”提供了保障，分类记录又保证了“系统性”，两种记录的有机结合保证了“全面性”。也就是说，对于会计凭证所反映的经济业务，既可以按照业务发生的先后进行日记账核算，又可以按照经济业务的性质，在有关总分类账户和明细分类账户中进行归类核算，为管理提供总括和分类的明细资料，从而把分散在会计凭证上的大量的核算资料通过账簿的登记加以归类汇总，形成系统的、全面的、集中的会计信息。

2.为编制及时、准确的会计报表提供依据

会计要为企业的经营管理提供及时、客观的信息资料，这些信息资料绝大部分是通过会计报表的编制提供的，而会计报表所反映的信息资料主要来源于会计账簿。为了总结一定时期的经济活动情况，财务人员必须根据各总分类账、明细账所记录的经济业务进行结账，计算出各账

户的本期发生额和期末余额，根据账簿的数据来编制资产负债表、利润表等。账簿的编制为报表的编制提供了主要的数据，从而保证了经营管理所需的各种财务会计信息。

3.为反映资产的增减变动情况奠定基础，保证财产安全，有利于加强会计监督

会计账簿是汇集、整理和加工会计信息的工具，同时也积累了经济活动中的数据。企业中的一切财务收支、经营过程和结果都要反映在有关的账簿中，因此建立全面、系统的账簿组织体系可以对企业的经济活动实施会计监督，加强企业内部控制，全面、深入地了解和掌握企业各项资产，如存货、货币资金、债权债务的增减变动情况等，有利于保护企业资产的安全、完整。

4.有利于经济责任的建立和考核

会计凭证对于明确经济责任具有直接的作用，但它只对个别业务进行证明，而会计账簿则可以在一定范围内明确岗位职责并进行考核。比如，通过分析各种材料的明细账，就可以了解库存材料的增减变动和结存情况，明确和考核仓库保管员的经济责任，促使仓库保管员尽职尽责。

（二）会计账簿的设计原则

1.要与企业的规模和特点相适应，切合经营管理的需要

设计会计账簿时，一定要从实际出发，没有必要对每种业务都设置账簿。例如，如果企业有较多的固定资产，固定资产的折旧每日每时都在发生，但没有必要为固定资产的折旧建立个别的、每日登记的账簿。所以，必须根据企业的具体情况来确定账簿的种类、数量、格式、层次及内容。比如在大中型企业里，材料的品种多、数量大，折旧时要按材料的类别设置二级明细账，按材料的品名设置三级明细账，而在小型企业中则可以简化处理。账簿的设计既要满足管理的需要，又要减少登账的工作量，防止重复设账，提高工作效率。

2.要能直接提供所需要的编报资料，与会计报表指标相衔接

无论是对外的财务会计报告还是对内的会计报表，都要有相应的账簿与之相联系，并能直接从账簿中取得所需数字。要尽量减少在编表时根据账簿资料进行的计算，尽可能使账簿的种类、明细项目与会计报表

的种类与口径一致，加快报表的编制速度。

3.要根据会计科目设计

账簿的设计一般应按照会计制度所规定的会计科目来设置，有什么会计科目，就设什么账簿，保持口径一致。

4.要简洁明了，方便使用

在保证记录完整的前提下，账簿应力求精简，节约使用账簿的人力、物力，提高会计工作效率。账簿要便于会计人员的操作，账页的格式应当简单明了，账本册数不宜过多，账页尺寸不宜过大，档次不宜过多，但也不应过分强调精简而减少必要的账簿设置。

5.要便于审核、查阅和保管

账簿内容要便于对账、查账，有利于从报表审核账簿或从账簿检查记账凭证和原始凭证。账簿的形式要便于查阅和保管。

（三）会计账簿设计的步骤

设计会计账簿就是根据企业经营的特点和管理的要求对账簿的种类、数量、格式、内容、各种账簿之间的关系及登记账簿的方法等进行规定。为了保证账簿组织体系的严密性和有效性，设计账簿时，应当按下列步骤进行：

1.确定所使用的账簿种类

这是设计账簿必须首先解决的问题。要确定所使用的账簿种类，就必须了解账簿有哪几种。账簿可以通过不同的标准划分为不同的种类。

（1）按账簿的用途划分。

账簿按其用途划分，可以分为日记账簿、分类账簿和备查账簿。日记账簿的主要作用是按时间顺序记录发生的经济业务，以保证会计资料的日记性和连续性。分类账簿的主要作用是按业务内容分类记录各项会计要素内容的增减变化情况，以确保会计资料的系统性，主要包括总分类账簿（又称总账）和各种形式的明细分类账簿（又称明细账）。备查账簿的主要作用是作为辅助账簿，补充记录主体账簿未能或无法反映的经济事项，加强会计资料的全面性。

（2）按账簿的外表形式划分。

账簿按其外表形式划分，可分为订本账簿、活页账簿和卡片账簿。订本账簿的特点是启用前将若干账页固定装订成册。活页账簿的特点是用账夹将零散的若干账页夹在一起，可以随时添加账页。卡片账簿则是活页账簿的一种特殊形式。

（3）按账簿中账页的格式划分。

账簿按其账页格式划分，可以分为三栏式账簿、多栏式账簿和数量金额式账簿。三栏式账簿是将“金额”分成三个栏目，分别登记资金的增加、减少和结存。多栏式账簿是根据实际需要，在增加、减少栏目下划分若干栏次。数量金额式账簿是在增加、减少和结存栏目下分别设计三个栏次，用来登记财产实物的数量、单价、金额。

明确了账簿的分类，就可以根据企业的经济业务类型、经营管理要求及财会机构的内部分工情况，确定所使用的账簿种类，并在此基础上设计各种账簿的数量、格式和内容。

2.设计各种账簿的格式和内容

这是账簿设计的主要工作和关键步骤。在确定所使用账簿的种类后，每一种账簿应采用何种形式、账页格式如何、包括哪些具体内容等，都是需要解决的问题。这些问题将在后文具体讨论。

3.规定各种账簿之间的关系

设计出的各种账簿虽然有各自的特点和不同的用途，但它们并不是完全孤立的，相互之间存在客观的联系。例如，总分类账簿对其所属的明细分类账簿起着控制作用，而明细分类账簿则对总分类账簿起着补充和详细说明的作用，两者的关系是制约和被制约的关系。为此，设计账簿时应明确规定各种账簿之间的关系，保证各种账簿相互制约、相互补充，完善账簿组织体系。

4.建立会计账簿的保管制度

与会计凭证一样，会计账簿也是重要的会计档案，是反映企业经济活动情况的数据库。为此，企业必须妥善保管会计账簿，建立健全会计账簿管理制度。年终，企业应将使用完的账簿装订成册，交专人负责管理。账簿的保管期限及销毁办法按《会计档案管理办法》执行，到期经上级审批后方可销毁。建立严密的账簿管理制度，有利于堵塞漏洞，防止舞弊行为，保护财产安全。

（四）会计账簿的种类及选择的一般方法

企业对会计账簿的选择要视企业规模的大小、经济业务是否频繁、使用什么样的账务处理程序、会计人员的分工如何及会计核算工作的电子化程度如何等因素而定。一般来说，企业为了保证货币资金的安全完整，必须对其严加管理，无论在哪种情况下，都要设计库存现金和银行存款日记账这两种日记账簿。至于具体账簿的设计，若采用记账凭证账务处理程序、汇总记账凭证账务处理程序、科目汇总表账务处理程序及多栏式日记账账务处理程序，则只需要设计一本既进行序时记录又进行分类记录的日记总账账簿和必要的明细分类账簿。具体情况参考表6-31。

表6-31 **账务处理程序及账簿设置**

单位特点	应采用的账务处理程序	可设置的账簿体系
小规模企业（小规模纳税人）	记账凭证核算形式	库存现金、银行存款日记账；固定资产、材料、费用明细账；总账
	日记总账核算形式	日记账同上；日记总账；固定资产、材料明细账
大中型企业（一般纳税人）	科目汇总表核算形式、汇总记账凭证核算形式	日记账同上；固定资产、无形资产、材料、应收应付账款、其他应收应付账款、长期股权投资、实收资本、生产成本、费用等明细账；总账；购货簿；销货簿
收付款业务多、转账业务少的大中型企业	多栏式日记账核算形式	四本多栏式日记账；明细分类账同上；总账；购货簿；销货簿
收付款业务多、转账业务亦多的大中型企业	多栏式日记账兼汇总转账凭证核算形式	四本多栏式日记账；其他账簿同上
转账业务少的大中型企业	科目汇总表兼转账日记账核算形式	日记账簿；必要的明细账、转账日记账；总账

二、日记账簿的设计

日记账簿的设计包括普通日记账簿的设计和登记总账的日记账簿的

设计。

（一）普通日记账簿的设计

普通日记账簿不作为登记总账的依据，其作用类似于明细账。在企业里，主要有反映货币资金收支业务的库存现金日记账和银行存款日记账。对于一些经常发生、必须加强专门管理的业务，可以设置专门的日记账予以反映。如一些购销业务频繁的企业，最好设计购货日记账和销货日记账，以集中反映原材料的供应情况和产品的销售情况。

1.库存现金日记账

库存现金日记账是反映企业现金收入、支出、结存的一种日记账簿。其格式主要有两种：三栏式和多栏式。大多数企业采用三栏式库存现金日记账，其格式见表6-32。

表6-32 **库存现金日记账**

年		凭证		摘要	对方科目	收入	支出	余额
月	日	字	号					

2.银行存款日记账

银行存款日记账是反映银行存款收付业务的账簿，通常是出纳人员根据审核后的银行存款收付凭证，逐日逐笔按照经济业务发生的先后顺序进行登记。每日终了，出纳人员应分别计算银行存款收入、支出的合计数和本日余额。银行存款日记账的格式见表6-33。

如果企业里的货币资金收支业务较多，需要两名出纳人员分管库存现金和银行存款的收支业务，可将上述三栏式库存现金日记账和银行存款日记账分别分为“库存现金（银行存款）收入日记账”和“库存现金（银行存款）支出日记账”一栏式账簿，分别登记库存现金和银行存款的收入和支出业务。下面以“库存现金收入日记账”和“银行存款支出日记账”为例来介绍其格式，见表6-34和表6-35。

表 6-33　　　　　　　　　**银行存款日记账**

年		凭证		摘要	结算凭证		对方科目	收入	支出	余额
月	日	字	号		种类	编号				

表 6-34　　　　　　　　　**库存现金收入日记账**

年		凭证		摘要	贷方会计科目		余额
月	日	字	号				

表 6-35　　　　　　　　　**银行存款支出日记账**

贷方：银行存款

年		凭证		摘要	结算凭证		借方会计科目	余额
月	日	字	号		种类	编号		

（二）登记总账的日记账簿的设计

登记总账的日记账簿在设计时需要有完整的体系，主要有普通日记账、库存现金日记账、银行存款日记账、购货日记账和销货日记账等。

1.普通日记账

普通日记账是最基本的日记账簿，其他日记账都是根据其演化而来的特殊形式，即特种日记账。当只设置库存现金日记账和银行存款日记账时，普通日记账专门记录转账业务；在不设置特种日记账时，普通日记账记录全部的经济业务。其格式见表6-36。

表6-36 **普通日记账**

借方：　　　　　　　　贷方：

年		凭证		摘要	会计科目	账页	金额	年		凭证		摘要	会计科目	账页	金额
月	日	字	号					月	日	字	号				

2.特种日记账

特种日记账专门反映某些重要的经常发生的经济业务，是从普通日记账中逐步分离出来，专门记录某种业务的日记账，同时又是登记总账的依据。特种日记账包括库存现金日记账、银行存款日记账、购货日记账和销货日记账等，分别记录库存现金收支业务、银行存款收支业务、材料采购业务和产品销售业务。库存现金日记账、库存现金收入日记账和库存现金支出日记账的格式见表6-37、表6-38和表6-39。

表6-37 **库存现金日记账**

年		凭证		摘要	收入						支出						结余
月	日	字	号		贷方科目				收入合计	账页	借方科目				支出合计	账页	

表6-38　　　　　　　　**库存现金收入日记账**

年		凭证		摘要	贷方科目							收入合计	账页	支出合计	结余
月	日	字	号												

表6-39　　　　　　　　**库存现金支出日记账**

年		凭证		摘要	贷方科目							收入合计	账页	支出合计	转出数
月	日	字	号												

3.银行存款日记账

对于银行存款日记账，既可以设置一本“银行存款日记账”记录全部银行存款收支业务，也可以分别设置“银行存款收入日记账”记录银行存款的收入业务，设置“银行存款支出日记账”记录银行存款的支出业务。

若单位有外汇收支业务，为了加强外汇管理，还应专设外币银行存款日记账，见表6-40。

表6-40　　　　　　　　**外币银行存款日记账**

年		凭证		摘要	借方			贷方			余额		
月	日	字	号		外币	兑换率	人民币	外币	兑换率	人民币	外币	兑换率	人民币

4.购销货日记账

购货日记账可以设为一栏式，也可以设为多栏式，以便分析各类材料的采购情况，加强材料采购业务的管理和核算。购货日记账的格式见表6-41和表6-42。

表6-41　　**一栏式购货日记账**

年		凭证		摘要	应付账款明细科目	材料		借：原材料 贷：应付账款	账页
月	日	字	号			数量	单价		

表6-42　　**多栏式购货日记账**

年		凭证		摘要	应付账款明细科目	账页	甲材料	乙材料	丙材料	丁材料	合计
月	日	字	号								

和购货日记账一样，销货日记账既可以设为一栏式，也可以设为多栏式，按产品的类别或销售区域分别记录，以便分析各类产品或各销售区域的销售情况，及时发现问题，采取措施，扩大销售量和市场范围。销货日记账的格式见表6-43和表6-44。

表6-43　　**一栏式销货日记账**

年		凭证		摘要	应付账款明细科目	产成品		借：应收账款 贷：产品销售收入	账页
月	日	字	号			数量	单价		

表6-44　　**多栏式销货日记账**

年		凭证		摘要	应收账款明细科目	现销			赊销			账页
月	日	字	号			甲类	乙类	丙类	甲类	乙类	丙类	

三、分类账簿的设计

（一）总分类账簿的设计

总分类账簿是各企业、行政事业单位的重要账簿，在整个账簿组织体系中处于中心地位。总分类账簿是根据一级会计科目设置的，用货币计量单位反映企业的全部经济业务，提供总括的核算资料。总分类账簿的作用如下：记录全部经济业务；控制所属的明细分类账；为编制会计报表提供总括的核算资料。每个单位都要设置总分类账。在不同的会计账务处理程序下，总分类账的登记依据不同。在记账凭证账务处理程序下，其记账依据是汇总记账凭证；在科目汇总表账务处理程序下，其记账依据是科目汇总表；在多栏式日记账形式下，其记账依据是多栏式日记账和每一张转账凭证。

由于会计核算组织程序不同，总分类账的格式也有所不同，一般包括以下几种：

1.三栏式总分类账

这是最基本、最常用的总分类账格式，是分类账簿的标准格式。它采用借、贷、余三栏式的总分类账格式。其主要特点是简单明了，实用性强，便于记账和查账。其格式见表6-45。

表6-45　**三栏式总分类账**

年		凭证		摘要	借方	贷方	借或贷	余额
月	日	字	号					

2.汇总式总分类账

对于经营规模小、经济业务又比较少的单位来说，它们可以使用此类账簿。其优点是：简化了登记总账的工作量，在一张账页上就可以看出全部的资产、负债、所有者权益当月的增减变动和结存情况，方便会计报表的编制，而且节省纸张。其格式见表6-46。

表6-46　**汇总式总分类账**

汇总凭证		会计科目	借或贷	上月余额	借方	贷方	借或贷	余额
字	号							

3. 日记总账

日记总账是日记总账核算形式下的一种多栏式总分类账。它的特点是：兼有序时记录和分类记录的双重作用，从而简化了核算，但是由于其栏次多、账页规格大，不便于操作，所以只适用于规模小、经济业务简单、会计科目少的单位。其格式见表6-47。

表6-47 **日记总账**

年		凭证		摘要	发生额（合计）	固定资产		材料		银行存款		库存现金	
月	日	字	号			借方	贷方	借方	贷方	借方	贷方	借方	贷方

4. 报告式总分类账

报告式总分类账按会计科目分设账户，每一总账科目使用一张账页，登记全年的有关事项。其格式见表6-48。

表6-48 **报告式总分类账**

会计科目：

项目		1月	2月	3月	4月	5月	6月	…	12月	合计
借方发生及对应科目										
借方发生额合计										
贷方发生额合计										
借方余额（期初）										
贷方余额（期末）										

（二）明细分类账簿的设计

明细分类账的作用可以归纳如下：作为总分类账的补充，记录各种资产、负债、所有者权益、收入、费用和利润变化的具体情况，为经营管理提供详细的价值核算指标和实物核算指标。各单位的经营特点和管理要求不同，对明细分类账的设计要求也不同。

1.三栏式明细分类账

三栏式明细分类账设有借方、贷方、余额三栏，其格式如同“三栏式总分类账”，分别记录经济业务引起的资金增减变化和结存情况。这种格式的明细分类账适用于那些只需要登记金额、不需要登记数量的资本、债权、债务等科目，如“应收账款”“应付账款”等科目。其一般格式见表6-49。

表6-49　**应收账款明细账**

购货单位名称：

年		凭证		摘要	借方	贷方	借或贷	余额
月	日	字	号					

2.数量金额式明细分类账

数量金额式明细分类账在三栏式账簿“金额”的基础上增加了“数量”和“单价”两栏。它适用于既能提供详细价值指标，又能提供数量指标的材料、燃料、包装物、低值易耗品、产成品、固定资产等明细核算。其一般格式见表6-50。

表6-50　**原材料明细账**

材料类别：　编号：　存储地点：　最高储量：

材料名称：　规格：　计量单位：　最低储量：

年		凭证		摘要	收入			发出			结存		
月	日	字	号		数量	单价	金额	数量	单价	金额	数量	单价	金额

3.多栏式明细分类账

多栏式明细分类账一般根据经营管理的要求和经济业务的特点，在账页内设立若干金额栏。有时为了适应经济内容的变化，在设计栏次时，还要设置一些空栏，以备后用。下面介绍一些具有代表性的格式，见表6-51、表6-52、表6-53、表6-54和表6-55。

表6-51　　成本明细账

年		凭证		摘要	借方							贷方	余额
月	日	字	号		原材料	燃料及动力	工资	福利费	废品损失	制造费用	合计		

表6-52　　采购明细账

材料类别：

记账凭证		发票账单编号	供货单位名称	材料品名及规格	借方					收料凭证			贷方			合计
日期	编号				买价	运杂费	其他	成本差异	合计	日期	编号	数量	计划成本	成本差异	合计	

表6-53　　制造费用明细账

车间名称：

年		凭证		摘要	借方							贷方
月	日	字	号		工资	福利费	机物料消耗	水电费	修理费	劳动保护费	合计	

表6-54　　管理费用明细账

部门：

年		凭证		摘要	借方							贷方
月	日	字	号		工资	折旧费	修理费	办公费	差旅费	其他费用	合计	

表6-55　　**营业费用明细账**

年		凭证		摘要	借方				贷方
月	日	字	号		广告费用	包装费	其他费用	合计	

通过对以上几种明细分类账的比较，可以看出多栏式明细账的特点：第一，它一般没有统一的账页格式，需要根据具体的经济内容来确定；第二，每一个栏目都为经营管理提供一个具体的经济指标，因此栏目设计的多少取决于管理需要的经济指标的详细程度；第三，将有关金额栏的数字相加后，可以为经营管理提供总括的价值指标。

需要指出的是，以上各种明细分类账的形式并不是完全孤立的，各种具体的明细账账页格式也不是绝对固定的，在实际工作中，可以根据企业的具体情况灵活使用。

（三）备查账簿的设计

备查账簿的主要用途是记录日记账簿和分类账簿未能或无法反映的特殊经济事项，强调业务和管理的需要，不过于强调资金的平衡关系和记账方法。它的种类和格式一般不是固定的，完全取决于特殊经济事项的种类、内容及管理的要求。备查账簿的设计应实用、简单。

备查账簿的设计主要包括下列情形：

（1）所有权不属于本企业，但由企业暂时使用或代为保管的财产物资，应设计备查账簿，如租入固定资产登记簿、受托加工材料登记簿、代销商品登记簿等。

（2）对同一业务需要进行多方面登记的，应设计备查账簿，一般适用于大宗、贵重物资，如固定资产保管登记卡、固定资产使用登记卡等。

（3）对某些出于管理上的需要必须予以反映的事项，应设计备查账簿，如经济合同执行情况记录、贷款还款情况记录、重要空白凭证记录等。

下面以“租入固定资产备查账簿”和“委托加工材料备查账簿”为例，其格式见表6-56和表6-57。

表6-56　　　　　　　　**租入固定资产备查账簿**

出租单位：　　　　产品名称：　　　　规格型号：　　　　计量单位：

租入凭证		租入数量	原始价值	净值	租期	月租金		使用部门	负责人签字	修理费		归还期限	经手人签字
日期	编号					单位租金	总租金			各次	累积		

表6-57　　　　　　　　**委托加工材料备查账簿**

来料单位：

收料凭证		材料名称及规格	计量单位	数量	送料人	加工后材料				余料	退料凭证		领料人
日期	编号					名称及规格	单位	数量	收取加工费		日期	编号	

第四节　账务处理程序的设计

一、账务处理程序设计概述

（一）账务处理程序设计的作用

一个企业发生的经济业务必须经过填制会计凭证、登记账簿和编制会计报表等一系列会计处理过程，才能成为有用的会计信息，完整地、集中地、系统地反映该单位的经济活动过程和经营管理情况。在这个过程中，会计凭证、账簿和报表就是会计信息的载体（即记录手段）。为了使会计信息的处理工作有条不紊地进行，保证会计信息的质量和会计工作的效率，及时、准确地提供管理所需的指标数据，必须将会计凭证、账簿和报表加以科学地组合，形成一定的会计处理程序。这种将会计凭证、账簿和报表进行科学组合的方式就是账务处理程序，又称为会计核算形式。

设计合理的账务处理程序主要有以下几方面的作用：

1.提高会计工作效率

按照规定的账务处理程序开展工作，能使会计工作有条理、有次序地进行，减少信息重复、迂回处理的情况，加快核算速度，节省核算费用。

2.保证会计核算质量

在账务处理程序中，通过对会计信息的整理、记录、汇总与核对，不仅能迅速、及时地提供管理所需的信息，而且能使所提供的信息正确、真实，保证会计报告的质量。

3.节约核算费用

通过账务处理程序的设计，可以对凭证、账簿等各项核算工作进行合理的组合与协调，减少不必要的环节和重复劳动，节约人力、物力，降低核算费用。

（二）账务处理程序的种类

不同的账簿组织和记账程序构成了不同的账务处理程序，各企业可根据自己的特点设计适合本单位的账务处理程序。在实际工作中，常用的账务处理程序主要有以日记账为基础的账务处理程序和以记账凭证为基础的账务处理程序两大类。

以日记账为基础的账务处理程序按照其发展情况，又可分为普通日记账账务处理程序、专栏（或多栏式）日记账账务处理程序、特种日记账账务处理程序、多栏式特种日记账账务处理程序和凭单日记账账务处理程序等。以记账凭证为基础的账务处理程序按照其凭证的整理和登记总分类账的方式不同，又可分为记账凭证账务处理程序、汇总记账凭证账务处理程序和科目汇总表账务处理程序等。以上各种账务处理程序可以调整变动或结合运用。

（三）账务处理程序设计的要求

账务处理程序虽有多种，但各企业在设计适合本单位的账务处理程序时，主要应考虑下列几点要求：

（1）要根据国家的有关规定，以《企业会计准则》为指导，结合本企业的特点，如业务繁简、规模大小、管理要求等，设计适合本单位的账务处理程序。合理的、适用的账务处理程序有利于会计工作的分工协作，有利于加强岗位责任制和实现内部控制。

（2）要能正确、及时、完整地提供会计信息，提高会计信息的质量，以满足本企业经营管理和国家综合平衡的需要。

（3）要考虑适当均衡会计工作，避免将大量工作集中在月末进行，要避免影响结账工作的进度和会计报表的编制。

（4）要在正确、及时、完整地提供会计信息的前提下，合理地简化核算手续，减少重复劳动，提高工作效率，节约核算费用。

二、以日记账为基础的账务处理程序设计

以日记账为基础的账务处理程序就是以日记账为序时记录，据以过入分类账的一种记账程序。如前所述，根据日记账的账簿数量和账页格式设置的不同，它可分为普通日记账账务处理程序、专栏日记账账务处理程序、特种日记账账务处理程序、多栏式特种日记账账务处理程序和凭单日记账账务处理程序。现分别说明上述各种账务处理程序的设计。

（一）普通日记账账务处理程序设计

这是最基本的账务处理程序设计。它设置一本普通日记账作为序时记录，根据原始凭证或原始凭证汇总表在普通日记账中编制会计分录，然后逐笔过入总分类账。其账务处理程序包括以下几步：

（1）根据原始凭证或原始凭证汇总表登记普通日记账。

（2）根据原始凭证、原始凭证汇总表或普通日记账登记明细分类账。

（3）根据普通日记账登记总分类账。

（4）月底，将总分类账与有关明细分类账进行核对。

普通日记账一般可根据原始凭证直接登记。如果原始凭证规格不一，不便于装订保管，可用统一凭证粘贴单粘贴。

普通日记账账务处理程序的优点是：用一本账就可以全面、系统地记录一个单位的经济业务；缺点是：要逐笔过入总分类账，工作量大。它一般适用于业务比较简单的企业。

（二）专栏日记账账务处理程序设计

为弥补普通日记账逐笔过账工作量大的缺点，可用专栏日记账代替普通日记账。专栏日记账的特点是：对经常出现的账户在日记账中设置

专栏，对不经常出现的账户则另设“其他”栏登记。对设有专栏的账户，其金额可定期汇总，一次过入总分类账；对“其他”栏的账户，其金额必须逐笔过入总分类账。专栏日记账账务处理程序与普通日记账账务处理程序相同，仅以专栏日记账代替普通日记账。

专栏日记账账务处理程序的优点是：通过日记账的专栏可以简化过账工作，但是，必须注意专栏的设置一定要恰当。专栏设置太多，则账页过长，会造成记账不便，纸张亦有浪费；专栏设置过少，则起不到简化过账工作的目的。其缺点是：一本日记账只能一人记账，不便于会计分工核算。它一般适用于业务不太繁多的企业。

（三）特种日记账账务处理程序设计

如果经济业务量大，由一人登记日记账不可行，就要解决核算的分工问题。特种日记账就是在这种情况下产生的。它把大量重复发生的某一类经济业务集中在一本日记账中登记，如库存现金日记账、银行存款日记账、购货日记账、销货日记账等。同时，要设置一本普通日记账，用来登记特种日记账中未能登记的经济业务。其账务处理程序包括以下几步：

（1）根据原始凭证或原始凭证汇总表登记特种日记账或普通日记账。

（2）根据原始凭证、原始凭证汇总表或日记账登记明细分类账。

（3）根据特种日记账和普通日记账登记总分类账。

（4）期末，将总分类账和有关明细分类账进行核对。

（5）根据总分类账和有关明细分类账编制会计报表。

这种账务处理程序的优点是：可以解决核算分工问题，同时，对某些账户根据合计数过入有关总分类账，可以减轻过账工作。其缺点是：对库存现金日记账和银行存款日记账中的对应账户仍需逐笔过账，工作量仍较大。它一般适用于业务量适中的企业。

（四）多栏式特种日记账账务处理程序设计

在特种日记账中进一步设置一些专栏，就成为多栏式特种日记账。设置专栏的作用：一是可以进一步减少过账工作；二是可以提供某些管理所需的分析或报告资料。其账务处理程序基本上与特种日记账相同。

根据多栏式特种日记账登记总分类账的例子见表6-58和表6-59。

表6-58　　**多栏式银行存款收入日记账**

日期	凭证号数	摘　要	贷方对应账户				借方合计	贷方合计	余额
			产品销售收入	应收账款	库存现金	其他			
6/1		期初余额					××××		××
6/1	1	销售产品	××				××		××
6/6	15	收回欠款		××	××			××	××
6/8	18	解入现金	××	××	××	…		××	
6/30		由贷方日记账转入							
		合　计							

表6-59　　**购货日记账**

日期	凭证号数	摘　要	供货单位	借：材料采购	贷：库存现金	贷：银行存款	贷：应付账款	购料分析			
								一组	二组	三组	…
6/3	4	应付购料款	甲工厂								
6/6	8	付采购费	乙工厂								
6/7	10	购料、付采购费									
		合　计									

上述银行存款收入日记账仅按银行存款的借方设置，并按与其相对应的贷方账户分设专栏。另外，还要设置银行存款支出日记账，按与其相对应的借方账户分设专栏。月底（或定期）将银行存款支出日记账中的贷方合计数转记至银行存款收入日记账中，并结出余额。

过账时，可以定期根据银行存款收入和支出日记账中各专栏的合计数一次过入有关总分类账户，不必逐笔过账。在同时设有多栏式库存现金日记账时，银行存款日记账中的“库存现金”栏不需过账，理由前已论述。

上述购货日记账定期根据各栏的合计数过入有关总分类账户，不必逐笔过账。“购料分析”专栏可按采购小组、材料大类、采购地区等分设，以提供材料采购情况的分析资料。在“材料采购”栏可增设买价、运费、装卸费、包装费等专栏，以提供材料价格的构成分析资料。

多栏式特种日记账账务处理程序既可解决核算分工问题，又可大量减少过账工作，还可按管理要求提供某些明细分析资料，一般适用于业务复杂的大中型企业。

（五）凭单日记账账务处理程序设计

凭单日记账账务处理程序是多栏式特种日记账账务处理程序的进一步发展。在这种账务处理程序下，账簿设置主要有凭单日记账、辅助记录和总分类账三种，同时保留少量的明细分类账。

1.凭单日记账

凭单日记账是该种账务处理程序中的主要账簿。它是根据一个或几个总分类账户的贷方设置，并按与其相对应的各个借方账户分设专栏，反映一个或几个账户的全月贷方发生额及与其相对应的各个借方账户的发生额。

凭单日记账按其包括的应贷账户的多少可分为专用式（或单户式）和合用式（或多户式）两类。

（1）专用式凭单日记账是以一个贷方账户设置，并按与其相对应的借方账户分设专栏的日记账簿。这类日记账有库存现金、银行存款、应付账款、银行借款等凭单日记账。

（2）合用式凭单日记账是以几个相互关联或性质相同的总分类账户设置的日记账簿。在这类日记账中，有两个或两个以上的应贷账户，并按与其相对应的借方账户分设专栏。这类日记账有材料和燃料、产成品和各种应收账款、固定资产、折旧等凭单日记账。

2.辅助记录

辅助记录又称辅助登记表，它是具有凭单日记账辅助记录性质的账簿。辅助记录的用途很多，有的起分类汇总作用，月底根据分类汇总数转记到有关凭单日记账中；有的起核对控制作用，由于凭单日记账按账户的贷方设置，其借方发生额分散在其他各个凭单日记账中，为了便于核对，对账户的借方记录可另设辅助登记表登记，以便与各凭单日记账中的分散记录进行核对；有的起明细分类核算作用，即将明细分类核算结合在辅助记录中进行；有的起明细分析作用，以提供管理所需的某些分析资料等。

3.总分类账

总分类账是用来反映全部一级账户全月借、贷方发生额及余额的账簿。在凭单日记账账务处理程序下，总分类账主要根据凭单日记账登记。它的借方可按对应账户设置专栏，以反映从各个凭单日记账中转记的数额。它的贷方只登记一笔全月发生额，因为与其相对应的各借方账户发生额已在凭单日记账中反映。这样，凭单日记账与总分类账相互配合，一个账户的借方对应账户和贷方对应账户就可得到清晰反映。

4.明细分类账

在凭单日记账账务处理程序下，明细分类核算可采用多种形式。有的可结合在凭单日记账中进行；有的可结合在辅助记录中进行；有的明细分类账户较多，如固定资产、原材料、生产成本、产成品和某些结算业务等，则仍需单独设置明细卡片或账簿进行分户核算。

凭单日记账账务处理程序包括以下几步：

（1）根据原始凭证或原始凭证汇总表登记凭单日记账。

（2）根据原始凭证或原始凭证汇总表登记辅助记录。

（3）根据原始凭证或原始凭证汇总表登记某些明细分类账。

（4）根据某些辅助记录登记凭单日记账。

（5）根据凭单日记账登记总分类账。

（6）期末，将总分类账与有关明细分类账进行核对。

（7）期末，根据总分类账编制试算平衡表。

（8）根据总分类账（或试算平衡表）、凭单日记账、辅助记录和明细分类账的有关资料编制会计报表。

凭单日记账和辅助登记表的格式有多种，核算处理亦比较复杂，由于它在实际工作中应用较少，故仅作上述简单介绍，具体举例从略。

三、以记账凭证为基础的账务处理程序设计

以记账凭证为基础的账务处理程序是以记账凭证作为序时记录，根据原始凭证或原始凭证汇总表在记账凭证中编制会计分录，据以逐笔或

分类汇总过入总分类账的一种账务处理程序。以记账凭证代替日记账在记账凭证中编制会计分录，一方面有利于会计核算分工；另一方面有利于原始凭证和记账凭证的装订和保管，有利于原始凭证与记账凭证以及记账凭证与账簿的核对，方便会计查账。

如前所述，根据登记总分类账的依据和方法不同，以记账凭证为基础的账务处理程序可分为记账凭证账务处理程序、科目汇总表账务处理程序、汇总记账凭证账务处理程序和多栏式日记账账务处理程序。我们分别说明各种账务处理程序的设计。

（一）记账凭证账务处理程序设计

在记账凭证账务处理程序下，对一切经济业务，根据原始凭证和原始凭证汇总表在记账凭证中编制会计分录，根据记账凭证逐笔登记总分类账。其账务处理程序包括以下几步：

（1）根据原始凭证或原始凭证汇总表编制记账凭证。

（2）根据收款凭证、付款凭证逐笔登记库存现金日记账、银行存款日记账。如果设转账日记账，还要根据转账凭证逐笔登记转账日记账。

（3）根据原始凭证、原始凭证汇总表或记账凭证逐笔登记明细分类账。

（4）根据记账凭证逐笔登记总分类账。

（5）期末，将库存现金日记账余额、银行存款日记账余额、各明细分类账余额合计数分别与总分类账中有关账户的金额进行核对。

（6）期末，根据总分类账及有关明细分类账编制会计报表。

在记账凭证账务处理程序下，日记账的主要作用不再是编制会计分录和作为登记总分类账的依据，而是记录某一类经济业务的发生情况（如现金收支），定期与总分类账进行核对，作为会计内部控制的一种手段。

记账凭证可采用统一的通用格式，也可以分别按收、付款及转账业务采用收款凭证、付款凭证和转账凭证等专用格式。

记账凭证账务处理程序的优点是：总分类账户能详细地记录和反映经济业务的发生情况，核算过程简单。其缺点是：登记总分类账的工作量较大。

（二）科目汇总表账务处理程序设计

科目汇总表账务处理程序是定期（天、周、旬）根据记账凭证编制科目汇总表，再根据科目汇总表登记总分类账。其账务处理程序包括以下几步：

（1）根据原始凭证或原始凭证汇总表编制记账凭证。

（2）根据收款凭证、付款凭证逐笔登记库存现金日记账、银行存款日记账。如果设转账日记账，还要根据转账凭证逐笔登记转账日记账。

（3）根据原始凭证、原始凭证汇总表或记账凭证逐笔登记明细分类账。

（4）根据一定时期内所有的记账凭证，汇总编制科目汇总表。

（5）根据科目汇总表登记总分类账。

（6）期末，将库存现金日记账和银行存款日记账余额、各明细分类账余额合计数，分别与总分类账中有关账户的金额进行核对。

（7）期末，根据总分类账及有关明细分类账编制会计报表。

可以看到，科目汇总表账务处理程序除了增加编制科目汇总表这一步以外，其他账务处理程序都与记账凭证账务处理程序相同。所以，科目汇总表账务处理程序是记账凭证账务处理程序的发展。

科目汇总表根据记账凭证，按照相同的账户，分别将借方和贷方加总，每天或定期编制一张。为简化汇总手续，对于收、付款金额也可直接根据库存现金日记账、银行存款日记账的收支合计数填列。

科目汇总表账务处理程序可以简化总分类账的登记，同时，可就科目汇总表定期进行试算平衡，及时发现问题，减少会计核算中的差错。但是，根据科目汇总表登记的总分类账只能反映借、贷方发生的总金额，不能反映账户之间的对应关系，所以不能通过总分类账户具体了解经济业务的内容。它适用于经济业务多、会计核算工作频繁的企业。

（三）汇总记账凭证账务处理程序设计

汇总记账凭证账务处理程序同科目汇总表账务处理程序一样，也是在记账凭证账务处理程序的基础上发展起来的。为了简化总分类账的登记工作，在汇总记账凭证账务处理程序中，要先根据记账凭证编制汇总记账凭证，然后根据汇总记账凭证登记总分类账。其账务处理程序包括以下几步：

（1）根据原始凭证或原始凭证汇总表编制记账凭证。

（2）根据收款凭证、付款凭证逐笔登记库存现金日记账、银行存款日记账。如果设转账日记账，还要根据转账凭证逐笔登记转账日记账。

（3）根据原始凭证、原始凭证汇总表或记账凭证逐笔登记明细分类账。

（4）定期根据记账凭证编制汇总收款凭证、汇总付款凭证、汇总转账凭证。

（5）根据汇总收款凭证、汇总付款凭证、汇总转账凭证登记总分类账。

（6）期末，将库存现金日记账和银行存款日记账余额、各明细分类账余额合计数，分别与总分类账中有关账户的金额进行核对。

（7）期末，根据总分类账及有关明细分类账编制会计报表。

汇总记账凭证账务处理程序和科目汇总表账务处理程序相比，除了根据记账凭证编制汇总记账凭证外，其余步骤均相同。

和记账凭证可以分成收款凭证、付款凭证及转账凭证一样，汇总记账凭证也可分成汇总收款凭证、汇总付款凭证及汇总转账凭证。

汇总收款凭证分别按“库存现金”“银行存款”账户的借方设置，根据现金收款凭证、银行存款收款凭证，按与其相对应的贷方账户定期汇总编制。汇总付款凭证分别按“库存现金”“银行存款”账户的贷方设置，根据现金付款凭证、银行存款付款凭证，按与其相对应的借方账户定期汇总编制。汇总转账凭证按除“库存现金”“银行存款”账户以外的每个账户的贷方设置，根据转账凭证，按与其相对应的借方账户定期汇总编制。根据前述记账凭证编制的汇总收款凭证、汇总付款凭证及汇总转账凭证见表6-60、表6-61和表6-62。

根据汇总记账凭证登记总分类账的方法是：月终，根据汇总收款凭证的合计数，分别记入“库存现金”“银行存款”总分类账户的借方以及与其相对应的各个账户的贷方；根据汇总付款凭证的合计数，分别记入“库存现金”“银行存款”总分类账户的贷方以及与其相对应的各个账户的借方；根据汇总转账凭证的合计数，分别记入各应借账户的借方和各应贷账户的贷方。

表6-60　　**汇总收款凭证**

借方账户：　　银行存款第1号

贷方账户	金额				总账页数	
	（1）	（2）	（3）	合计	借方	贷方
应收账款	14 800					
产品销售收入	12 000					
…	…					

注：（1）上旬记账凭证共×张；（2）中旬记账凭证共×张；（3）下旬记账凭证共×张。

表6-61　　**汇总付款凭证**

贷方账户：　　银行存款第1号

借方账户	金额				总账页数	
	（1）	（2）	（3）	合计	借方	贷方
原材料	2 400					
管理费用	160					
库存现金	1 000					
…	…					

注：（1）上旬记账凭证共×张；（2）中旬记账凭证共×张；（3）下旬记账凭证共×张。

表6-62　　**汇总转账凭证**

贷方账户：　　应付账款第1号

借方账户	金额				总账页数	
	（1）	（2）	（3）	合计	借方	贷方
原材料	3 600					

注：（1）上旬记账凭证共×张；（2）中旬记账凭证共×张；（3）下旬记账凭证共×张。

汇总记账凭证的编制方法除了上述以外，还可以采用另外一种，即不分经济业务的性质，汇总时采用统一的汇总记账凭证格式。汇总记账凭证按每一个账户的贷方设置，按与其相对应的借方账户定期汇总。这种汇总记账凭证的编制方法容易掌握，可以避免重复汇总和遗漏汇总等现象的发生。

汇总记账凭证账务处理程序和科目汇总表账务处理程序一样，可以简化总分类账的登记工作。另外，由于汇总记账凭证按照账户的对应关系进行归类汇总，汇总记账凭证和总分类账均能通过账户的对应关系反映所发生的经济业务内容，因此，与科目汇总表账务处理程序相比，汇总记账凭证账务处理程序克服了不能反映账户对应关系的缺点，有明显的优越性。汇总记账凭证账务处理程序的主要缺点在于：一是编制汇总记账凭证的工作量比较大；二是大部分总分类账的登记工作集中在月末，会计工作节奏不太均衡。它适用于规模较大、经济业务繁多的企业。在具体处理过程中，也可以适当变通，如某一贷方账户的记账凭证数量不多，有些汇总原始凭证已按贷方账户设置，反映多借一贷的账户对应关系，就可以不再编制汇总记账凭证，而是直接根据记账凭证登记总分类账。

（四）多栏式日记账账务处理程序设计

多栏式日记账账务处理程序是由多栏式特种日记账账务处理程序和科目汇总表账务处理程序相结合而形成的一种账务处理程序。其要点是：设置多栏式库存现金日记账和银行存款日记账。其做法是：平时，对于收付款业务，根据收付款凭证逐笔登记多栏式日记账；月末，根据转账凭证编制转账凭证科目汇总表，然后根据多栏式日记账和转账凭证科目汇总表所汇总的合计数，一次登记过入各总分类账户。其账务处理程序包括以下几步：

（1）根据原始凭证或原始凭证汇总表填制记账凭证。

（2）根据收款凭证、付款凭证逐笔登记多栏式库存现金日记账、银行存款日记账。

（3）根据原始凭证、原始凭证汇总表或记账凭证逐笔登记各有关明细分类账。

（4）根据转账凭证编制转账凭证科目汇总表。

（5）月终，根据多栏式库存现金日记账、银行存款日记账以及转账凭证科目汇总表登记总分类账。

（6）月终，将各明细分类账的余额合计数分别与有关的总分类账户金额核对相符。

（7）月终，根据总分类账户和明细分类账户的有关资料编制会计报表。

在多栏式日记账账务处理程序下，多栏式库存现金日记账、银行存款日记账具有汇总收款凭证和汇总付款凭证的作用，既能反映货币资金的收入和支出合计数，又能反映与其相对应的各个账户发生额合计。同时，日记账的登记工作与数据的汇总工作同时进行，与汇总记账凭证账务处理程序相比，减少了汇总记账凭证的填制，进一步简化了会计核算工作。它适用于业务量较大的企业。此种账务处理程序的不足之处是：多栏式日记账栏数若设置太多，会影响日记账的登记，容易造成账页浪费，只能用于会计科目不多的企业。另外，转账凭证科目汇总表仍不能反映账户的对应关系。

复习思考题

1. 账务处理程序有什么意义？

2. 请用图的形式描述各种账务处理程序。

第七章

企业财务报告的设计

第一节 财务报告设计概述

一、财务报告设计的意义

会计的目的之一就是把有用的会计信息提供给信息使用者，然而在企业日常的会计核算中，会计信息散布于各种会计凭证、账簿之中，其本身难以向外界阐明完整、系统和全面的财务状况及经营成果。设计会计报表是对日常会计信息加以整理、归纳和总结，形成完整的报告。会计报表是企业财务状况和经营成果的综合反映。设计适宜的会计报表，能够满足国家宏观管理、投资者决策和企业内部经营管理的需要，其重要作用概括起来主要有以下四个方面：

1.为投资者提供决策信息

信息是决策的重要依据。会计报表作为反映企业综合财务状况和经营成果的报告，是投资者了解企业情况、分析企业财务状况、参与企业管理、评价企业经营者、做出投资和管理决策的重要依据之一。

2.为债权人提供资金使用情况、偿债能力等信息

债权人最关心的是企业能否到期还本付息。由于债权人不能参与企业管理，更不能参与企业财务管理，因此只能通过会计报表了解企业的财务状况，分析企业的偿债能力。

3.为管理者和职工提供信息资料，方便进行日常管理

会计部门是企业管理部门的重要组成部分，会计信息是企业决策的重要依据。企业管理部门主要以会计报表的方式为管理者和职工提供会计信息，通过分析报表数据，管理者和职工可以分析、检查企业的计划完成情况，进而对企业的经营活动、经济效益等做出评价，及时发现生产经营中存在的问题，及时调整管理方向和生产计划，改善经营管理，提高经济效益。

4.为财政、市场监督管理、税务等行政部门提供信息

财政、市场监督管理和税务部门作为企业的监管部门，通过分析会计报表，可以检查企业对财政法规的遵守情况，检查企业是否合法经营，是否依据税法进行计税和纳税等。

二、财务报告设计原则

为了更好地发挥财务报告的作用，在设计时应遵循以下原则：

1.财务报告及指标体系应当严密完整

财务报告的严密完整是指所设计的会计报表能反映企业经济活动的全貌。指标体系的严密完整是指根据各单位的经营特点和管理要求设置各个方面的指标，按照各项指标的不同性质、不同用途及相互之间的联系进行科学合理的分组，将每一组指标集中在一张会计报表中反映，使各种会计报表分别反映企业财务状况的一个方面。同时，各种会计报表中的各项指标应当相互联系、相互补充、相互衔接，共同组成完整的会计指标体系，以反映企业经济活动的全貌。

2.有利于信息快速生成

财务报告是根据总分类账户和明细分类账户编制的，在设计报表项目时，各项目名称最好能与会计科目名称一致，以便直接从有关账户中取得数据。另外，在设计报表时最好有一栏用来注明数字来源，从而进

一步提高编报速度，及时报送报表。目前资产负债表和利润表的绝大多数项目与会计科目都是一致的，这实际上是有利于信息快速生成原则的体现。

3.财务报告指标的统一性与灵活性相结合

对外报表为便于汇总、比较、分析，要求指标统一，要注重统一性；而内部报表主要是满足内部管理需要，所设计的报表种类与指标体系应符合具体单位的需要，要注重适用性。

4.简明易懂，便于编制

财务报告的设计应当注意清晰易懂、层次性强，并且便于编制。为此，会计报表应做到表首清晰明了，项目分类明确，会计信息力求客观、统一和连贯。

第二节　基本会计报表的设计

基本会计报表是反映企业财务状况和经营成果的主要报告文件，包括资产负债表、利润表、现金流量表。会计报表的设计主要包括表首的设计、表体的设计、格式的设计、项目分类的设计、项目排列次序的设计和项目金额的设计等，不同的会计报表有所不同。

一、资产负债表的设计

资产负债表是反映企业在某一特定日期财务状况的报表，是外送报表中最重要的一份报表。它是把企业在一定日期的资产、负债和所有者权益项目，依照一定的分类标准和次序编制而成的。

（一）资产负债表的表首设计

资产负债表的表首包括报表名称、编制报表的单位名称、日期及金额单位四项内容。特别值得一提的是，资产负债表反映的是某一时点的数字，故称为静态报表，因此其时间必然是一个时点而非时期。报表的日期是会计期间确定的结账日期，而不是编制资产负债表的日期。为了便于阅读分析，应在表首标明金额单位。关于表首的结构，即它的四项内容的排列顺序，一般有两种方式：一是将编制报表的单位名称列在表首的左侧，见表7-1；二是将编制报表的单位名称列于表名之上，见表7-2。常用的是表7-1的格式。

表7-1　　　　　　　　　　　　资产负债表

编制单位：××××　　　　　　年　　月　　日　　　　　　　　　　单位：元

资产	负债和所有者权益
具体项目	具体项目

表7-2　　　　　　　　　　××公司资产负债表

年　　月　　日　　　　　　　　　　单位：元

资产	负债和所有者权益
具体项目	具体项目

（二）资产负债表的表体设计

1.资产负债表的格式设计

资产负债表通常有两种格式，即账户式和报告式。

账户式也叫平衡式，这一格式是根据“资产=负债+所有者权益”这一会计等式设计的，即把报表分为左右两方，左方列资产，右方列权益。权益部分又可分为上下两块，上面列负债，下面列所有者权益。资产负债表的左右双方金额必定相等，如同“T”字形账户。这种格式的优点在于：最后一行的数字是平衡的，便于阅读和对比分析资产、负债、所有者权益各项目的相互关系。其一般格式和内容见表7-3。

报告式又称垂直式，是根据“资产-负债=所有者权益”的会计等式设计的。和账户式相比较，它的优点是不受格式限制、使用较方便。

2.资产负债表项目分类的设计

资产负债表的项目不是会计科目的简单排列，而应当按一定标准进行分类。分类过于详细，会使报表冗长，重点不突出；分类过于简单，则不能充分揭示企业的财务状况。按这一原则，资产按大类分为流动资产和非流动资产，负债分为流动负债和非流动负债，所有者权益分为实收资本、资本公积、盈余公积和未分配利润等。为了便于分析、利用资产负债表的有关数据，对上述大类可进一步分类，具体见表7-3。

表7-3

资产负债表

会企01表

编制单位：　　　　　　　　年　　月　　日　　　　　　　　单位：元

资 产	期末余额	年初余额	负债和所有者权益（或股东权益）	期末余额	年初余额
流动资产：			流动负债：		
货币资金			短期借款		
以公允价值计量且其变动计入当期损益的金融资产			以公允价值计量且其变动计入当期损益的金融负债		
衍生金融资产			衍生金融负债		
应收票据			应付票据		
应收账款			应付账款		
预付款项			预收款项		
其他应收款			应付职工薪酬		
存货			应交税费		
持有待售资产			其他应付款		
一年内到期的非流动资产			持有待售负债		
其他流动资产			一年内到期的非流动负债		
流动资产合计			其他流动负债		
非流动资产：			流动负债合计		
可供出售金融资产			非流动负债：		
持有至到期投资			长期借款		
长期应收款			应付债券		
长期股权投资			其中：优先股		
投资性房地产			永续债		
固定资产			长期应付款		

续表

资产	期末余额	年初余额	负债和所有者权益（或股东权益）	期末余额	年初余额
在建工程			预计负债		
生产性生物资产			递延收益		
油气资产			递延所得税负债		
无形资产			其他非流动负债		
开发支出			非流动负债合计		
商誉			负债合计		
长期待摊费用			所有者权益（或股东权益）		
递延所得税资产			实收资本（或股本）		
其他非流动资产			其他权益工具		
非流动资产合计			其中：优先股		
			永续债		
			资本公积		
			减：库存股		
			其他综合收益		
			盈余公积		
			未分配利润		
			所有者权益（或股东权益）合计		
资产总计			负债和所有者权益（或股东权益）总计		

3.资产负债表项目排列次序的设计

资产负债表的项目排列方法一般有两种：一种是按重要程度排列，即按各项目在总体中所占比重大小和在生产经营过程中的重要性排列，如在我国颁布《企业会计准则》之前，工业企业资产负债表按固定资产、流动资产的顺序排列。这主要是为了满足国家宏观管理的需要而设计的。另一种是按流动性排列，就是按照各项目的流动性程度从高到低排列，如按流动资产、非流动资产排列。这主要是为了便于投资者分析企业的偿债能力而设计的。在《企业会计准则》颁布以后，我国资产负债表采用这种方式。备抵项目也是报表项目排列应考虑的问题。资产负债表将备抵项目排列在相应科目的下方，为报表使用者提供更为详尽的资料。

4. 资产负债表各项目金额的设计

将企业一定时期的资产负债表数据与上期相同项目的数据加以比较，能为企业总结经营管理的成果和查找存在的缺陷提供依据。为了方便比较财务状况，在实务工作中，资产负债表采用比较资产负债表的格式，其特点是将金额栏分为两个部分——“期初余额”和“期末余额”。报告期的“期初余额”一栏根据上期期末资产负债表的“期末余额”填写，报告期的“期末余额”一栏则根据该表编制当期期末的各项目实际金额填写。

二、利润表的设计

利润表是反映企业在一定期间的经营成果及其分配情况的报表，它是一张动态报表。利润表可以用来分析利润增减变化的原因，检查利润计划的执行情况，评价企业的经营业绩。

（一）利润表的表首设计

利润表表首也由报表名称、编表单位名称、时期及金额单位四项内容构成。利润表表首的设计首先要考虑报表名称的确定。除了反映的时间不同外，利润表表首的设计类似于资产负债表的表首设计。该报表的名称有很多。由于利润表是反映企业在一定期间的经营成果及其分配情况的动态报表，其时间单位应是某个特定期间。利润表表首的结构与资产负债表一样，既可将编制报表的单位名称列于表首的左侧，也可将编制报表的单位名称列于表名之上。

（二）利润表的表体设计

1. 利润表的项目设计

利润表是把一个会计期间的营业收入与同一会计期间的营业费用进行配比，从而求出报告期的净收益或利润。对于利润表中的利润形成部分，一般应分别列出收入和抵减的项目，如分为营业成本、营业外支出和所得税费用等。根据上述收入和抵减项目的先后顺序，可分别列示营业收入、营业利润、利润总额和净利润项目。

2.利润表的格式设计

利润表的格式可分为以下三种：

（1）多步式结构。

多步式利润表是指在利润表中净利润是通过多个连续的步骤逐步计算出来的，它反映企业在净利润形成过程中每一步骤所取得的业绩。多步式利润表一般有三个步骤：第一步是营业收入中扣除营业成本、税金及附加、销售费用、管理费用、研发费用、财务费用、资产减值损失，加上公允价值变动损益、投资收益，计算出营业利润；第二步是从营业利润开始，加上营业外收入，减去营业外支出，计算出利润总额；第三步是从利润总额开始，扣除所得税费用，计算出净利润，即税后利润。其格式见表7-4。

表7-4　　**利润表**

会企02表

编制单位：　　年　月　日　　单位：元

项　目	本期金额	上期金额
一、营业收入		
减：营业成本		
税金及附加		
销售费用		
管理费用		
研发费用		
财务费用		
其中：利息费用		
利息收入		
资产减值损失		
加：其他收益		
投资收益（损失以“-”号填列）		

续表

项　目	本期金额	上期金额
其中：对联营企业和合营企业的投资收益		
公允价值变动收益（损失以“-”号填列）		
资产处置收益（损失以“-”号填列）		
二、营业利润（亏损以“-”号填列）		
加：营业外收入		
减：营业外支出		
三、利润总额（亏损总额以“-”号填列）		
减：所得税费用		
四、净利润（净亏损以“-”号填列）		
（一）持续经营净利润（净亏损以“-”号填列）		
（二）终止经营净利润（净亏损以“-”号填列）		
五、其他综合收益的税后净额		
（一）不能重分类进损益的其他综合收益		
1.重新计量设定受益计划变动额		
2.权益法下不能转损益的其他综合收益		
……		
（二）将重分类进损益的其他综合收益		
1.权益法下可转损益的其他综合收益		
2.可供出售金融资产公允价值变动损益		
3.持有至到期投资重分类为可供出售金融资产损益		
4.现金流量套期损益的有效部分		
5.外币财务报表折算差额		
……		
六、综合收益总额		
七、每股收益		
（一）基本每股收益		
（二）稀释每股收益		

（2）单步式结构。

单步式利润表是将本期所有收入加在一起，再把所有成本费用加在一起，两者相减，然后计算出利润总额和净利润。这种结构比较简单，符合传统的思维方式；其缺点是不能反映利润的组成情况。对私营企业或个体、合伙企业而言，这种结构不失为一种设计方法。单步式利润表的格式见表7-5。

表7-5 **利润表** 会企02表

编制单位： 年度 单位：元

项目	本期金额	本年累计金额
一、收入		
营业收入		
公允价值变动收益（损失以“-”号填列）		
投资收益（损失以“-”号填列）		
其中：对联营企业和合营企业的投资收益		
营业外收入		
二、成本费用		
营业成本		
税金及附加		
销售费用		
管理费用		
财务费用		
资产减值损失		
营业外支出		
其中：非流动资产处置损失		
三、利润总额		
减：所得税费用		
四、净利润		

（3）账户式结构。

设计利润表时，除采用报告式结构外，还可采用账户式结构。采用这种结构时，可将收入各项目列在左方，将支出或成本费用各项目列在右方。若本期为盈利，将其列在右方的“支出合计”或“成本费用合计”项目下，使支出合计加上盈利数等于左方的“收入合计”；反之，若亏损，则将亏损数列在左方“收入合计”项目下，收入合计加上亏损数等于支出合计。我国会计改革前银行企业的“损益明细表”就是采用账户式结构设计的，其格式见表7-6。

表7-6　　　　损益明细表

编制单位：　　　　自　年　月　日至　年　月　日止　　　　单位：元

科目及账户名称	收入金额	科目及账户名称	支出金额
1.		1.	
2.		2.	
3.		3.	
收入合计		支出合计	
纯损		纯益	
总计		总计	

3.利润表各项目金额的设计

以步表式利润表为例，金额栏的设计分为“本期数”和“本年累计数”两列数据。“本期数”依据各个收入和费用类账户的报告月发生额直接或计算填写，“本年累计数”则依据各个收入和费用类账户的报告当期发生额与上期该表的“本年累计数”之和填写。在计划与内部控制制度比较完善的企业中，为了反映和监督计划或预算完成情况，也可以把利润表的金额栏设计成“计划”栏与“实际”栏，将每一栏再分成“本期数”和“本年累计数”，以便进行分析比较。

三、现金流量表的设计

现金流量表是反映在一定会计期间现金收入和支出情况的动态报

表，它是以现金为基础的财务状况变动表。现金流量表取代财务状况变动表是会计适应社会经济环境变化的结果，原因有以下四点：

第一，现金流量表可弥补财务状况变动表的缺陷，因为财务状况变动表有各种不同的编制基础，这使得企业之间的会计信息缺少可比性。

第二，在经济环境中，由于通货膨胀的存在，货币价值不变的假定受到了严峻的挑战，传统的会计模式扩大了利润与现金资源之间的差距，报表的使用者，尤其是投资者、债权人，更关心其持有的资产是否具有较高的变现能力，从而要求报表提供有关现金流量的信息。

第三，用财务状况变动表来衡量财务状况的优劣及评价企业的资产流动性和偿债能力的做法越来越不全面了。

第四，由于利润指标的计算不可避免地要受到所选用的会计方法的影响，因此它包含了太多的估计因素，不能全面、客观地反映企业的经营业绩，而现金流量表正好弥补了这一不足。

现金流量表的设计分为表首设计、项目分类设计、格式设计。现金流量表的表首设计与利润表的表首设计基本相同，也包括报表名称、编制报表的单位名称、时期及金额单位四项内容。除了报表名称与利润表的表首不同之外，其余三项均与利润表一致，因此现金流量表表首的设计可仿照利润表的表首进行。下面我们介绍现金流量表项目分类的设计和格式的设计。

（一）现金流量表项目分类的设计

现金流量表将企业现金按其交易的性质分为三类，即经营活动的现金流量、投资活动的现金流量、筹资活动的现金流量，其中每一类又可分为现金流入、现金流出、净现金流入三部分。现金流量表的项目分类结构见表7-7。

（二）现金流量表格式的设计

现金流量表有两种编制方法：一种为直接法；另一种为间接法。直接法是按现金收入和支出的主要类别直接反映企业经营活动的现金流量，将现金流量分为经营活动的现金流量、投资活动的现金流量和筹资活动的现金流量。表7-8就是利用直接法编制的现金流量表格式。

表 7-7　**现金流量表项目分类结构**

一、经营活动产生的现金流量
1.经营活动产生的现金流入
2.经营活动产生的现金流出
3.经营活动产生的现金流量净值
二、投资活动产生的现金流量
1.投资活动产生的现金流入
2.投资活动产生的现金流出
3.投资活动产生的现金流量净值
三、筹资活动产生的现金流量
1.筹资活动产生的现金流入
2.筹资活动产生的现金流出
3.筹资活动产生的现金流量净值
四、汇率变动对现金的影响
五、现金及现金等价物净增加额

表7-8　　**现金流量表（直接法）**　　会计03表

编制单位：　　年度　　单位：元

项目	本期金额	上期金额
一、经营活动产生的现金流量：		
销售商品、提供劳务收到的现金		
收到的税费返还		
收到其他与经营活动有关的现金		
经营活动现金流入小计		
购买商品、接受劳务支付的现金		
支付给职工及为职工支付的现金		
支付的各项税费		
支付的其他与经营活动有关的现金		
经营活动现金流出小计		
经营活动产生的现金流量净额		
二、投资活动产生的现金流量：		
收回投资收到的现金		
取得投资利益收到的现金		
处置固定资产、无形资产和其他长期资产收回的现金净额		
处置子公司及其他营业单位收到的现金净额		
收到与其他投资活动有关的现金		
投资活动现金流入小计		
购建固定资产、无形资产和其他长期资产支付的现金		
投资支付的现金		
取得子公司及其他营业单位支付的现金净额		
支付其他与投资活动有关的现金		

续表

项目	本期金额	上期金额
投资活动现金流出小计		
投资活动产生的现金流量净额		
三、筹资活动产生的现金流量：		
吸收投资收到的现金		
取得借款收到的现金		
收到其他与筹资活动有关的现金		
筹资活动现金流入小计		
偿还债务支付的现金		
分配股利、利润或偿付利息支付的现金		
支付其他与筹资活动有关的现金		
筹资活动现金流出小计		
筹资活动产生的现金流量净额		
四、汇率变动对现金及现金等价物的影响		
五、现金及现金等价物的净增加额		
加：期初现金及现金等价物余额		
六、期末现金及现金等价物余额		

间接法是指以净利润为基础，调整不涉及现金的收入、费用项目及其他有关项目，据此确定经营活动的现金流量。需要调整的内容主要包括实际没有发生现金支出的费用、实际没有收到现金的收益、不属于经营活动的损益和经营性应收应付项目的变动。表 7-9 为用间接法编制的现金流量表。

比较表 7-8 与表 7-9 可知，采用直接法设计现金流量表的主要优点是：便于分析企业经营活动现金流量的来源和用途，预测企业现金流量的未来前景；采用间接法设计现金流量表的优点是：便于对净利润与经

表7-9　　　　**现金流量表（间接法）**

补充资料	行次	金额
1.将净利润调节为经营活动现金流量		
净利润		
加：资产减值准备		
固定资产折旧、油气资产折耗、生产性生物资产折旧		
无形资产摊销		
长期待摊费用摊销		
处置固定资产、无形资产和其他长期资产的损失（收益以“-”号填列）		
固定资产报废损失（收益以“-”号填列）		
公允价值变动损失（收益以“-”号填列）		
财务费用（收益以“-”号填列）		
投资损失（收益以“-”号填列）		
递延所得税资产减少（增加以“-”号填列）		
存货的减少（增加以“-”号填列）		
经营性应收项目的减少（增加以“-”号填列）		
经营性应付项目的增加（增加以“-”号填列）		
其他		
经营活动产生的现金流量净额		
2.不涉及现金收支的重大投资和筹资活动		
债务转为资本		
一年内到期的可转换公司债券		
融资租入固定资产		
3.现金及现金等价物净增加情况		
现金的期末余额		
减：现金的期初余额		
加：现金等价物的期末余额		
减：现金等价物的期初余额		
现金及现金等价物净增加额		

营活动现金流量进行比较，了解净利润与经营活动现金流量差异产生的原因，从现金流量的角度分析净利润的质量。所以，我国要求同时采用这两种方法编制现金流量表，其最终的结果即期末现金余额也是相等的。

四、所有者权益变动表的设计

所有者权益变动表是反映所有者权益的各组成部分当期增减变动情况的报表。所有者权益变动表应当全面反映一定时期内所有者权益变动的情况，不仅包括所有者权益总量的增减变动，还包括所有者权益增减变动的重要结构性信息，特别是要反映直接计入所有者权益的利得和损失，让报表使用者准确理解所有者权益增减变动的根源。

所有者权益变动表的设计也包括表首的设计、内容的设计、格式的设计。表首的设计与利润表类似，包括报表名称、编制单位名称、时间、金额。下面我们介绍所有者权益变动表内容的设计和格式的设计。

（一）所有者权益变动表内容的设计

在所有者权益变动表中，企业至少应当单独列示反映下列信息的项目：

（1）净利润及其他综合收益总额。

（2）会计政策变更和差错更正的累积影响金额。

（3）所有者投入的资本和向所有者分配的利润等。

（4）提取的盈余公积。

（5）实收资本或股本、资本公积、盈余公积、未分配利润期初和期末余额及其调节情况。

（二）所有者权益变动表格式的设计

为了清楚地反映所有者权益的各组成部分当期的增减变动情况，所有者权益变动表应当以矩阵的形式列示。一方面，要列示导致所有者权益变动的交易或事项，从所有者权益变动的来源对一定时期所有者权益的变动情况进行全面反映；另一方面，要按照所有者权益各组成部分（包括实收资本、资本公积、盈余公积、未分配利润和库存股）及其总额列示交易或事项对所有者权益的影响。此外，还需要提供比较所有者权益变动表。所有者权益变动表将各项目分为“本年金额”和“上年金额”两栏分别填列，其格式见表7-10。

表7-10 所有者权益变动表 会企04表

编制单位： 年度 单位：元

项目	本年金额										上年金额									
	实收资本（或股本）	其他权益工具			资本公积	减：库存股	其他综合收益	盈余公积	未分配利润	所有者权益合计	实收资本（或股本）	其他权益工具			资本公积	减：库存股	其他综合收益	盈余公积	未分配利润	所有者权益合计
		优先股	永续债	其他								优先股	永续债	其他						
一、上年年末余额																				
加：会计政策变更																				
前期差错更正																				
其他																				
二、本年年初余额																				
三、本年增减变动金额（减少以“-”号填列）																				
（一）综合收益总额																				
（二）所有者投入和减少资本																				
1.所有者投入的普通股																				
2.其他权益工具持有者投入资本																				
3.股份支付计入所有者权益的金额																				
4.其他																				
（三）利润分配																				
1.提取盈余公积																				

续表

项目	本年金额									上年金额								
	实收资本（或股本）	其他权益工具			资本公积	减：库存股	其他综合收益	盈余公积	未分配利润	所有者权益合计	实收资本（或股本）	其他权益工具			资本公积	减：库存股	其他综合收益	盈余公积	未分配利润	所有者权益合计
		优先股	永续债	其他								优先股	永续债	其他						
2.对所有者（或股东）的分配																		
3.其他																		
（四）所有者权益内部结转																		
1.资本公积转增资本（或股本）																		
2.盈余公积转增资本（或股本）																		
3.盈余公积弥补亏损																		
4.设定受益计划变动额结转留存收益																		
5.其他																		
四、本年年末余额																		

复习思考题

1.会计报表设计的原则是什么？

2.会计报表设计的内容是什么？

3.请为某企业设计资产负债表或利润表。

第八章

企业财产物资内部控制与核算系统的设计

第一节　货币资金内部控制制度与核算系统的设计

货币资金是指企业中以货币形态存在的资产，是企业资产的重要组成部分。在企业的所有资产中，货币资金的流动性最强，也最容易发生贪污、挪用等违法违纪事件，因此加强货币资金的控制与管理就显得尤为重要。货币资金按其存放地点与用途不同，可分为库存现金、银行存款和其他货币资金。

现金的概念有狭义和广义之分。狭义的现金是指存放于企业的库存现金。广义的现金是指不受任何法律和合同限制，可立即用于偿还当前债务的款项，包括库存现金、银行存款和其他符合现金定义的票证。

银行存款是指企业存放于银行或其他金融机构的未指定用途的货币资金。按照规定，凡是独立核算的单位都必须在当地银行开立账户。企业在银行开立账户以后，除了按规定限额保留库存现金以外，超过限额的现金必须存入银行；除了在规定范围内可以用现金直接支付的款项外，在经营过程中发生的一切货币收支业务都必须通过“银行存款”账户进行核算。

其他货币资金是指除库存现金、银行存款以外的各种货币资金。这些资金的性质与库存现金、银行存款一样，都属于企业的货币资金，但是其存放地点和用途与库存现金和银行存款不同。其他货币资金包括外埠存款、银行本票存款、银行汇票存款、信用卡存款、信用保证金存款、存出投资款等。

一、货币资金内部控制制度设计

货币资金内部控制制度设计最基本的要求就是负责货币资金收付业务的人员应与记账人员和负责审批的人员相分离，核心是建立货币资金的职务分离制度、控制程序、稽核制度，以及与其相关的岗位责任制。货币资金内部控制制度应包含以下内容：

（一）货币资金基本内部控制制度

1.授权批准制度

货币资金的收入、支出和保管应当由两名或两名以上授权人批准，重大货币资金支付应由企业有权批准的机构或负责人批准。

2.岗位责任制与岗位轮换制度

货币资金业务的申请、批准、收支、保管岗位相互分离，收支、保管岗位与核算、对账岗位相互分离，货币资金收支结算票证与所需印鉴分开保管。同时，对负责货币资金业务的重要岗位人员实行定期轮换，并通过轮换时的交接审核及时发现可能存在的问题。

3.会计记录管理制度

企业应及时、正确、完整地记录货币资金业务和货币资金收支情况。各类货币资金收支业务发生后，进行账务处理的截止时间原则上不超过一天。企业应确保会计记录的安全、完整，建立会计记录的录入、修改、保管、查阅程序。

4.定期监督检查制度

企业应定期指派独立于货币资金业务岗位的人员或机构（如内部审计部门）对货币资金内部会计控制制度的执行情况进行监督检查。定期进行独立检查有助于发现当前内部控制中的薄弱环节，进一步完善内部控制制度。

（二）货币资金收支内部控制制度

1.货币资金收入内部控制制度

货币资金收入内部控制制度的主要目的是保证货币资金收入能够及时、全部入账。其主要内容有：每笔业务收入都要开具收据，其中由对方开具付款凭证的收款业务，在收到款项时再开具收据，从而分清经办人员与收款人员的职责；经办人员领用收据时，应登记领用数量和起讫编号并签字；企业办理资金收付业务时，必须严格复核收款凭证，将已开出的收据与收据的存根进行核对，确认无误后才能办理收款业务并及时登记入账。

2.货币资金支出内部控制制度

货币资金支出内部控制制度的主要目的是使货币资金的支出由主管人员授权批准，保证支出的合理合法性。其主要内容有：由货币资金使用机构提前向授权人提交货币资金支付申请，注明货币资金用途、金额、支付方式等；授权人审核支付申请及说明材料，若授权人拒绝批准，应履行特别审批程序（一般由上级授权人批准），才可支付；经批准的支付申请应由专门人员进行复核，复核的内容包括支付申请批准程序是否正确、手续及相关单证是否正确、金额是否正确等；出纳人员根据审核后的支付申请办理支付手续。

（三）货币资金效率控制制度

1.加速货币资金回收控制制度

货币资金的回收速度受到从企业产品或劳务售出到客户款项被回收过程中的各个环节的影响。企业加速回收货币资金的途径主要有缩短准备和邮寄发票的时间、缩短从客户到企业的款项汇出时间、缩短从收到款项到款项入账的时间。

2.延迟现金支付制度

企业在不影响信用地位的前提下，可以尽量推迟支付应付账款，充分利用手头的现金。例如，在信用期限最后一天付款，利用商业汇票、托收承付等方式与供应商结算等。

3.将多余货币资金进行短期投资制度

企业一般可以投资于变现期在三个月以内的有价证券，形成“现金等价物”，既可以保证其在短期内变现，又可以获得一定的投资收益。

二、货币资金核算系统设计

（一）库存现金的核算

我国会计准则规定，企业应当设置库存现金和银行存款日记账，按照业务发生顺序逐日逐笔登记。有外币现金和存款的企业，应当分别按人民币和外币进行明细核算，分别按币种设立明细账。

1.现金收支核算

企业收到现金时的会计分录为：

借：库存现金

　贷：其他有关科目

企业支出现金时的会计分录为：

借：其他有关科目

　贷：库存现金

2.现金的清查

企业在每日终了应结算现金收支，进行现金清查。如发现现金短缺，则进行以下处理：

借：待处理财产损溢——待处理流动资产损溢

　贷：库存现金

待查明原因后，按其原因作如下会计分录：

借：其他应收款（责任人或保险公司赔偿部分）

　　管理费用（无法查明原因的短缺部分）

　贷：待处理财产损溢——待处理流动资产损溢

如发现现金溢余，则进行以下处理：

借：库存现金

　贷：待处理财产损溢——待处理流动资产损溢

待查明原因后，按其原因作如下会计分录：

借：待处理财产损溢——待处理流动资产损溢

贷：其他应付款（应归还他人部分）

营业外收入（其他部分）

3.备用金的核算

企业采购人员、办公室人员等业务人员经常会因业务需要发生一些零星开支。为减少审批、领用、报销等的工作量，企业事先支付给业务人员一笔固定金额的现金，供其零星开支使用，这笔现金称为备用金。备用金制度分定额和非定额两种。

定额备用金制度是指企业拨付备用金供业务人员长期使用，业务发生后，业务人员在规定时间报销时，再给其补足原核定金额的差额。

企业拨付备用金时，会计部门作如下会计分录：

借：其他应收款（或备用金）

贷：库存现金

业务人员使用现金且在规定时间向财务部门报销一定金额后，应给其补足相应的差额，此时会计部门作如下会计分录：

借：管理费用

贷：库存现金

非定额备用金制度是指企业拨付的备用金只供业务人员短期使用，报销后即注销，现金不再留在业务人员手中。

企业拨付非定额备用金时，会计部门作如下会计分录：

借：其他应收款

贷：库存现金

业务人员使用现金并报销后，会计部门作如下会计分录：

借：管理费用

库存现金（退还的剩余现金）

贷：其他应收款

（二）银行存款的核算

在我国，银行结算方式主要有银行汇票、银行本票、商业汇票、支票、汇兑、委托收款和托收承付等七种类型。企业应设置银行存款日记账，并按银行或其他金融机构的名称和存款种类等进行明细核算。企业如有外币银行存款业务，还应该按外币币种设置外币银行存款日记账，登记外币的金额及使用的汇率，期末应按一定汇率将外币金额折合为人民币金额，并予以登记。

企业应将银行存款的账面余额与银行对账单定期核对，并按月编制银行存款余额调节表，使两者在调节后相符。如果银行存款日记账的账面余额与银行对账单核对不符，企业必须逐笔查明原因并进行处理。可能的原因有两个：一是存在未达账项；二是企业或银行记账有误。在核对过程中，对记账错误造成的不符，应查明原因进行更正，并编制正确的会计分录；对未达账项造成的不符，应逐笔核对，将双方调整相符，一般是通过银行存款余额调节表调整。银行存款余额调节表的格式见表8-1。

表8-1 **银行存款余额调节表**

项目	金额	项目	金额
企业银行存款日记账余额		银行对账单余额	
加：企业尚未收到入账银行已收到入账的款项		加：银行尚未收款入账企业已收到入账的款项	
公司误记金额		银行串记金额	
减：企业尚未付款入账银行已付款入账的款项		减：银行尚未付款入账企业已付款入账的款项	
调节后的余额		调节后的余额	

（三）其他货币资金的核算

企业应设置“其他货币资金”科目，并设置“外埠存款”“银行汇票”“银行本票”“信用卡”“信用证保证金”等明细科目核算这些资金的收支。例如，企业设立外埠存款时，应作如下会计分录：

借：其他货币资金——外埠存款

　贷：银行存款

企业收到采购员在采购地提交的采购发票等账单和凭证时，应作如下会计分录：

借：材料采购

　贷：其他货币资金——外埠存款

采购地银行将多余款项转回当地银行结算户时，企业应根据银行回单作如下会计分录：

借：银行存款

　　贷：其他货币资金——外埠存款

第二节　存货内部控制制度与核算系统的设计

存货是指企业在日常生产经营过程中持有以备出售，或者仍然处在生产过程中，或者在生产或提供劳务过程中将被耗用的材料或物资等，包括企业的各种库存商品、产成品，库存的各种原材料、辅助材料、包装物、低值易耗品等。存货属于企业的流动资产。一般来讲，存货具体包括以下内容：

（1）原材料，指企业在生产过程中经加工改变其形态或性质并构成产品主要实体的各种原料及主要材料、辅助材料等。

（2）在产品，指企业正在制造尚未完工的生产物，包括正在各工序加工的产品和已加工完毕尚未入库的产品。

（3）自制半成品，指在本企业已经过一定生产过程并已检验合格交付半成品仓库保管，但尚未完工的在产品和仍需进一步加工的中间产品。

（4）产成品，指企业已经完成全部生产过程并验收入库，可以按照合同规定的条件送交订货单位，或可以作为商品对外销售的产品。

（5）周转材料，指企业能够多次使用但不符合固定资产定义、不能确认为固定资产的各种材料，主要包括包装物和低值易耗品。

包装物，指为了包装本企业的商品而储备的各种包装容器，如桶、箱、瓶、坛、袋等。

低值易耗品，指在使用过程中容易损坏，因而不能作为固定资产的各种用具物品，如工具、管理用具、玻璃器皿、劳动保护用品，以及在经营过程中周转使用的包装容器等。

需要注意的是：为建造固定资产等各项工程而储备的各种资料，虽然也具有存货的某些特征（如流动性），但它们并不符合存货的概念，因此不能作为企业的存货进行核算。企业的特种储备及按国家指令专项储备的资产也不符合存货的概念，因而也不属于企业的存货。此外，代销商品，应作为委托方的存货处理；销售方按销售合同的规定已确认销售但尚未发运给购货方的商品，应作为购货方的存货处理；购货方已收到商品但尚未收到销货方结算凭证的，应作为购货方的存货处理；购货方已经确认购进但尚未到达入库的在途商品，应作为购货方的存货处理。

一、存货内部控制制度设计

设计存货的内部控制制度，首先要保证企业各种存货的安全、完整；其次要使各种存货的储备数量保持适中，既要防止因存货过多导致资金积压，甚至遭受存货变质造成的损失，又要避免因存货不足而影响正常的商品销售或产品生产。

（一）存货取得内部控制制度

1.职务分离制度

存货采购环节主要由提交请购单、签订采购合同、订货、收货和入账等构成。存货采购业务中的职务需要分离。这些业务主要有：请购单中需要采购的存货品种、数量应由生产或销售部门、保管部门共同制定，交采购部门进行公开询价；采购合同应由生产或销售部门、采购部门、财务部门和法律部门会同供货单位共同签订；存货采购人员不能同时负责存货的验收保管；存货的采购人员、保管人员、使用人员不能同时负责会计记录；采购人员应与负责付款审批的人员分离；审核付款人员应与付款人员分离；记录应付账款人员应与付款人员分离。

2.采购的请购单控制制度

为了使存货既能满足需要，又不造成积压，在确定存货采购量时，必须由存货使用部门根据未来一定期间的需要量提前通知存货保管部门，由保管部门再根据现有存货的库存量计算出请购量，再提交请购单。经存货使用部门和存货保管部门主管签字批准的请购单还必须通过采购部门和财务部门共同确认后方可生效。

3.订货控制制度

采购部门凭经批准执行的请购单办理订货手续时，首先必须向不同的供应商发出询价单，获取报价单后，通过比较供应货物的价格、质量、折扣、付款条件、交货时间等有关资料，初步确定合适的供应商并准备谈判；然后根据谈判结果签订订货合同及订货单，并将订货单及时传送给生产、销售、保管和财会等有关部门。

4.货物验收控制制度

企业订购的货物到达时，必须由与采购部门、使用部门和会计部门相分离的保管部门验收保管。对所收货物的检验包括数量和质量两个方面。根据订货单和供货方发货单验收合格的货物入库后，仓库必须及时填制一式数联的收货单，并分别传送给采购部门和财会部门。

5.应付账款控制制度

由采购请购单、订货单和收货单共同构成的收货业务完成后，会计部门取得了供货方的发票和收货单等表示货物已经验收入库并应支付货款的原始凭证。这些原始凭证经过审核无误后，财会部门应及时记录存货的增加和银行存款的减少或应付账款的增加。

6.会计稽核与对账制度

无论是货款的支付记录还是应付账款的发生记录，进货业务涉及的所有原始凭证都必须经过稽核人员或会计主管审核后才能记账。另外，对进货业务发生的应付账款必须及时、定期地与客户对账，防止债务虚列及由此造成业务人员的舞弊行为。

（二）存货发出内部控制制度

1.存货领用计划申报制度

企业应规定各部门在领用物资前必须编制领用计划，并对计划的编制、稽核、审批、执行程序及相关人员的职责权限做出规定。该制度主要有以下内容：

（1）规定企业内各部门编制领用计划的时间、依据以及对延迟申报计划的部门给予处罚的措施。企业物资领用部门通常根据生产计划、检修计划、技术组织措施计划、人员分配计划、物资消耗状况等编制领用计划。

（2）规定领用计划的项目内容、填写要求、填写人与审核人的责任。填写人、审核人均应在领用计划上签字。一般来说，物资耗用部门负责人负有审核领用计划的责任。

（3）明确领用计划审批部门及审批人员的职责和权力。领用计划编制与审批是职责分明的两个岗位，大中型企业应设立独立的物资计划管理部门，并设立计划管理员岗位。计划管理员的职责是控制物资消耗，编制物资发放与采购计划，审核与批准企业内各部门申报的领用计划，将与业务无关的、不合理的领料要求剔除。企业还应建立计划审批权限制度，明确规定计划管理员、物资计划管理部门主管、企业经理及副经理的审批权限。不管其各自的权限如何，均应遵循自下而上的审查程序，这样，基层的监督管理作用才能得到发挥。

（4）制定物资消耗限额办法，对超过消耗限额的计划不予批准。

2.物资领用制度

企业应规定物资实际领用的程序和手续、有关人员的权力和责任。其主要内容如下：

（1）规定领用物资必须填写领料单，并在经批准的已申报计划范围内领取，严格限制超计划、越限额领取物资。

（2）规定领料单的项目内容、填写要求。领料人应认真填写领料单，不得涂改。

（3）规定领料单的审核责任。领料单由需要物资的部门填写，其他部门的领导重点审核物资是否确实需要；计划管理员重点审核是否已申报计划，将不符合计划、无计划又无正当理由的领料单退回；保管员主要审核手续是否齐全、项目填写是否清晰、是否有涂改行为。

（4）规定无计划但确属急需物资的审批、管理办法，明确规定应由哪一级领导审批。

（5）企业各部门领取物资后应妥善保管，防止丢失、损毁，应制定防火、防盗措施，物资保管责任要落实到个人。

（6）建立物资使用操作制度，明确规定投放料的技术规范、器具等低值易耗品的维护与保养办法，明示一些物资，如易燃易爆物的特殊使用要求。

（7）建立废品及残料回收制度。对错发或错领物资、材料使用后的残料或边角料、多余未用材料、领取的不合格材料、报废物品，应及时退库，使用部门不得自行处理。

（8）建立奖罚制度。对在物资使用过程中尽职尽责使物资消耗减少及修旧利废降低成本者，要给予奖励；对在物资使用过程中玩忽职守造成物资被盗、损坏及不按技术规范投放料造成材料浪费者，要给予处罚。奖罚严明是一项制度得以贯彻执行的保证。

3.价值记录制度

该制度明确规定价值记录程序。领料单是价值记录的合法凭证，保管员依据领料单记录物资明细账，财务部门记录分类账，计划管理员记录明细台账，各部门核算员记录本部门耗用的物资台账。月底，财务部门与计划管理员、保管员及各部门核算员对账，保证账账相符，对不符之处应查明原因。账账相符后，财务部门再分配物资耗用成本。

4.成本考核制度

企业应将物资领用过程中的各项成本严格细化到各部门的相关人员，使物资领取人、使用人、物资领取部门主管、保管员、计划管理员及其主管等都有成本指标。成本指标完成情况要与相关人员的工资、奖金挂钩，完成好的多发奖金，不能完成的要扣发或减发奖金。

二、存货核算系统设计

（一）原材料的核算

1.取得原材料的核算

企业外购原材料时，由于结算方式和采购地点不同，材料入库和货款的支付在时间上不一定完全同步，其账务处理也有所不同。

对于发票账单与材料同时到达的采购业务，企业在支付货款或开出承兑商业汇票，材料验收入库后，应根据发票账单等结算凭证确定材料成本，作如下会计分录：

借：原材料

　　应交税费——应交增值税（进项税额）

　贷：银行存款（应付账款或应付票据等）

对于已经付款或已经开出承兑商业汇票，但材料尚未到达、存货尚未验收入库的采购业务，应根据发票账单等结算凭证，作如下会计分录：

借：在途物资

　　应交税费——应交增值税（进项税额）

　贷：银行存款（应付票据等）

待材料到达、验收入库后，再根据收料单作如下会计分录：

借：原材料

　贷：在途物资

对于材料已到达并已验收入库，但发票账单等结算凭证未到、货款尚未支付的采购业务，应于月末按材料的暂估价值入账，作如下会计分录：

借：原材料

　贷：应付账款——暂估应付账款

下月初再用红字冲回，作如下会计分录：

借：原材料

　贷：应付账款——暂估应付账款

付款或开出承兑商业汇票后，作如下会计分录：

借：原材料

　　应交税费——应交增值税（进项税额）

　贷：银行存款（应付票据等）

投资者投入的原材料，应按实际成本入账，作如下会计分录：

借：原材料

　　应交税费——应交增值税（进项税额）

　贷：实收资本（股本）

企业接受捐赠的原材料，要按确定的实际成本入账，作如下会计分录：

借：原材料

　贷：递延所得税负债

　　　银行存款

　　　营业外收入

2.发出存货的核算

企业生产经营领用原材料时，作如下会计分录：

借：生产成本（制造费用、销售费用、管理费用等）

　贷：原材料

基建工程、福利部门领用原材料时，作如下会计分录：

借：在建工程（应付职工薪酬等）

　贷：应交税费——应交增值税（进项税额转出）

　　　原材料

企业出售原材料时，作如下会计分录：

借：银行存款（应收账款）

贷：其他业务收入

应交税费——应交增值税（销项税额）

月度终了，结转出售原材料的成本，作如下会计分录：

借：其他业务成本

贷：原材料

（二）委托加工物资的核算

拨付委托加工物资时，作如下会计分录：

借：委托加工物资

贷：原材料（库存商品）

支付加工费、缴纳增值税时，作如下会计分录：

借：委托加工物资

应交税费——应交增值税（进项税额）

贷：银行存款

缴纳消费税时，作如下会计分录：

借：委托加工物资（收回后用于销售）

应交税费——应交消费税（收回后用于加工）

贷：银行存款

加工完成收回加工物资时，作如下会计分录：

借：库存商品（原材料）

贷：委托加工物资

（三）包装物、低值易耗品的核算

企业购入、自制或委托外单位加工完成验收入库的包装物、低值易耗品，通过“周转材料”科目核算。核算方法如下：

1.发出包装物的核算

企业生产部门领用的用于包装产品的包装物，计入产品成本，作如下会计分录：

借：生产成本

贷：周转材料

随同商品出售但不单独计价的包装物，应于包装物发出时，按其实际成本计入销售费用中，作如下会计分录：

借：销售费用

贷：周转材料

随同商品出售单独计价的包装物，视同销售材料处理，作如下会计分录：

借：银行存款（应收账款）

贷：其他业务收入

应交税费——应交增值税（销项税额）

月度终了，结转出售包装物的成本，作如下会计分录：

借：其他业务成本

贷：周转材料

2.领用低值易耗品

下面介绍常用的低值易耗品的一次转销法和分次摊销法。

（1）一次转销法下，低值易耗品在领用时作如下会计分录：

借：生产成本（制造费用、管理费用）

贷：周转材料

报废时，作如下会计分录：

借：原材料（残值价值）

贷：制造费用（管理费用等）

（2）分次摊销法下，低值易耗品在领用时作如下会计分录：

借：周转材料——在用

贷：周转材料——在库

摊销时，作如下会计分录：

借：制造费用（管理费用等）

贷：周转材料——摊销

（四）存货的期末计量

企业存货的数量需要通过盘存来确定，常用的存货数量盘存方法有实地盘存制和永续盘存制两种。

（1）经过盘存，若实存数小于存货账面记录，则为存货的盘亏，应作如下会计分录：

借：待处理财产损溢——待处理流动资产损溢

贷：原材料（或周转材料等）

查明原因后，作如下会计分录：

借：管理费用（自然定额损耗）

其他应收款（责任人赔款）

营业外支出（上述以外的损失）

贷：待处理财产损溢——待处理流动资产损溢

（2）经过盘存，若实存数大于存货账面记录，则为存货的盘盈，应作如下会计分录：

借：原材料（或周转材料等）

贷：待处理财产损溢——待处理流动资产损溢

查明原因后，作如下会计分录：

借：待处理财产损溢——待处理流动资产损溢

贷：营业外收入

（3）会计期末，企业应按照成本与可变现净值孰低对存货进行计量，并计提相应的存货跌价准备，作如下会计分录：

借：资产减值损失——计提的存货跌价准备

贷：存货跌价准备

第三节　投资类资产内部控制制度与核算系统的设计

本章所称投资类资产包括持有至到期的长期债券投资、可供出售金融资产的长期投资以及没有活跃市场报价的长期股权投资。

一、投资类资产内部控制制度设计

投资类资产内部控制制度设计的目的有以下四点：一是防范投资决策风险；二是保护投资资产的安全、完整；三是提供真实的关于投资状况的财务信息；四是正确计算投资收益。

（一）职务分离制度

投资业务的职务分离制度主要体现在以下四个方面：

（1）投资计划的编制人员与投资的审批人员相互分离，以保证审批人员能够客观地分析投资的可行性和合理性。

（2）投资业务的操作人员与会计记账人员相互分离，以保证业务运行和会计记录的相互核对与控制关系。

（3）有价证券的保管人员与会计记账人员相互分离，以保证会计账簿对有价证券的安全进行有效控制。

（4）投资红利和利息的经办人员与会计核算人员相互分离，以保证红利、利息所获得的资金能够及时、准确入账。

（二）投资项目立项调查审批制度

由于投资活动风险巨大，在投资前必须进行充分的调查研究，并编制投资计划，详细考虑投资的对象、理由、品种、数量、期限、投资组合方案，以及影响投资收益的潜在利益、风险等，投资计划经决策部门审查批准后方可执行。

1.投资项目立项

投资部门在投资立项前，首先应考虑企业自身业务发展的规模与范围，对外投资的品种、行业、时间、预计的投资收益；然后对要投资的项目进行调查并搜集相关信息，对已搜集到的信息进行分析、讨论并提出投资建议，报企业审批部门立项备案。无论是短期投资还是长期投资，其成败对于企业未来的发展都会产生重大的影响，因此一切对外投资活动都要经过适当的审批程序才能进行；还要制定职务分离制度，确定批准对外投资活动的负责人级别、各种具体的呈报和审批手续。另外，应建立规范的投资项目立项控制制度，如企业投资立项授权制度、投资部门投资意向申请制度、投资部门投资项目报审制度等，保证对外投资活动在初期就得到严格的控制。

2.投资项目评估

单位可授权投资部门或委托其他相关单位的中介机构或中介人成立投资项目评估小组，对已立项的投资项目进行可行性分析、评估。评估控制的重点有四个方面：一是项目评估小组是否有能力承办该项评估业务，防止走过场、搞形式。如果委托中介机构或中介人进行评估，还应当重视对中介机构或中介人的选择，以避免日后陷入不必要的法律纠纷之中。二是评估投资项目是否符合国家有关投资法律和单位内部的规章制度，以加强对投资项目的合法性控制。在设计对外投资内部控制制度时，应充分注意国家有关部门关于投资方面的各种规定和单位内部的规章制度，使一切对外投资活动都在合法的程序下进行。三是评估投资项目的有效性，评估时不能局限于某一时点或某几个时点，而是要评价投资项目在一定时期内能否持续发挥作用。四是加强投资项目风险评估，企业必须围绕目标的实现情况，评估该投资项目内外相关的风险，强化风险管理，把对外投资风险降到最低的限度。

3.投资项目决策

在对投资项目分析、评估的基础上，企业决策层可对投资部门上报的投资项目进行决策。决策的正确与否将直接影响企业未来的发展方向、规模，对企业的经营产生持续的影响。因此，企业要通过对外投资获取收益或者达到其他的投资目的，就必须有一个良好的投资决策体系来应对对外投资中出现的各种问题，抓住有利时机发展壮大企业的规模。在对投资项目进行决策控制时，需注意以下几点：一要控制企业决策层人员的组成。由于企业经营业务性质的限制，企业负责人不可能完全具备投资活动中所要求的各种专业知识和技巧，通常需要银行、投资咨询公司、证券经纪人、证券交易商等的帮助，因此决策层的人员组成不能局限于企业负责人本人或者他所影响的几个人，而应由来自企业相互牵制的不同部门和社会相关部门的投资专家组成。二要控制决策结果。决策结果不应是企业负责人本人的投资偏好，而是要广泛地听取投资部门和有关评估小组专家的意见或建议，注重对外投资决策的几个关键指标，如现金流量、货币的时间价值、投资风险等，在充分考虑投资风险、预计投资收益，并权衡各方面利弊的基础上，选择最优投资方案。三要控制记录。对所有的投资决策都应当以书面文件的形式予以记录，包括投资决策层人员的背景材料、投资项目预计风险、收益的计算过程等，并对这些书面文件进行编号，以备日后查考。

4.投资项目实施

在选择了最优投资方案后，企业高层管理者可授权投资部门或聘请相关机构实施投资项目。在实施项目的过程中要注意以下几个问题：一是投资业务实施中的职务分离。例如，投资项目实施计划编制人员与审批人员相分离，负责投资业务处理人员与会计记录人员相分离，证券保管人员与会计记录人员相分离，参与投资交易活动的人员与负责有价证券盘点工作的人员相分离等。二是投资业务记录的控制。基于投资分散化原理，一般企业的投资都呈现多样化，如股票、债券、股权证明等，为及时、总括地反映对外投资购入、处置、结存情况，在企业财务部门设置对外投资总账的基础上，企业投资部门或其他相关部门还应根据投资业务的种类、时间分别设置对外投资明细登记簿，定期或不定期地进行对账，确保投资业务记录的正确性。三是投资资产转让的控制。由于各种有价证券可以在证券交易所和其他各种场外市场自由买卖，证券持有人可以随时委托证券经纪人或交易商卖出证券，所以为防止从事投资交易的直接人员利用职务便利私自买卖证券以牟取私利，确保企业对外投资资产的安全、完整，对投资资产转让进行控制尤为重要。四是投资资产计价、反映的控制。由于对外投资资产的价值会受到各种因素的影响而经常变动，要在会计上对投资资产价值进行合理的计价以及在会计报表中合理地反映其价值，企业就必须设计有关内部控制制度来防止个别人员为了达到某种目的而不择手段地故意歪曲对外投资资产的真实价值，向报表使用者提供不实的会计信息。五是投资收益合理揭示的控制。作为企业一部分所有权拥有者的股东，出于对自身利益的关心，自然要求企业合理地揭示企业对外投资取得的收益。另外，税务部门也极为关注企业取得的投资收益。所以，企业应设计相应的内部控制制度，合理地确定揭示投资收益的时间和投资收益的计算方法，赢得投资者和税务部门的信赖。

5.投资项目检查

企业应重视对外投资内部控制制度的监督检查工作，由专门机构或者指定专门人员具体负责对外投资项目的检查，确保对外投资内部控制制度的贯彻实施。投资项目检查的主要职责有：首先对投资项目执行情况进行总体检查和评价，然后写出检查报告，对涉及会计工作的各项经济业务、内部机构和岗位，以及对外投资内部控制存在的缺陷提出改进建议。另外，可对执行对外投资内部控制制度成效显著的内部机构和人员提出表彰建议，对违反内部控制制度的内部机构和人员提出处理意见。企业还可以聘请中介机构或相关专业人员对本单位对外投资内部控制制度的建立健全及有效实施进行评价。接受委托的中介机构或相关专业人士应当对委托单位已建立的对外投资内部控制制度存在的重大缺陷提出书面检查报告，最终促使企业对外投资内部控制制度日益完善。

（三）财务分析制度

投资项目实施后，负责投资的部门和财务部门应当定期或不定期地对被投资企业的财务状况、证券市场行情等进行分析，掌握投资的运行状态，及时采取相应对策，规避投资风险。

（四）投资取得、保管和处置控制制度

对各种间接投资取得的有价证券和直接投资的合同、章程等，需指定专人妥善保管，保证投资资产的安全、完整；对各项投资的出售、收回等处置，也需要有相应的部门主管授权批准，并将处置的各项原始凭证及获得的款项交财会部门入账。

（五）投资的会计核算控制制度

投资的会计核算控制制度包括投资的发生、期末计价、利息及股利的收取、投资的收回等投资业务全过程的会计核算控制。企业应通过相应的账户设置、会计核算方法的选择等，对各项投资业务进行真实、完整、系统的会计核算。

二、投资类资产核算系统设计

（一）持有至到期的长期债券投资的核算

持有至到期投资是指到期日固定、回收金额固定或可确定，且企业有明确意图和能力持有至到期的非衍生金融资产，主要是长期债券投资。

1.持有至到期的长期债券投资的取得

企业应按公允价值计量，将其与相关交易费用之和作为初始入账金额，如实际支付的价款中包括已到付息期但尚未领取的债券利息，应单独将其确认为应收项目。

借：持有至到期投资——成本

　　应收利息

　贷：银行存款

　　　持有至到期投资——利息调整

或者：

借：持有至到期投资——成本

持有至到期投资——利息调整

应收利息

贷：银行存款

2.确认实际利息收入、收到票面利息等

借：应收利息

持有至到期投资——利息调整

贷：投资收益

借：银行存款

贷：应收利息

3.到期收回本金

借：银行存款

贷：持有至到期投资——成本

（二）可供出售金融资产的长期投资的核算

可供出售金融资产是指初始确认时即被指定为可供出售的非衍生金融资产，以及除以下各类资产以外的金融资产：①贷款和应收款项；②持有至到期投资；③以公允价值计量且其变动计入当期损益的金融资产，包括股票、债券、基金等长期投资。

1.可供出售金融资产的长期投资的取得

初始确认以公允价值计量，相关交易费用计入初始入账价值。

借：可供出售金融资产——成本

贷：银行存款

2.期末确认可供出售金融资产的长期投资的价格变动

借：可供出售金融资产——公允价值变动

贷：资本公积——其他资本公积

3.收取投资收益

借：应收利息（股利）

贷：投资收益

借：银行存款

贷：应收利息（股利）

4.出售投资

借：银行存款

资本公积——其他资本公积

投资收益

贷：可供出售金融资产——成本

可供出售金融资产——公允价值变动

（三）无活跃市场报价的长期股权投资的核算

无活跃市场报价的长期股权投资包括对子公司、合营企业、联营企业的投资，以及其他类型的投资，投出的期限在一年以上（不含一年）。

1.长期股权投资的初始计量

长期股权投资在取得时按初始投资成本入账，应分企业合并和非企业合并两种情况确定。

（1）企业合并形成的长期股权投资的初始计量。

企业合并形成的长期股权投资初始投资成本的确定应区分企业合并的类型，分别同一控制下企业合并与非同一控制下企业合并两种情况确定形成长期股权投资的初始投资成本。

①同一控制下企业合并形成的长期股权投资。合并方通过企业合并形成的对被合并方的长期股权投资，其成本代表的是在被合并方账面所有者权益中享有的份额。

借：长期股权投资

贷：银行存款（或其他资产）

股本

资本公积——股本溢价

②非同一控制下企业合并形成的长期股权投资。在非同一控制下的企业合并中，购买方应当将确定的企业合并成本作为长期股权投资的初始投资成本，合并成本包括购买方付出的资产、发生或承担的负债、发行的权益性证券的公允价值以及为进行企业合并发生的各项直接相关费用之和。

借：长期股权投资

贷：资产类账户

（2）企业以其他方式取得的长期股权投资的初始计量。

①以支付现金取得的长期股权投资，应当将实际支付的购买价款作为长期股权投资的初始投资成本，包括购买过程中支付的手续费等必要的支出。但是，所支付价款中包含的被投资单位已宣告但尚未发放的现金股利或利润应作为应收项目核算，不构成取得长期股权投资的成本。

借：长期股权投资

　贷：银行存款

②以发行权益性证券方式取得的长期股权投资，其成本为所发行权益性证券的公允价值，但不包括应从被投资单位收取的已宣告但尚未发放的现金股利或利润。

借：长期股权投资

　贷：股本

　　资本公积——股本溢价

③投资者投入的长期股权投资，应当将投资合同或协议约定的价值作为初始投资成本，但合同或协议约定的价值不公允的除外。

借：长期股权投资

　贷：实收资本

　　资本公积——资本溢价

2.长期股权投资的后续计量

长期股权投资在持有期间，应根据投资企业对被投资单位的影响程度及是否存在活跃市场报价、公允价值能否可靠计量等，分别采用成本法或权益法进行核算。

（1）长期股权投资核算的成本法。

成本法是指长期股权投资的账面价值按初始投资成本计量，除追加或收回投资外，一般不对长期股权投资的账面价值进行调整的一种会计处理方法。成本法适用于投资方对被投资方能够实施控制的长期股权投资。长期股权投资采用成本法核算的一般程序如下：

①设置“长期股权投资”科目，反映长期股权投资的初始投资成本（扣除实际支付的价款或对价中包含的已宣告但尚未发放的现金股利或利润）。

借：长期股权投资——××公司

　　应收股利

　贷：银行存款

②发生追加投资或收回投资等情况时，应按追加或收回投资的成本增加或减少长期股权投资的账面价值。

追加投资时：

借：长期股权投资——××公司

　贷：银行存款等

收回投资时：

借：银行存款等

　贷：长期股权投资——××公司（收回投资）

③持有期间，被投资方宣告分派现金股利或利润，投资方按照被投资方宣告发放的现金股利或利润中属于本企业享有的部分确认投资收益。

宣告股利分配方案时：

借：应收股利

　贷：投资收益

收到现金股利时：

借：银行存款

　贷：应收股利

④被投资方宣告分配股票股利，投资方应于除权日作备忘记录。

（2）长期股权投资核算的权益法。

权益法是指长期股权投资最初以投资成本计量，在持有期间要根据投资方享有被投资方所有者权益份额的变动，对长期股权投资的账面价值进行相应调整的一种会计处理方法。投资方对被投资方具有共同控制和重大影响的长期股权投资，应当采用权益法核算。在权益法下，“长期股权投资”账户下应分设“成本”“损益调整”“其他权益变动”等明细账户进行核算。当投资企业对被投资单位不再具有共同控制和重大影响时，长期股权投资应终止采用权益法核算，而要改按成本法核算，这种情况包括：

①被投资方已宣告破产或依法律程序进行清理整顿。

②投资方因追加投资导致对被投资方实施控制。

采用权益法核算时，被投资单位的资金转移能力等并未受到限制，但其后由于各种原因，被投资单位在严格的限制性条件下经营，其向投资企业转移资金的能力受到限制。

长期股权投资的权益法核算程序如下：

①取得长期股权投资时，长期股权投资的初始投资成本大于其应享有的被投资方可辨认净资产公允价值份额，不需进行调整，直接构成长期股权投资的成本；长期股权投资的初始投资成本小于其应享有的被投资方可辨认净资产公允价值份额的，两者的差额计入当期的营业外收入。

借：长期股权投资——××公司（成本）

　　贷：银行存款等

　　　　营业外收入（初始投资成本小于其应享有的被投资方可辨认净资产公允价值份额时）

②在权益法下，被投资单位当年实现的净利润或发生的净亏损均影响所有者权益的变动，因此长期股权投资的账面价值也需要作相应的调整。在具体处理时，对于被投资单位当年实现的净利润影响所有者权益的变动，投资企业按所持表决权资本比例计算应享有的份额，增加长期投资账面价值。

借：长期股权投资——××公司（损益调整）

　　贷：投资收益

对于被投资方当年发生的净亏损，作相反的会计分录。

③被投资方宣告分派利润或现金股利时，减少投资的账面价值。

借：应收股利

　　贷：长期股权投资——××公司（损益调整）

投资方确认因被投资单位发生净亏损而减记的账面价值时，一般以长期股权投资的账面价值减记至零为限。如果以后各期被投资方实现净利润，投资企业应在计算的收益分享额超过未确认的亏损分担额以后，按超过未确认的亏损分担额的金额，恢复投资的账面价值。

对于被投资单位因增资扩股、接受捐赠等而增加的所有者权益，因被投资单位专项拨款转入资本公积的所有者权益，因被投资企业关联方交易差价形成的资本公积，以及因被投资单位外币资本折算所引起的所有者权益的变动，投资企业应按其持股比例计算享有的份额，按应享有的份额增加长期股权投资的账面价值。

借：长期股权投资——××公司（其他权益变动）

　贷：资本公积——其他资本公积

对于被投资单位宣告分派的股票股利，投资企业不作账务处理，但应于除权日注明所增加的股数，以反映股份的变化。

（3）成本法与权益法的转换。

①权益法转为成本法。投资方因追加投资等原因使原持有的对联营企业或合营企业的投资转变为对子公司的投资，应终止采用权益法而改按成本法计算。投资方应在终止采用权益法时，根据追加投资所形成的企业合并类型，确定按成本法核算的初始投资成本。

追加投资形成同一控制下企业合并的，应当按照取得的被投资方所有者权益账面价值的份额，作为改按成本法核算的初始投资成本。

借：长期股权投资——××公司

　贷：长期股权投资——××公司（成本）

　　　　　　　　——××公司（损益调整）

　　　　　　　　——××公司（其他权益变动）

　　银行存款

　　资本公积——股本溢价

追加投资形成非同一控制下企业合并的，应当按照原持有的股权投资账面价值与新增投资成本之和，作为改按成本法核算的初始投资成本。

借：长期股权投资——××公司

　贷：长期股权投资——××公司（成本）

　　　　　　　　——××公司（损益调整）

　　　　　　　　——××公司（其他权益变动）

　　银行存款

②成本法转为权益法。投资方处置投资导致对被投资方的影响能力由控制转为具有共同控制或重大影响时，长期股权投资的核算应由成本法转为权益法。

第四节 固定资产内部控制制度与核算系统的设计

固定资产是指同时具有以下特征的有形资产：主要用于生产商品、提供劳务，或租借给他人，或因经营管理而持有；预计使用年限超过一年；具有实物形态，可以服务于多个生产经营周期；其价值分次经过累计折旧形成消耗，计入当期的成本费用，并从产品销售收入中得到收回。

由于企业的经营内容、经营规模等各不相同，固定资产的认定标准也不强求绝对一致。各企业应根据制度规定的标准，结合各自的具体情况，制定适合本企业实际情况的固定资产目录、分类方法，每类或每项固定资产的折旧年限、折旧方法，作为固定资产核算的依据。

一、固定资产的分类

企业的固定资产根据不同的管理需要、核算要求及不同的分类标准，可以进行不同的分类，主要有以下几种：

1.按固定资产经济用途分类

固定资产按经济用途分类，可以分为生产经营用固定资产和非生产经营用固定资产。

生产经营用固定资产是指直接服务于企业生产、经营过程的各种固定资产，如生产经营用的房屋、建筑物、机器、设备、器具、工具等。

非生产经营用固定资产是指不直接服务于生产、经营过程的各种固定资产，如职工宿舍、食堂、浴室、理发室等使用的房屋、设备和其他固定资产等。

2.按固定资产使用情况分类

固定资产按使用情况分类，可分为使用中的固定资产、未使用的固定资产和不需用的固定资产。

使用中的固定资产是指正在使用中的经营性和非经营性固定资产。由于季节性经营或大修理等原因，暂时停止使用的固定资产仍属于企业使用中的固定资产；企业出租（指经营性租赁）给其他单位使用的固定资产和内部替换使用的固定资产也属于使用中的固定资产。

未使用的固定资产是指已完工或已购建的尚未交付使用的新增固定资产及因改建、扩建等原因暂停使用的固定资产，如企业购建的尚待安装的固定资产、经营任务变更停止使用的固定资产及主要的备用设备等。

不需用的固定资产是指本企业多余或不使用的各种固定资产。

二、固定资产内部控制制度设计

（一）职务分离与责任控制制度

在固定资产采购、调出、修理、报废等业务环节中，负责采购、调出、修理、报废业务的人员应与负责审批、保管、付款（收款）、记账的人员相分离，并明确其相应的职责。

（二）固定资产投资控制制度

固定资产投资是企业生存和发展的基本保证，是一个事关企业发展的战略问题。因此，在制定固定资产投资决策时，必须参考决策制度、相应的筹资制度、外部制度约束等固定资产投资制度进行安排，并对可利用的资本成本和规模、项目的盈利性、企业承担风险的意愿和能力等影响投资决策的主要变量进行分析，对固定资产投资的可行性进行研究、分析，在此基础上做出投资决策。

（三）固定资产取得和处置控制制度

对固定资产的验收投产、内部转移、调拨出租、报废清理、更新等变动，要由有关部门提出报告，经审核批准后，方可执行。财会部门对批准执行的固定资产验收投产、内部转移、调拨出租、报废清理、更新等变动情况，须建立规范的凭证流转程序，以保证及时取得相关原始凭证，确保固定资产核算的真实性。对固定资产的增减变动必须及时进行相应的会计处理，除了登记总分类账外，还应建立固定资产目录、明细分类账和卡片，做到账、卡、物相符；对未使用、不需用或使用不当的固定资产应及时提出处理措施，对清理报废的固定资产应及时入账，实物要妥善保管和统一处理。

（四）固定资产维修保养控制制度

对生产经营用的机器、汽车等易磨损、需定期保养的固定资产，要按固定资产项目，逐个建立固定资产定期维修、保养制度，从而保证固定资产正常运行，有效延长固定资产的使用寿命。

（五）固定资产盘点控制制度

对固定资产要定期进行清查盘点，并对清查盘点中发生的盘亏、盘盈、毁损等情况及时查明原因，分清责任。此外，要建立定期（年终）检查固定资产减值情况的制度，发现确有减值时要提出书面报告，进行相应的会计处理。

（六）固定资产折旧控制制度

企业应根据固定资产的特征和使用情况选择恰当的折旧计算方法，正确计提固定资产折旧。

三、固定资产核算系统设计

（一）固定资产增加的核算

1.购入固定资产的账务处理

不需安装的固定资产，只需将买价、运杂费、保险费及所缴纳税费作为固定资产原值入账，作如下会计分录：

借：固定资产

　　贷：银行存款

需要安装的固定资产，在固定资产购建时，将买价、包装费和运输费记入“在建工程”账户，作如下会计分录：

借：在建工程

　　贷：银行存款

支付安装费用时，作如下会计分录：

借：在建工程

　　贷：原材料

　　　　应付职工薪酬

　　　　银行存款

安装完毕，将在建工程转入“固定资产”账户，作如下会计分录：

借：固定资产

　　贷：在建工程

2.投资者投入固定资产的账务处理

投资者投入的固定资产应按投资合同或协议价值确定成本，但合同或协议价值不公允的，应按固定资产的公允价值确定，并作如下会计分录：

借：固定资产

　贷：实收资本（或股本）

　　　资本公积——资本（或股本）溢价

3.自行建造，完工验收交付使用固定资产的账务处理

自行建造，完工验收交付使用的固定资产按建造过程中实际发生的全部支出入账，作如下会计处理：

借：固定资产

　贷：在建工程

4.融资租入固定资产的账务处理

以需要安装调试的固定资产为例，支付运杂费、保险费时作如下会计分录：

借：在建工程——工程物资

　贷：银行存款

将发生的安装调试费计入在建工程账面价值，作如下会计分录：

借：在建工程——自营工程

　贷：在建工程——工程物资

安装完毕，将在建工程的支出转作固定资产原值，作如下会计分录：

借：固定资产——融资租入固定资产

　贷：在建工程

定期支付租赁费用，作如下会计分录：

借：长期应付款

　贷：银行存款

租赁期满，办理设备所有权转让手续后，作如下会计分录：

借：固定资产——经营用固定资产

　贷：固定资产——融资租入固定资产

5.改建、扩建固定资产的账务处理

将经营用固定资产转入未使用固定资产，作如下会计分录：

借：固定资产——未使用固定资产

　贷：固定资产——经营用固定资产

扩建支出在“在建工程”账户中核算，作如下会计分录：

借：在建工程

　贷：原材料

　　　应付职工薪酬

　　　银行存款

未领用消耗材料回收入库时，作如下会计分录：

借：原材料

　贷：在建工程

改扩建完工，固定资产交付使用时，作如下会计分录：

借：固定资产——经营用固定资产

　贷：固定资产——未使用固定资产（原固定资产原值）

　　　在建工程（改扩建工程净支出）

6.盘盈固定资产的账务处理

盘盈固定资产作为前期差错处理，在按管理权限报经批准处理前，应先通过“以前年度损益调整”科目核算。

（二）固定资产减少的核算

1.固定资产转让的账务处理

转让发生时，首先要结转固定资产原值和已提累计折旧额，作如下会计分录：

借：固定资产清理（固定资产账面净值）

　　累计折旧

　贷：固定资产（账面原值）

收到双方协议价款时，作如下会计分录：

借：银行存款

　贷：固定资产清理

结转损益时，若转让价高于固定资产账面净值，则作如下会计分录：

借：固定资产清理

贷：营业外收入（售价减去资产净值差额）

若转让价低于固定资产账面净值，则作如下会计分录：

借：营业外支出（固定资产净值减去售价的差额）

贷：固定资产清理

2.固定资产报废、毁损的账务处理

转销已报废、毁损固定资产的原值及已计提的折旧时，作如下会计分录：

借：固定资产清理（净价）

累计折旧

贷：固定资产（账面价值）

支付清理费用时，作如下会计分录：

借：固定资产清理

贷：银行存款

结转清理残料价值和变价收入时，作如下会计分录：

借：银行存款

贷：固定资产清理

收到保险公司或过失人赔偿款时，作如下会计分录：

借：银行存款

贷：固定资产清理

结转清理损益，若为净损失，则作如下会计分录：

借：营业外支出——非常损失

贷：固定资产清理

若为净收益，则作如下会计分录：

借：固定资产清理

贷：营业外收入——处置非流动资产利得

3.固定资产盘亏的账务处理

转销盘亏固定资产的原值和已计提的折旧时，作如下会计分录：

借：待处理财产损溢——待处理固定资产损溢

累计折旧

贷：固定资产

有关部门批准转销时，作如下会计分录：

借：营业外支出

贷：待处理财产损溢——待处理固定资产损溢

（三）固定资产折旧

固定资产折旧是指固定资产由于使用耗损、自然侵蚀、科技进步和劳动生产率提高所引起的价值损耗。决定固定资产折旧的基本因素包括固定资产原始价值、固定资产报废的残值和清理费用、固定资产的经济寿命及折旧计算方法。下面介绍固定资产计提折旧的范围及计提折旧的方法。

1.计提折旧的范围

计提折旧的固定资产包括：一切房屋、建筑物；在用机器设备、仪表、专用工具；季节性停用和修理停用的设备；以经营租赁方式租出的固定资产；以融资租赁方式租入的固定资产。

需要说明的是，以下固定资产不计提折旧：已提足折旧仍继续使用的固定资产、提前报废的固定资产、融资租出的固定资产和单独计价入账的土地。

2. 计提折旧的方法

计提折旧的方法主要有平均年限法、工作量法、双倍余额递减法、年数总和法等。

平均年限法是指固定资产在其预计使用年限内，根据原始价值、预计净残值，每年平均计提折旧额的方法。这种方法具有普遍适用性。

工作量法是以在固定资产的使用期内所完成的工作量为依据，计算各期计提折旧额的方法。这种方法适用于在各个会计期间不大使用的固定资产、大型专用设备、车辆、飞机、船舶的折旧。

双倍余额递减法是用年限法计提折旧率的2倍作为固定的折旧率，再乘以逐年递减的固定资产的期初净值，计算各年应提折旧额的方法。这种方法适用于受技术影响较大的固定资产的折旧。

年数总和法是以固定资产的原值减去净残值后的余额乘以递减的折旧率计算每年应提折旧额的方法。这种方法同样适用于受技术影响较大的固定资产的折旧。

各种折旧方法及其计算公式见表8-2。

表 8-2 各种折旧方法及其计算公式

折旧方法	折旧的计算公式
平均年限法	固定资产年折旧额=（固定资产原值-净残值）÷折旧年限
	固定资产月折旧率=固定资产年折旧额÷固定资产原值÷12
	固定资产月折旧额=固定资产月折旧率×固定资产原值
工作量法	单位里程（或每工作小时或每台班）折旧额=（固定资产原值-预计净残值）÷规定的总行驶里程（或总工作小时或工作总台班数）
	月折旧额=单位里程（每工作小时或每台班）折旧额×月实际行驶里程（或月实际工作小时或月实际工作台班数）
双倍余额递减法	年折旧率=2÷折旧年限
	月折旧率=年折旧率÷12
	月折旧额=固定资产月初账面价值×月折旧率
年数总和法	年折旧率=该年尚可使用年数÷各年可折旧年数之和
	年折旧额=（固定资产原值-预计净残值）×年折旧率
	月折旧额=年折旧额÷12

3.固定资产折旧的账务处理

固定资产折旧需要设置的基本账户是“累计折旧”。本账户贷方登记企业固定资产折旧价值的增加数，借方登记固定资产因调出、报废、盘亏等原因导致的已提折旧的减少数。余额在贷方，表示现有固定资产的累计折旧额。固定资产计提折旧的会计分录如下：

借：制造费用（管理费用）

　贷：累计折旧

（四）固定资产修理的核算

固定资产修理是对固定资产能力的保护和恢复。固定资产在使用过程中，由于各个组成部分的耐磨程度和使用条件不同，或因使用不当、维护保养不力或其他意外事故等，必然会发生局部的损坏，需要及时修理，以恢复正常的使用功能。固定资产修理，按修理范围的大小、修理间隔时间的长短、费用支出的数额大小及是否均衡等，可以分为大修理和中小修理两种。固定资产大修理是指对固定资产的全面修理和局部更新，实质上以恢复固定资产主要功能和服务能力为目的。固定资产中小修理是为维护固定资产的正常生产功能或服务能力，而对固定资产进行的局部保养和检修。固定资产修理费用的账务处理如下：

1.固定资产中小修理费用等费用化的账务处理

固定资产中小修理费经常发生，一般将其视为收益性支出，直接计入该月费用，作如下会计分录：

借：管理费用

　贷：原材料等相关账户

2.固定资产大修理费用等资本化的账务处理

固定资产发生可资本化的后续支出时，企业一般应将该固定资产的原价、已计提的累计折旧和减值准备转销，将固定资产的账面价值转入在建工程，并在此基础上重新确定固定资产原价。因已转入在建工程，所以要停止计提折旧。在固定资产发生的后续支出完工并达到预定可使用状态时，再从在建工程转为固定资产，并按重新确定的固定资产原价、使用寿命、预计净残值和折旧方法计提折旧。固定资产发生的可资本化的后续支出通过“在建工程”科目核算。

（五）在建工程的核算

在建工程是指企业固定资产的新建、改建、扩建，或技术改造、设备更新和大修理工程等尚未完工的工程。在建工程通常有自营和出包两种方式。自营在建工程是指企业自行购买工程用料、自行施工并进行管理的工程。出包在建工程是指企业通过签订合同，由其他工程队或单位承包建造的工程。

固定资产自行建造、更新改造和大修理项目支出通过“在建工程”账户核算。本账户按工程项目和外购工程物资设置明细账户。该账户借方登记投入在建工程的各项支出增加数，贷方登记工程竣工、固定资产交付使用的工程成本数及项目工程物资和退回工程款、退库材料的发生额，借方余额表示尚未竣工的在建工程的实际成本。在建工程的账务处理如下：

1.自营在建工程的账务处理

购入为工程准备的物资时，以其实际成本计价，作如下会计分录：

借：在建工程——工程物资

　贷：银行存款等账户

领用工程物资，以其领用的物资实际成本计价，作如下会计分录：

借：在建工程——××工程

　贷：在建工程——工程物资等账户

在建工程发生的其他费用，以实际发生额计价，作如下会计分录：

借：在建工程——××工程

　贷：银行工程

　　应付职工薪酬

　　长期借款等

竣工前支付为工程所借款项的利息费用，作如下会计分录：

借：在建工程——××工程

　贷：长期借款

竣工后支付利息支出，作如下会计分录：

借：财务费用

　贷：长期借款

若涉及外币借款，发生汇兑损失时，在工程交付使用前作如下会计分录：

借：在建工程——××工程

　贷：长期借款——汇兑损益

若发生汇兑收益，则作相反的会计分录：

借：长期借款——汇兑损益

　贷：在建工程——××工程

若涉及外币借款，发生汇兑损失时，在工程交付使用之后作如下会计分录：

借：财务费用

贷：长期借款——汇兑损益

若发生汇兑收益，则作如下会计分录：

借：长期借款——汇兑损益

贷：财务费用

工程完工，经盘点发生盘亏时，作如下会计分录：

借：在建工程——工程物资

贷：在建工程——××工程

工程完工，经盘点发现盘盈时，作如下会计分录：

借：在建工程——××工程

贷：在建工程——工程物资

工程已竣工交付使用，将在建工程发生的一切费用计入固定资产原值，作如下会计分录：

借：固定资产

贷：在建工程——××工程

2.出包在建工程的账务处理

发生预计工程款、支付进度款及计算全部工程款时，作如下会计分录：

借：在建工程——出包工程

贷：银行存款

工程验收完工，将在建工程发生的费用转作固定资产原值，作如下会计分录：

借：固定资产

贷：在建工程——已包工程

若在建工程是大修理项目，在完工验收时作如下会计分录：

借：长期待摊费用

贷：在建工程

3.在建工程报废和毁损的账务处理

在建工程报废和毁损若在企业筹办期间发生，作如下会计分录：

借：管理费用——开办费

贷：在建工程

在企业生产经营以后发生的在建工程毁损，作如下会计分录：

借：营业外支出——在建工程损失

贷：在建工程

4.在建工程试运转发生的收入和支出的账务处理

在建工程交付使用前，调试运转形成产品并对外销售，应以实际销售收入冲减在建工程成本，作如下会计分录：

借：银行存款

贷：在建工程

试运转发生的支出计入工程成本，作如下会计分录：

借：在建工程

贷：银行存款（或有关账户）

第五节　无形资产内部控制制度与核算系统的设计

一、无形资产的内容

无形资产是指企业拥有或控制的，为生产商品或者提供劳务、出租给他人或为管理目的而持有的，没有实物形态的可辨认非货币性长期资产。无形资产一般没有实物形态，能在较长的时期内使企业获得经济效益，其持有的目的是使用而不是出售。无形资产是企业有偿取得的，它能给企业提供未来经济效益的大小具有较大的不确定性。一般来讲，无形资产包括以下内容：

（一）专利权

专利权指权利人在法定期限内对某一发明创造所拥有的独占权和专有权。专利权的主体是依据专利法被授予专利权的个人或单位，专利权的客体是受专利法保护的专利范围。

（二）商标权

商标权指企业专门在某种指定的商品上使用特定的名称、图案、标记的权利。根据《中华人民共和国商标法》的规定，经国家知识产权局商标局核准注册的商标为注册商标，商标注册人享有商标专用权，受法律保护。商标权包括独占使用权和禁止使用权。商标权的价值在于它能使享有人获得较强的盈利能力。

（三）土地使用权

土地使用权指国家准许某一企业在一定期间对国有土地享有开发、利用、经营的权利。根据《中华人民共和国土地管理法》的规定，我国土地实行公有制，任何单位和个人不得侵占、买卖或者以其他形式非法转让。

（四）著作权

著作权指著作权人对其著作依法享有的出版、发行等方面的专有权利。著作权可以转让、出售或者赠予。著作权包括发表权、署名权、修改权、保护作品完整权、使用权和获得报酬权等。

（五）特许权

特许权也称专营权，指在某一地区经营或销售某种特定商品的权利或者一个企业授予另一个企业使用其商标、商号、技术秘密等的权利。

（六）非专利技术

非专利技术也称专有技术，指发明人垄断的、不公开的、具有实用价值的先进技术、资料、技能、知识等。非专利技术具有经济性、机密性、动态性等特点。

二、无形资产内部控制制度设计

（一）支出预算控制制度

企业的无形资产无论是外购还是自行研制，都需要付出一定的代价，同时无形资产为企业带来的经济效益具有很大的不确定性，因此，在购置或自创无形资产时，必须经过认真的调查研究，反复论证其可行性，并根据相应的生产经营策略统筹安排，编制支出预算。

（二）审核入账控制制度

对企业而言，有的无形资产在形成之前往往发生大量的研究开发费用，正式取得时的费用反而很小；有的无形资产无法单独确认其形成成本，但可以为企业带来巨大利益。无形资产确认、计量的复杂性要求企业必须按会计准则、会计制度的规定，结合企业自身的特点，建立一套严格、规范的无形资产审核入账控制制度，正确划分资本支出与费用支出，以保证可靠地提供企业财务信息，正确计算经营成果。

（三）无形资产摊销控制制度

无形资产在各个期间的费用分摊金额，直接影响各个期间会计提供的财务状况和经营成果信息。因此，同无形资产审核入账控制制度一样，企业必须按会计准则、会计制度的规定，结合企业各种无形资产的特点，建立一套严格、规范的无形资产摊销控制制度，并且要定期（年终）检查无形资产的减值情况，发现确有问题时提出书面报告，以保证可靠地提供企业财务信息，正确计算经营成果。

三、无形资产核算系统设计

《企业会计准则》规定，无形资产是指企业拥有或控制的、没有实物形态的、可辨认的非货币性资产，包括专利权、非专利技术、商标权、著作权、土地使用权等。企业购入的无形资产，应当按实际成本记账；接受投资取得的无形资产，应当按照评估确认或者合同约定的价格记账；自行开发的无形资产，应当按开发过程中实际发生的支出数记账。各种无形资产应当在受益期内分期平均摊销，未摊销余额在会计报表中列示。

（一）无形资产取得的核算

企业取得无形资产的方式主要有购入、自创、外单位投入和接受捐赠等。无形资产取得的方式不同，其核算也不同。

1. 购入无形资产

企业购入无形资产，购入时发生的全部支出作为无形资产的入账价值，作如下会计分录：

借：无形资产

　贷：银行存款

2. 自创无形资产

企业在研究开发中自创无形资产符合条件的部分支出，以及申请专利的费用和其他支出等，作为其入账价值。由于这部分支出在研制过程中一般已列入研发支出，所以应从研发支出中冲减，作为无形资产的价值，作如下会计分录：

借：无形资产

贷：研发支出——资本化支出

银行存款

或者，只按申请专利的费用确认专利权的价值，作如下会计分录：

借：无形资产

贷：银行存款

3.外单位投入无形资产

企业接受其他单位以无形资产作为资本投资的，将合同、协议约定的或评估确认的价值作为投入无形资产的取得成本，作如下会计分录：

借：无形资产

贷：实收资本（或股本）

4.购入土地使用权

企业购入的土地使用权或以支付土地出让金方式取得的土地使用权，按照实际支付的价款入账，作如下会计分录：

借：无形资产

贷：银行存款

待该土地开发时，再将其账面价值全部转入相关在建工程，作如下会计分录：

借：在建工程

贷：无形资产

（二）无形资产摊销的核算

1.使用寿命有限的无形资产的摊销

使用寿命有限的无形资产应在其预计的使用寿命内采用系统合理的方法对应摊销金额进行摊销。应摊销金额是指无形资产的成本扣除残值后的金额。已计提减值准备的无形资产，还应扣除已计提的无形资产减值准备累计金额。使用寿命有限的无形资产的残值一般应当视为零。摊销时，作如下会计分录：

借：管理费用

贷：累计摊销

2.使用寿命不确定的无形资产的摊销

若根据可获得的相关信息无法合理估计某项无形资产的使用寿命，则应将其作为使用寿命不确定的无形资产进行核算。对于使用寿命不确定的无形资产，在持有期间不需要摊销，但应当在每个会计期间进行减值测试。如减值测试表明已发生减值，则需要计提相应的减值准备，作如下会计分录：

借：资产减值损失

　贷：无形资产减值准备

（三）无形资产转让的核算

企业拥有的无形资产在经营过程中根据情况可以依法有偿转让。无形资产转让分为无形资产所有权转让和无形资产使用权转让两种形式。

1.无形资产所有权转让

无形资产所有权转让是将无形资产的占有、使用、收益和处分的权利全部转让给对方，其转让成本是被转让的无形资产摊销后的余额（摊余价值），作如下会计分录：

借：银行存款

　　累计摊销

　　无形资产减值准备

　贷：营业外收入——处置非流动资产利得

　　　应交税费——应交增值税

　　　无形资产

2.无形资产使用权转让

无形资产使用权转让是出让方未丧失无形资产的占有、使用、收益和处分的权利，而仅出让无形资产使用的权利给对方，其转让成本是在转让无形资产使用权的过程中发生的费用，作如下会计分录：

借：银行存款

　贷：其他业务收入

　　　库存现金

摊销出租无形资产的成本时，作如下会计分录：

借：其他业务成本

贷：累计摊销

应交税费——应交增值税

（四）无形资产对外投资的核算

企业以无形资产向其他单位进行资本投资，将合同、协议约定的或评估确认的价值作为无形资产对外投资额，该投资额与账面价值的差额计入营业外收入或营业外支出，作如下会计分录：

借：长期股权投资等

贷：无形资产

应交税费——应交所得税（预计增值应交所得税）

营业外收入

复习思考题

1. 说明货币资金内部控制制度及核算系统的设计。
2. 描述货币资金内部控制的控制要点。
3. 如何对备用金制度进行设计？

案例分析

案例1

某会计控制人员于2018年7月10日在检查存货合同时发现一份合同，内容如下：

工业用角钢购销合同

永昌钢厂与华隆公司为购销工业用角钢，就以下事项签订合同：

（1）永昌钢厂为华隆公司提供工业用角钢1 000吨。

（2）华隆公司交货前预付40%的货款，货到后付清全部货款。

（3）永昌钢厂在签订合同后，在两个月内全部交货。

（4）未尽事宜，相互协商解决。

永昌钢厂：	华隆公司：
销售科长　张军	供应科长　吴刚
2018年3月9日	2018年3月9日

要求：分析该购销合同存在哪些问题，并列举存货购入业务的内部

控制要点。

案例2

某企业采购员、运输员和保管员合谋将外购自运的存货在运输途中转移他处，然后盗卖私分赃款。具体情况如下：该企业根据生产需要，每月购进各种型号的元钢50吨左右，货物自提自运；采购员办理购货手续后，将发票提货联交由本企业汽车司机负责运输；汽车司机在运输途中将部分元钢盗卖给另一企业，再将剩余元钢运至本企业仓库，交保管员验收入库；保管员计量后明知有亏吨问题，但由于合谋在先，便在入库单上如数填写购买的数量并签字；财会部门从发票、运单、入库单等各种原始凭证上都没有看出与规定不符之处，便照例如数付款，以致年终财产清查时才发现账实不符的严重情况。

要求：利用内部控制原理说明如何检查上述内部控制的薄弱环节。

案例3

某大型国有企业年计划实现利润9 000万元，并预测能实现利润超亿元，但由于高达5 000多万元的应收销货款长期收不回来，资金周转陷入困难，因此不想过多实现利润和缴纳企业所得税，便采取了提高存货成本差异率的舞弊手段。该企业全年产品生产领用存货的计划成本为平均每月3 280万元，每月应计存货成本差异率在9.5%~12.8%之间。经过调整，每月的人为差异率都比应计差异率提高1.5%，全年即可多分摊存货成本差异500多万元。

要求：利用内部控制原理说明如何检查该舞弊行为，并结合《企业会计制度》说明如何调整账务。

案例4

某酿酒厂从外地购入生产设备两台，价值300 000元，运杂费6 000元。该设备需要安装，应按设备原价和运杂费306 000元记入“在建工程”账户。该酿酒厂同时购买了两辆货运汽车，价值180 000元，运杂费5 000元。货运汽车由运输队另行结算，企业为照顾运输队的利益，将汽车运杂费计入生产设备安装成本内。其会计分录为：

借：在建工程　　　　311 000

贷：银行存款　　　　311 000

这样就人为调节了生产设备和货运汽车原值。

要求：利用内部控制原理说明如何检查该酿酒厂的舞弊行为，并说明发现后如何进行账务调整。

第九章

企业采购业务内部控制与核算系统的设计

第一节　采购业务内部控制制度的设计

采购业务包括请购商品、材料以及事务用品等物资，编制采购计划，订货或采购，验收入库，货款结算等工作。在工业企业里，采购的对象主要是制造产品用的原材料、燃料、包装物、低值易耗品等；在商业企业里，采购的对象主要是可供销售的商品物资。不论是工业企业还是商业企业，其在采购业务上使用的货币资金都是流动资金周转中的第一个环节。

一、采购业务会计处理程序设计的要求

为了合理地运用资金，保证采购业务满足工业生产或商品销售的需要，采购业务会计处理程序设计的要求是：

（1）正确反映采购材料或商品的数量、成本和价格差异。

（2）正确组织与供货单位的货款结算。

（3）保证订货合同的严格执行。

（4）维护采购物资的安全与完整。

二、采购业务内部控制制度设计要点

为了达到上述要求，在设计采购业务的会计处理程序时，应注意以下内部控制要点：

（1）物资请购、采购、验收、付款、记账的工作必须由不同的人员承担。

（2）采购员只能在批准的采购计划内就货物名称、规格、数量进行采购，不得擅自改变采购的内容。

（3）采购货物时要与供应商签订合同，会计部门要参加合同的签订工作，收货部门要严格按合同规定的品种、数量、质量进行验收。

（4）发票上的价格、运输费、税款等必须与合同复核无误、凭证齐全后才可办理结算、支付货款。如有部分退货，要从原发票中扣除后再办理结算。

（5）货款必须通过银行办理转账，除了《现金管理暂行条例》及其细则规定的情况，不得以任何借口违反结算纪律支付现金或现金支票。

（6）对于在购货发票金额以外增加购货成本的各种费用、损失，如雇私人看管、装卸、搬运货物而支出的费用，以及货物的在途损耗等，必须经过会计部门审查凭证和分析损耗原因，以确定其合理性和合法性。

（7）控制储备定额，以保证生产需要、节约资金使用为原则，严防超储积压。

（8）应付账款的明细账要与总分类账核对。

第二节　采购业务核算系统的设计

一、采购业务凭证的设计

采购业务凭证主要有材料采购计划、订货合同、请购单、入库通知单、收料（货）单、退料（货）单等。

（一）材料采购计划设计

企业的材料采购计划是确定计划期内为保证生产正常进行所需的各种物资的计划。正确的采购计划是企业组织订货或向市场采购各种物资的依据，可以促进企业加强物资管理，加速资金周转。

编制采购计划的步骤是：

（1）确定各种物资的需要量，一般按下列公式计算：

$$\text{某种物资的申请或采购量}=\text{该种物资的需要量}+\text{计划期末储备量}-\text{计划期初库存量}-\text{企业内部可利用资源}$$

物资的需要量是根据物资消耗定额来计算的，通过计算，应做到供略大于需。

（2）确定各种物资的储备量和核定储备资金定额。

（3）编制采购申请计划表和材料采购计划表，见表9-1、表9-2。

表9-1　**采购申请计划表**

单位名称：　20××年度

物资名称	计量单位	上年预计消耗量	年初库存预计	全年需要量				年末储备量	企业资源	全年申请量				
				合计	其中					合计	第一季度	第二季度	第三季度	第四季度
					产品生产	经营维修	其他							
行次	1	2	3	4	5	6	7	8	9	10	11	12	13	14

表9-2　**材料采购计划表**

单位名称：　20××年度

材料名称	计量单位	计划单价	数　量	金　额	备　注

上述两种计划表应送一份给会计部门，以便编制采购资金计划，对采购进行归口分级管理，将指标分解落实到分管的部门、小组或个人。

企业平时应严格控制采购资金的使用，建立采购资金限额登记簿。

对每笔进货支付的金额，要根据账簿记录进行登记，反映和监督采购资金的支出，分析采购数量和价格的差异，以便为选择合适的供货单位提供信息。采购资金超过限额时，会计部门有权停止拨付款，经查明原因必须进货时，应由主管领导批准。采购资金限额登记簿的格式见表9-3。

表9-3　**采购资金限额登记簿**

20××年度

材料名称	计量单位	计划单价	计划数量	采购资金限额	供货单位名称	实收数量	实际成本			实际单价	数量差异	价格差异	限额超支或节余
							买价	运杂费	合计				
行次	1	2	3	4=2×3	5	6	7	8	9=7+8	10=9÷6	11=6-3	12=10-2	13=4-9

（二）订货合同设计

为了落实采购计划，企业要与供货单位签订订货合同。订货合同是供需双方共同签订的一种经济合同，是采购业务的订货单，也是供货单位的销售合同。

订货合同的内容必须具体、明确，文字的解释应力求肯定、清楚。在订货合同中，应主要规定物资的品种、规格、数量、质量、价格，供货的日期和结算方式，物资的包装和运输办法，质量检验手续，以及不执行合同应负的经济责任等。签订订货合同时，会计部门要参加会签，并把其副本留存在会计部门。订货合同必须预先编号，非经授权，任何人不得领取空白合同。

订货合同一经签订就具有法律效力，供需双方都必须坚决执行，恪守信用，违约的一方要负经济上的责任。对于合同执行中发生的纠纷，在双方不能协商解决时，应由仲裁机构裁定或由经济法庭裁决。

工业企业的订货合同一般可分为定期订货合同、一次性订货合同和协议性订货合同。定期订货合同又有长期和短期之分。订货合同的格式见表9-4、表9-5、表9-6。

表 9-4

20××年钢材订货合同

20××年××月××日　　　　合同编号：

<table>
<tr><td rowspan="2">品名</td><td rowspan="2">钢号</td><td rowspan="2">规格</td><td rowspan="2">订货总量（吨）</td><td colspan="12">分月交货数量（吨）</td></tr>
<tr><td>1月</td><td>2月</td><td>3月</td><td>4月</td><td>5月</td><td>6月</td><td>7月</td><td>8月</td><td>9月</td><td>10月</td><td>11月</td><td>12月</td></tr>
<tr><td></td><td></td><td></td><td></td><td></td><td></td><td></td><td></td><td></td><td></td><td></td><td></td><td></td><td></td><td></td><td></td></tr>
<tr><td colspan="4">执行标准</td><td colspan="12"></td></tr>
<tr><td colspan="4">实际技术条件</td><td colspan="12"></td></tr>
<tr><td colspan="4">合同补充条款</td><td colspan="12"></td></tr>
</table>

<table>
<tr><td>供货单位</td><td></td><td>银行账号</td><td></td><td rowspan="2">供方代表</td><td rowspan="2"></td><td>传真</td><td></td></tr>
<tr><td>地址</td><td></td><td>发货站</td><td></td><td>电话</td><td></td></tr>
<tr><td rowspan="2">订货单位</td><td rowspan="2"></td><td rowspan="2">地址</td><td rowspan="2" colspan="3"></td><td>传真</td><td></td></tr>
<tr><td>电话</td><td></td></tr>
<tr><td rowspan="2">收货单位</td><td rowspan="2"></td><td rowspan="2">地址</td><td rowspan="2" colspan="3"></td><td>传真</td><td></td></tr>
<tr><td>电话</td><td></td></tr>
<tr><td>结算单位</td><td></td><td>整车到站</td><td>站</td><td colspan="2">专用线</td><td rowspan="2">需方代表</td><td rowspan="2"></td></tr>
<tr><td>银行及账号</td><td></td><td>零担到站</td><td>站</td><td colspan="2">送货到</td></tr>
</table>

表 9-5

一次性合同——订货合同

合同编号：

<table>
<tr><td>序号</td><td>产品名称</td><td>型号规格</td><td>单位</td><td>数量</td><td>单价（元）</td><td>总金额（元）</td><td>交货日期</td></tr>
<tr><td>1</td><td></td><td></td><td></td><td></td><td></td><td></td><td></td></tr>
<tr><td>2</td><td></td><td></td><td></td><td></td><td></td><td></td><td></td></tr>
<tr><td>3</td><td></td><td></td><td></td><td></td><td></td><td></td><td></td></tr>
<tr><td colspan="4">合同附注</td><td colspan="2">订货单位（甲方）</td><td colspan="2">供货单位（乙方）</td></tr>
<tr><td colspan="4">1.本产品按　方图纸要求施工</td><td>订货单位</td><td></td><td>供货单位</td><td></td></tr>
<tr><td colspan="4">2.本合同按国家有关合同条款执行</td><td>代表人</td><td></td><td>代表人</td><td></td></tr>
<tr><td colspan="4">3.运输方式：①自提；②代运</td><td>通信地址</td><td></td><td>厂址</td><td></td></tr>
<tr><td colspan="4" rowspan="2">4.代办托运、运费由甲方负担</td><td>电话</td><td></td><td>电话</td><td></td></tr>
<tr><td>传真</td><td></td><td>传真</td><td></td></tr>
<tr><td colspan="4" rowspan="3">5.结算方式：①托收承付；②汇款</td><td>结算银行</td><td></td><td>开户银行</td><td></td></tr>
<tr><td>账号</td><td></td><td>账号</td><td></td></tr>
<tr><td>到站</td><td></td><td>到站</td><td></td></tr>
<tr><td>备注</td><td colspan="7"></td></tr>
</table>

签订日期：20××年××月××日

表9-6　　**协议性订货合同——加工合同审批单**

20××年××月××日　　　　编号：

客　户		经济性质			
品名及规格	数量	议定单价（元）	总金额（元）	核价依据	交货日期
订货依据			资金来源		
审批	供销科				
	设备科				
	有关科室				
	会计科				
	总会计师				
	厂长				
备　注					

代合同副本（盖公章）：　　　　经办人：

签订订货合同时，要考虑合理的订货批量和订货时间，以便控制储备资金的占用，提高存货周转率。

为此，采购部门要根据具体分类，对物资进行重点控制或一般控制。对于重点控制物资，一般可以采用以下两种订货方式：

（1）定期订货。这是订货时间固定而订货批量不固定的一种订货方式。其计算公式是：

$$\text{订货量}=\text{平均每日需用量}\times(\text{订货时间}+\text{订货间隔})+\text{保险储备量}-\text{实际库存量}-\text{订货在途量}$$

定期订货的订货时间固定，适合签订定期订货合同，便于定期组织订货，有利于产需衔接和供需双方均衡生产。

（2）定量订货。这是订货时间不固定而订货批量（即预先确定的经济订货量）固定的一种订货方式。其计算公式是：

订货点（量）=平均每日需用量×订货时间+保险储备量

定量订货的时间不固定，适合签订一次性、协议性合同或向市场订货。因为这种方法需随时组织订货，以补充库存，所以与定期订货相比，更需要及时将库存信息反馈到采购部门。为此，仓库可在材料明细账或材料吊卡上标明订货点和订货批量，一达到订货点（量），就填制请购单，并送至采购部门据以组织订货。

为了保证订货合同的贯彻执行，企业要加强对合同的管理，物资采购部门或会计部门要有专人负责合同的管理工作。例如，设立供应合同备查簿或登记卡片，按照合同规定的物资品种、规格、数量、到货日期等记录，并经常检查合同的执行情况。供应合同备查簿的一般格式见表9-7。

表9-7 **供应合同备查簿**

供货单位：　　　　货物名称及规格：

合同号数：　　　　每月供应数量：　　　　第　页

20××年		发票号数	合同数量	发票数量	实收数量	退货数量	合同余额	备注
月	日		(1)	(2)	(3)	(4)	(5) = (1) - (2) + (4)	

（三）请购单设计

请购单是仓库或有关部门向采购部门提出购货请求的凭证。请购单要预先编号，签发后要经授权部门批准。

如果采用定量订货方式，仓库要根据材料的实际库存量加上订货在途量算出有效库存量。有效库存量低于订货点（量），便应填制请购单，经计划部门批准后送交采购部门，据以对外签订订货合同。定量订货请购单的一般格式见表9-8。

表 9-8　　　　　　　　　　**定量订货请购单**

请购日期：20××年××月××日　　　　　　　　　　　　第　号

<table>
<tr><td rowspan="2">名称及规格</td><td rowspan="2">计量单位</td><td colspan="3">有效库存量</td><td rowspan="2">订货点</td><td rowspan="2">订货批量</td><td rowspan="2">需用日期</td><td rowspan="2">备注</td></tr>
<tr><td>实际库存量</td><td>订货在途量</td><td>合计</td></tr>
<tr><td></td><td></td><td></td><td></td><td></td><td></td><td></td><td></td><td></td></tr>
</table>

核准：　　　　　　　　　　请购主管：　　　　　　　　　　仓库制单：

如果企业中某些车间、部门需用供应计划以外的材料或特殊材料，使用单位应填制请购单，经有关主管人员根据采购资金计划核准后交由采购部门采购，以体现授权控制的要求。这类请购单的一般格式见表 9-9。

表 9-9　　　　　　　　　　**请购单**

请购日期：20××年××月××日　　　　　　　　　　　　第　号

<table>
<tr><td>请购部门</td><td></td><td>工作令</td><td></td><td>产品名称</td><td></td><td>类别</td><td></td></tr>
<tr><td colspan="2">名称及规格</td><td>单位</td><td>数量</td><td>需用日期</td><td colspan="2">请购原因及用途</td><td>备注</td></tr>
<tr><td colspan="2"></td><td></td><td></td><td></td><td colspan="2"></td><td></td></tr>
<tr><td colspan="2"></td><td></td><td></td><td></td><td colspan="2"></td><td></td></tr>
<tr><td colspan="2"></td><td></td><td></td><td></td><td colspan="2"></td><td></td></tr>
</table>

核准：　　　　　　　　　　请购主管：　　　　　　　　　　请购人：

请购单至少一式两份：一份留存请购部门备查，一份送采购部门。如果请购的材料种类较多，可另附请购物资清单或明细表，分别说明请购物资的名称、规格、数量和质量要求等。

（四）收货单（收料单）设计

收货单是证明货物已验收入库并据以登记材料明细账的凭证。

收货单的内容应包括供货单位名称、材料物资的名称和规格、计量单位、发票数量、实收数量、单价、金额以及质量检验情况等。收货单的一般格式见表 9-10。

收货单要预先编号。收货单可由采购部门填制，亦可由收货部门填制，以便通知其备库、验收，并通知会计部门备款、运输部门提货。验收、收货、记账要由不同的人分工掌管。

表 9-10 **收货单**

20××年××月××日 编号：

<table>
<tr><td>起运站</td><td></td><td colspan="2">车（船）号</td><td colspan="2"></td><td colspan="2">送货单号</td><td colspan="2"></td></tr>
<tr><td>供货单位</td><td></td><td colspan="2">发票号数</td><td colspan="2"></td><td colspan="2">提货单号</td><td colspan="2"></td></tr>
<tr><td>仓库号数</td><td></td><td colspan="2">检验凭证号</td><td colspan="2"></td><td colspan="2">技术证明号</td><td colspan="2"></td></tr>
<tr><td rowspan="2">材料类别</td><td rowspan="2">材料编号</td><td rowspan="2">材料名称及规格</td><td rowspan="2">单位</td><td colspan="2">数量</td><td colspan="2">计划成本</td><td colspan="2">实际成本</td></tr>
<tr><td>应收</td><td>实收</td><td>单价</td><td>金额</td><td>单价</td><td>金额</td></tr>
<tr><td></td><td></td><td></td><td></td><td></td><td></td><td></td><td></td><td></td><td></td></tr>
<tr><td colspan="10">备注</td></tr>
</table>

仓库主管： 质量检验员： 收货员： 材料核算员：

收货单至少应填一式三份：一份由仓库留存，据以登记材料卡；一份送采购部门，据以登记供应合同备查簿；一份送会计部门核算材料的实际成本与计划成本，据以登记材料采购明细账。如果不设材料采购明细账，而是于月终以收货单直接编制购料汇总表，那么收货单中应设“实际成本”与“计划成本”两栏。实际成本的计算应包括运杂、装卸等费用。

（五）退货单设计

退货单是明确经济责任、向供货单位退还货物的依据。退货时，应核对合同的要求，确定退货责任和范围。供货单位应承担退货责任的情况通常有：一种是货物的品种或规格弄错，这种情况一般在货物验收且货款尚未支付时就可发现，而且退货是整批的，供货单位也没有理由拒绝退货；另一种是货物的质量不符合合同的规定，一般来说，整批货物质量不合格的情况比较少，大多数情况是部分或个别货物质量较差，往往在抽样检验时被疏忽，而到使用时才被发现。对于后一种情况，应当仔细研究，只有在确定是生产的原因后才可向供货单位提出局部退货的要求。退货单的一般格式见表 9-11。

退货单应一次复写四份：一份采购部门留存；一份送仓库作为退货依据，如果已经收货并记入货卡，则代替货物出库单，用红字记入货卡的收入栏；两份送会计部门，计算退货金额，如有运杂费，则应附送代

表9-11 **退货单**

单位名称： 20××年××月××日 第　号

发票号数				
合同号数				
材料名称及规格	发票数量	退货数量	单价（元）	总金额（元）

有关人员签章：

垫运杂费清单。退货单和代垫运杂费清单应经单位主管盖章并盖单位公章，把其中的一份送出纳直接向供货单位办理结算，另一份留在会计部门作为核算退货的凭证。对于经济赔偿，则由采购部门与供货单位协商决定后，通知会计部门作应收赔偿款记账。

二、采购业务处理程序的设计

（一）日常采购计划编制、合同签订程序的设计

该流程反映计划编制和合同签订的业务处理过程。供应部门根据生产计划部门的各种生产计划编制采购计划，经审核批准后与供货单位签订订货合同。然后，会计部门根据采购计划和订货合同编制财务收支计划。

该流程的控制内容主要有：第一，必须在采购计划编制完成并经过审批后才能签订订货合同；第二，会计部门参加合同的会签。

（二）临时采购申请程序的设计

该流程反映企业因临时需要而进行采购时申请业务处理的过程。当企业因特殊业务需要临时进行采购时，由请购单位编制请购单，送交供应部门。供应部门编制临时采购计划，经审核后，通知采购员办理采购，同时通知会计部门，以备货款结算时核对。

该流程的控制内容主要有：第一，临时采购必须经过授权批准才能办理；第二，会计部门监督临时采购计划的实施。

（三）材料采购验货付款程序的设计

该流程反映企业材料采购验货入库和货款结算业务的处理过程。供货单位在材料发出后，将材料发票、运单和提货单经银行寄往会计部门。会计部门将其送至供应部门，据此编制一式四联的收货单，与订货合同核对后通知仓库准备收货，另将提货单交厂内运输部门到车站（码头）提货。仓库在检验厂内运输部门运来的材料后登记材料吊卡，并将签收的收货单交至供应部门。供应部门再次对照订货合同进行审核，随后将供货单位的发票、代垫运费清单以及收货单一联送至会计部门。会计部门主管对照订货合同副本进行审核，如正确无误，则授权出纳员办理货款结算。供应部门和会计部门分别进行材料明细账、总账和有关账户的核算处理。

该流程的控制内容主要有：第一，采购材料的入库验收、记账和付款工作由不同的人员分管；第二，加强收货单与订货合同的核对，保证采购材料名称、规格、数量和金额正确；第三，待材料验收入库后才支付货款；第四，定期进行账账、账卡和账实核对。

三、采购业务记账程序的设计

采购业务的核算方式与结算方式有关，主要有验单付款和验货付款两种。从内部控制的要求来看，应先收货后付款，但在实务上，一般是见单即付。这样做的缺点是：如果货物的品种、规格、数量、质量不符合要求，会陷入退货还款的被动局面。不管采用哪种方法，设计记账程序时都要考虑账单和货物不同时这一特点，选择适当的记账程序。下面介绍三种采购业务记账程序。

（一）应付账款明细账全部登记法

这种方法将全部采购业务在发生时均作为应付账款处理，并通过购货日记账进行登记。这样做的好处是：对采购业务有一个序时的总括反映，对所有购货款的支付也可以进行监督。在这种方式下，即使在收到账单时立刻支付货款，也得照样记入购货日记账和作为应付账款，以保持资料的完整；到月底再将购货日记账的金额栏加总过入“材料采购”总分类账户的借方和“应付账款”总分类账户的贷方，并把每年的购货业务按供货单位记入“应付账款”明细账。这种记账方法的缺点是：工作量比较大。

（二）材料采购明细账横行登记法

材料采购明细账按照材料类别，如原材料、辅助材料、燃料、包装物、低值易耗品等分设账页，根据收料单、付款凭证、发票账单等按横行登记法逐笔登记，用以计算每一批采购货物的实际成本和计划成本以及两者的差异。通过对比每一横行付款记录和收料记录，还能知道哪些是应付账款、哪些是在途材料。所以，材料采购明细账可以代替应付账款明细账，同时也提供了序时的购货记录，可以代替购货日记账。

材料采购明细账的一般格式见表9-12。

表9-12　　材料采购明细账

业务号数	发票号数	供货单位	结算数量	计量单位	发票数量	实收数量	实际成本			计划成本	收料		付款		备注
							实价	运杂费	合计		日期	收料单编号	日期	付款凭证编号	

（三）抽单法

采用抽单法，可以进一步简化材料采购的登记工作。为了及时反映与客户的结算关系，系统反映材料采购的情况，企业可以要求供应部门向仓库和会计部门分送收料单的收货联和付款联，仓库验收材料后，将收货联送会计部门并存入一个箱子；会计部门在收到供货单位的发票并送交出纳员付款后，将付款联存入另一个箱子。会计部门定期按收料单编号在这两个箱子中抽单，凡抽到的收货联和付款联相符就表示银货两讫。到月底，存放收货联的箱子中留下的部分收货联是按编号顺序或供货单位排列的未付款，可以代替应付账款明细账；存放付款联的箱子中留下的部分付款联反映在途物资，可用来编制在途物资明细表。采用抽单法时，应注意凭证存放的安全性；在设计凭证联数时，应增设一联作为核对和控制的凭证，并存放在会计部门。

复习思考题

描述采购与付款业务流程。

第十章

企业销售业务内部控制与核算系统的设计

第一节　销售业务内部控制制度的设计

销售业务是指企业围绕推销产品或劳务等所发生的经济业务。销售业务涉及许多部门：销售部门进行日常的销售工作，财务部门负责记账和收款，仓库负责保管存货，信用管理部门负责资信调查和货款催收。为了保证企业销售业务的顺利进行和货币资金的安全，应实行严格的销售业务内部控制制度。

一、销售业务的内容

（一）接受订单

顾客提出订货要求可以通过销售人员或其他方式，如传真、信函、电子邮件等；企业也可以向现有的和潜在的顾客发送宣传材料、订单等，接受订货。收到顾客的订单后，销售部门要有专人负责登记，并审核订单的内容，确定能够如期供货后，编制销售通知单，作为信用、仓库、运输、开票和收款等有关部门履行职责的依据。

（二）批准赊销

批准赊销是由信用管理部门根据管理层的赊销政策，以及对每个顾客已授权的信用额度来进行的。信用管理部门收到销售通知单后，应区分新老顾客进行信用调查。对于老顾客来说，只要其还款记录良好、订货数量正常，在已被授权的信用额度内，信用管理部门可以进行常规处理；对于新顾客来说，应对其进行信用调查，通过社会上的信用评审机构或金融机构获取有关的信用资料，决定能否采用赊销的形式销售商品，避免使企业遭受不适当的信用风险。无论信用管理部门是否批准赊销，都要在销售通知单上签署意见，然后再将签署意见后的销售通知单送回销售通知单管理部门。

（三）发出商品

仓库在收到经过批准的销售通知单后发出商品，并编制连续编号的发货凭证（一般为一式多联的出库单）作为商品出库的依据，用于仓库和财务部门作存货记录，并可据此开具销售发票。

（四）开具销售发票

销售部门或财务部门在顾客订单、销售通知单、出库单经核对无误后开具统一格式的销售发票，列明实际发货的数量、品种、规格、单价、金额和增值税税额。单价应根据企业的价目表填写；对于需要经过特别批准的价格，应由有关人员批示。销售发票，尤其是增值税专用发票应预先连续编号，由专人管理。销售发票一式多联，分别转给顾客、仓库、销售和财务等部门，并保存好存根联备查。

（五）记录销售业务

财务部门根据销售发票的记账联进行登记，区分赊销和现销编制转账凭证或库存现金、银行存款凭证，据以登记销售明细账和应收账款明细账或库存现金、银行存款日记账，根据出库单等随时或定期结转主营业务成本，冲销库存。

（六）处理货款的收入业务

对于收回的赊销业务货款，要记录应收款的减少和库存现金、银行存款的增加。此外，财务部门应定期编制和寄送应收款对账单，与顾客核对账面记录。如有差异，要及时查明原因并调整。

（七）处理销售退回与折让业务

顾客如果对商品不满意，企业一般会同意退货，或给予顾客一定的销售折让。有时企业为了促销和尽快回收货款，也会给顾客一定的现金折扣。对于这类业务，需经过授权部门批准后办理。财务部门视顾客是否已支付货款的实际情况，根据销售通知单正确地记录销售退回和折让、折扣，以及相应的应收账款明细账或银行存款的减少。

二、销售业务内部控制的基本要求

（1）销售合同、发票和发货单必须经审核批准方能生效。

对于企业而言，销售合同、发票及发货单是其发货、确认收入和进行相关账务处理的根本依据。如果这些根本依据的合法性、合理性和可行性得不到保证，那么企业销售环节的其他相关处理将受到严重的影响。所以，必须对这些重要的凭证进行严格的审核，经批准以后才能生效。

（2）发票和发货单应按顺序编号，如有缺号须经批准方可注销。

发票和发货单按顺序编号有助于企业对销售业务的发货和收款环节进行监督和管理，因此应将其作为内部控制制度的基本要求之一。

（3）要按规定的价格销售，未经授权不得改变售价。

企业应该充分地了解市场行情，为本企业的商品确定合理的价格。价格一经确定，不得随意更改。随意更改销售价格不利于企业对销售货款进行核查与控制，有可能因出现管理漏洞而影响企业的销售甚至损害企业的形象。

（4）收款时必须对品名、数量、单价、金额进行审核，有销售合同的必须与合同核对。

这一要求既有利于企业的内部控制，也有利于企业树立良好的服务形象。

（5）废残料的出售必须按一般销售处理。

在对废残料进行销售时，同样要严格按照一般销售的程序，审查购销合同、发票及发货单等重要凭证，登记其他业务收入明细账、库存现金或银行存款日记账等相关账户。

（6）销售退回必须经授权批准后方可办理退款手续。

企业在销售过程中经常会发生销售退回业务，对于退款环节的内部控制，也应该有严密的制度体系。

（7）开单、发货、收款必须分工负责。

在销售业务中，开单、发货、收款是不相容的职务。如果对上述三个职务不进行分离，企业销售中的各个重要环节将缺乏必要的监督，从而削弱企业的内部控制。

（8）应收账款明细账应与总账核对相符。

企业为了促销、减少存货等，常常会采取赊销方式进行销售。如果企业采取赊销方式，在确认收入时，要将其记入应收账款明细账中，因此应收账款往往是企业流动资产中很重要的一个部分。做到应收账款明细账与总账相符，就是要加强对这部分应收款项的管理和控制。

三、销售业务内部控制的具体设计

（一）现销业务的内部控制设计

一般企业中的销售业务都可以分为现销和赊销两种情况。现销业务是指企业在销售产品或商品的同时收取货款，强调钱货两清。对现销业务实施内部控制的主要手段是开具销货单，并确定其合理的传递程序。具体做法如下：

（1）客户购货时，由销售部门填制一式多联的销货单，注明购货单位及其所购货物名称、规格、数量、单价、金额等，经负责人审核签章后，留一联作为存根，进行业务核算，其余各联交客户办理货款结算和提货。

（2）客户持销货单向财务部门交款，财务部门对销货单认真审核后，办理收取货款的手续，并加盖财务专用章和有关人员的签章，留一联编制记账凭证，其余退给客户。

（3）客户持销货单中的提货联向仓库提货，仓库保管员复核销货单，确认已办妥交款手续后予以发货，并将提货联留下登记仓库台账。

（二）赊销业务的内部控制设计

赊销业务是指企业先办理产品的发出手续，然后在规定时间内收取货款。一般情况下，赊销业务的内部控制制度除符合前述基本要求外，还应该采用下列程序：

（1）严格订单制度，强化销售合同的作用。凡是赊销的业务，最好采用订货方式，订单确定后列入销售计划，作为日后发货的依据，防止无计划地发出货物。

（2）建立赊销业务批准制度。赊销业务应经过财务负责人的批准，未经批准，销售部门不得要求仓库发货，以防止因客户失信而造成损失。

（3）及时登记销售明细账和应收账款明细账。在发出货物后，会计部门应对销售部门开具的销货单及相关的合同、订单等进行审查核对，确定无误后编制记账凭证，并及时登记销售明细账和应收账款明细账，以充分发挥账簿的控制作用。

（4）定期与购货单位核对账目，并按有关规定及时收取货款。对于发现的问题，应及时查明原因并处理，收回货款应及时登记应收账款明细账，确保双方账目相符。

四、销售业务内部控制的要点

（一）销售定价与赊销

企业应当建立销售业务的定价控制制度，制定价目表、折扣政策、付款政策并予以执行，价格领导小组执行特殊价格时应由专人审批。销售部门应当按照信用政策决定是否赊销，特殊情况应提前向审批人员提出申请。对符合赊销条件的客户，应由审批人员签字批准。

（二）合同订立与货物发运

销售人员接受客户订单后，销售部门应当对订单进行登记。销售人员应根据授权与客户签订合同。销售合同签订后，销售人员应将合同副本送交财务部门，同时销售人员应当根据销售合同编制一式多联的销售通知单，作为仓库、运输、开票和收款等有关部门履行职责的依据。仓库应当根据经审批的销售通知单发货，发货时必须经过严格的检验。保管员不得擅自向客户发货，更不得随意调换货物。运输部门应当在核对销售通知单和发货凭证后运货，并确保货物运送的安全性和及时性。运送人员不得随意在中途调换所发运的货物。财务部门应当在发运凭证、合同副本、销售发票核对无误后，编制收款通知单，向客户收款。企业应当核对发货凭证、运货凭证及相关的销售发票，确保三者所载明的品名、规格、数量、价格一致。企业的销售通知单、发货凭证、运货凭证、销售发票等文件和凭证应当妥善保管，尤其要加强对空白发票的管理。任何部门和个人不得擅自篡改、隐匿、销毁销售合同和销售发票等文件和凭证。

必须注意的是，企业应使用按顺序编号的发货通知单记录货物发运情况。同时，企业的仓储部门应定期进行货物盘点，如发现盘亏，应查核是否存在货物被盗或发运后未及时登记等情况；若发现盘盈，应查核是否存在货物退回而未及时记录在存货账内等情况。

（三）销售记录

单位在销售记录的控制方面应注意以下要点：

（1）单位应指派专人审查发票，主要查核销售数量是否符合经客户确认的发货通知单列示的数量，销售单价是否符合经审核的销售价目表，发票标示的折扣率是否符合经审批的折扣表，发票金额的加总计算是否正确等。

（2）单位销售价目表的修改必须经授权人员审批，修改的项目必须详细记录。

（3）修改单位给予客户的折扣率必须经授权人员审批，修改的项目必须详细记录。

（4）单位应按时核对发货通知单与发票，调查任何有发票而没有发货通知单或有发货通知单而没有发票的情况。

（5）单位应定期对销售毛利率进行审核，如发现毛利率偏低，应查核是否存在漏记销售的情况。

（6）单位应定期审核应收账款总账与明细账，查明两者是否存在差异。若有，应查明原因。

（7）单位应通过系统设计，规定编制销售发票必须输入对应的发货通知单号码。

（8）单位应定期查核当期销售发票金额的加总是否等于总账中销售项目内的贷方金额。

（四）收款及有关票据的管理

销售与收款的职务应当分开。销售人员应当避免接触现款。

销售部门应设置销售台账，及时反映各种商品销售的开单、收款、发货情况。销售台账应当附有客户订单、销售通知单、客户签收回执等相关的客户购货单据。开展赊销业务时，必须坚持核准赊销、取得保证、限期收回货款的原则。销售人员应负责应收账款的催收。到期未收回货款的，财务部门必须写出报告，督促销售部门加紧催收。

对长期往来客户，企业应当建立完善的客户资料，应当有一套明确的客户信用评级方法和客户授信表。客户资料应当实行动态管理，时常更新。企业应当按客户名称设置应收账款台账，及时登记每一个客户应收账款的余额增减变动情况和信用额度使用情况，每年至少向欠款客户寄发一次对账单。企业应当建立应收账款账龄分析制度和逾期应收账款催收制度。对催收无效的逾期应收账款，应及时追加法律保全程序。

企业应将挂账时间长的应收账款向管理部门报告，由其进行审查，确定是否为坏账。对于企业发生的各项坏账，应查明责任，并履行规定的审批程序，做出会计处理。企业注销的坏账应当记录于备查登记簿，做到账销案存。收回已注销的坏账时，要及时入账，严禁形成账外账。

企业应收票据的接收、贴现和换新必须由保管票据以外的主管人员书面批准，并定期向出票人函证。已贴现票据要在备查簿中登记，以便日后追踪管理。企业应当有专人保管票据，并制定逾期票据的冲销管理程序和逾期票据追踪监控制度。

（五）销售退回与销售折让

企业必须制定销售退回和折让政策。企业采取的销售退回和折让政策必须经销售主管审批后方可执行。销售退回的货物必须由质检部门验收和仓库清点后方可入库。质检部门验收客户退回货物的品种和数量之后，填制一式多联的红字发票。红字发票经过财务主管核准后，会计人员方可据以修正营业收入和应收款项的余额。

（六）加强对前述控制要点的监督检查

企业应当建立健全对销售和收款业务的监督检查制度，明确监督检查机构或人员的职责权限，定期和不定期进行检查。监督检查的内容主要包括以下几点：

（1）销售和收款业务相关岗位及人员的设置情况。重点检查是否存在销售和收款业务人员相容及混岗现象。

（2）销售和收款业务授权批准制度的执行情况。重点检查合同的授权批准手续是否健全，是否存在越权审批行为。

（3）销售的管理情况。重点检查信用政策、价格政策的执行是否符合规定的程序。

（4）收款的管理情况。重点检查企业应收款项的管理控制情况。

（5）销售退回和折让的管理情况。重点检查销售退回和折让政策的执行情况，以及退回的货物入库手续是否健全。

第二节　销售业务核算系统的设计

为了保证销售业务的各个环节都能够得到有效控制，一方面要设计和制定完善的内部控制制度；另一方面要通过设计严密的会计核算体系，加强对各个环节的财务会计控制，使得企业的每一笔业务都做到有账可依、有账可查。设计销售业务核算系统时，应保证销售业务的变动情况能够在账户上反映出来。

一、销售业务核算系统账户设置

（一）“主营业务收入”账户

主营业务收入主要包括销售商品、自制半成品、代制品、代修品，以及提供工业性作业等所取得的收入。主营业务收入一般占企业营业收入的比重较大，对企业的经济效益有较大的影响。在会计核算中，对经常性、主要业务产生的收入单独设置“主营业务收入”账户核算。“主营业务收入”账户贷方反映销售商品等业务确认的收入，借方反映发生销售退回或销售折让时应冲减的销售收入。期末余额一般在贷方，反映本期由经常性、主要业务实现的收入。

（二）“其他业务收入”账户

其他业务收入主要包括转让技术取得的收入、销售材料取得的收入、包装物出租收入等。对于非经常性、兼营业务产生的收入，单独设置“其他业务收入”账户核算。“其他业务收入”账户贷方反映非经常性、兼营业务确认的收入。期末余额一般在贷方，反映本期由非经常性、兼营业务实现的收入。

（三）“应收账款”账户

应收账款是指企业因销售产品或提供劳务等，应向购货客户收取的款项或代垫的运杂费等。应收账款通常应按实际发生额计价入账，计价时还需要考虑商业折扣和现金折扣等因素。“应收账款”账户借方登记应向购货客户或接受劳务的客户收取的应收款及到期的应收票据转入的数额，贷方反映应收账款的收回数额。期末余额一般在借方，反映尚未收回的应收账款数额。

（四）“应收票据”账户

在我国，除商业汇票外，大部分票据都是即期票据，可以即刻收款或存入银行成为货币资金，不需要作为应收票据核算。因此，我国的应收票据即指商业汇票。我国商业票据的期限一般较短（6个月），用现值记账不但计算麻烦，而且其折价还要逐期摊销，过于烦琐。因此，应收票据一般按其面值计价，即企业收到应收票据时，按照票据的面值入账。对于带息的应收票据，按照现行制度的规定，应于期末（指中期期末和年度终了）按应收票据的票面价值和确定的利率计提利息，计提的利息应增加应收票据的账面价值。“应收票据”账户借方反映收到的应收票据的金额，若为带息票据，期末应计提的利息也反映在该账户的借方；贷方反映应收票据到期时从该账户转出的金额及应收票据到期时仍未收到款项而转入“应收账款”账户的数额。期末余额一般在借方，反映尚未到期的应收票据。

（五）“库存商品”账户

库存商品是指企业存放在仓库、门市部和寄存在外库的商品，包括委托其他单位代管、代销的商品和陈列展览的商品等。“库存商品”账户借方反映存放在仓库、门市部和寄存在外库的商品及发生销售退回时购货客户退回的商品，贷方反映销售过程中转出的商品。期末余额一般在借方，反映期末存放在仓库、门市部和寄存在外库的商品。

（六）“主营业务成本”账户

“主营业务成本”账户主要用来反映企业在取得一定的主营业务收入时相对应的成本金额。该账户借方反映期末结转的应由所取得的主营业务收入承担的成本，贷方反映发生销售退回时应该转出的主营业务成本。期末余额一般在借方，反映本月应承担的主营业务成本。

此外，在销售业务核算系统中涉及的账户还包括“银行存款”账户、“库存现金”账户、“应交税费”账户等。

二、确认销售收入和期末结转成本的核算系统设计

（一）确认销售收入的核算系统设计

1.赊销业务

企业发生赊销业务时，根据有关赊销的原始凭证借记“应收账款”“应收票据”等科目，反映企业由于赊销业务的发生而增加的资产，同时贷记“主营业务收入”“应交税费”等科目，反映企业由于赊销而应予以确认的当期收入及该笔销售业务应缴纳的增值税销项税额。

2.现销业务

企业发生现销业务时，应借记“银行存款”“库存现金”等资产类科目，用以反映该笔销售业务为企业增加的资产，同时与赊销业务相同，也要贷记“主营业务收入”“应交税费”等科目，反映企业由于现销业务而应予以确认的当期收入及该笔销售业务应缴纳的增值税销项税额。

（二）期末结转成本的核算系统设计

企业应在每期期末（月末）根据仓库的出库单等原始凭证结转本期销售商品的成本。具体的核算程序是：根据出库单等原始凭证，财务部门借记“主营业务成本”科目，反映本期所销售的商品应承担的成本费用，同时贷记“库存商品”科目，反映由于销售商品而减少的企业资产。

复习思考题

1.销售业务内部控制制度设计的主要内容和要求是什么？请用图形描述现销、赊销业务内部控制流程。

2.描述企业销售业务核算系统。

案例分析

案例1

某单位产品销售业务内部控制目标及措施见表10-1。

表10-1　　　　**产品销售内部控制目标及措施**

控制点	控制目标	控制措施
核准	品名、数量准确，库存有保证	销售部门根据客户订单查核库存账，然后开出销售发票，交财会部门
审签	保证收款准确	财会部门收到销售发票后，审查品名、数量、单价、金额，审核无误后加盖“收讫”或“转讫”戳记，留存记账联，然后分送仓储部门和销售部门
核发	发出产品准确	仓储部门收到销售发票提货联和出门联后，按提货单准确发货，在出门联上签章
验证	保证财产安全	门卫接到出门联，认真清点出门产品是否与发票相符
审核	保证经济业务内容反映正确	会计主管审核销售发票和记账凭证，保证经济业务内容反映正确
记账	保证及时入账、有据可查	销售部门登记销售台账，仓储部门登记实物保管账，财会部门登记销售明细账及其他有关明细账，出纳员登记库存现金、银行存款日记账
对账	保证账实相符	销售部门销售台账与财务部门销售数量核对相符，明细账、库存现金日记账、银行存款日记账与总账核对相符

要求：认真阅读该单位销售业务内部控制目标及措施，并用语言表述，画出流程图。

案例2

甲公司于2019年6月份委托A商店代销一批零配件（系甲公司产品），代销价款总额为500 000元（不含增值税），增值税税率为13%，该批零配件的成本总额为350 000元。当年8月份，甲公司收到A商店交来的代销清单，列明已销售零配件的80%，A商店共收取代销手续费20 000元。

要求：为甲公司编制发出代销商品、收到代销清单、结算代销手续费及收回代销款项的有关会计分录。

第十一章

企业投资及筹资活动内部控制与核算系统的设计

第一节 投资及筹资业务的内部控制要点

投资是企业为了通过分配（如利息、股利、利润等）取得收益，或为了资本增值，或为了对被投资企业施加影响，或为了改善贸易关系等其他利益而持有的资产。投资可以分为短期投资和长期投资两大类。短期投资是各种能够随时变现的、持有时间不超过一年的有价证券及其他投资。长期投资是不准备在一年内变现的投资，包括股票投资、债券投资和其他投资。

筹资即筹措资金。企业从筹措资金开始经营活动，在以后的经营活动中，为追求财富最大化也不断产生对资金的新的需要，因而筹资理财活动成为企业经营活动中必须予以重视的重要环节。我国企业有多种筹资渠道，如发行股票（普通股、优先股）、债券（长期债券、短期融资债券、可转换债券）和各种借款（信用借款、担保借款和抵押借款）。

投资和筹资活动是企业财务管理的主要内容，企业必须建立严格的内部控制制度以保证投资和筹资业务的完整性、真实性、有效性。企业在设计投资和筹资会计业务处理程序时，应注意以下内部控制要点：

一、投资和筹资业务的职务分离

下列投资和筹资业务的具体职务必须相分离：

（1）投资和筹资计划编制人与审批人相分离，以便审批人能从独立的立场衡量投资和筹资计划的合理性。

（2）负责投资和筹资业务处理的人员与会计记录人员相分离，如负责证券购入与出售以及办理债券或股票发行的职员不能同时担任相关会计工作。

（3）证券保管人员与会计记录人员相分离。在投资活动中，从事投资交易账务处理的职员不能从事证券保管工作；在筹资活动中，保管未发行债券或股票的职员不应负责债券或股本的会计记录。

（4）参与投资交易活动的人员不能同时负责有价证券的盘点工作。

（5）负责利息或股利计算及会计记录的人员与支付利息或股利的人员相分离，并尽可能由独立的金融机构代理支付。

二、投资和筹资业务的审核控制

投资活动收益与风险相伴，因此企业应加强对投资业务的审核控制。企业应根据投资分析报告并结合投资顾问的意见编制投资计划。投资计划应详细说明准备投资的对象、投资理由，以及影响投资收益的潜在风险因素等。投资计划编制完毕后，在正式执行前必须经过审批。所有的投资决策都应当以书面文件的形式予以记录，并对这些书面文件进行编号控制，以便日后查找。

进行筹资活动时，企业同样要编制筹资计划书，详细说明筹资的理由、数量、方式等，由财务经理复核并提交董事会。董事会接到筹资计划书后，应聘请法律顾问、银行顾问及其他财务专家共同审核该项筹资计划的可行性及合理性。如该项筹资计划可行，应授权财务经理策划具体的筹资业务细节。

三、有价证券实物的保管控制

企业投资购入的股票、债券或是经核准已印刷好但尚未发行的公司债券、股票，一般委托独立的金融机构代为保管。在特殊情况下，企业需自行保管证券，将证券存入专用的保险箱或专门的保管库内，并规定只有经适当授权的职员才能接触。要进入保管库或开取保险箱时，应有两位负责保管业务的职员同时在场，并在登记簿上记载开箱的时间及原因，由开箱或进库人员共同签名，以明确责任。

无论是自行保管还是委托保管，企业都应任命与投资和筹资业务无关的其他人员定期对证券进行核对。企业如果自行保管，则应对实物进行盘点，将盘点的结果记录在盘点清单上，与投资和筹资明细账进行核对。如果是委托保管，也应定期核对。企业有库藏股票业务时，应单独设立库藏股票登记簿，记录其重新取得和再发行的情况。

四、支付或取得利息、股利的控制

对于筹资业务，企业应加强对利息、股利的支付控制。掌管利息支出业务的职员应根据票据面值和利率计算应支付的利息，在经过其他职员复核和负责人审批核准后才能支付利息。企业可以开出单张支票将到期的利息总额委托给金融机构代为发放。股利的发放控制与利息相似。对于投资业务，企业应将收到的利息、股利及时入账。

五、会计记录的控制

对于投资业务，企业应对每种证券设立明细账加以反映，每月应编制反映证券投资盈亏的报表，应对公司债券编制溢折价摊销表。对于筹资业务，企业应按股东设置明细账，以便有效控制发行在外的股票，同时应定期将各类明细账与总分类账进行核对。

第二节　投资及筹资业务记录的设计

一、投资业务记录的设计

基于投资分散化原理，一般企业的投资都呈多样化。就证券投资而言，企业可投资股票、债券等不同的证券，也可投资同一证券的不同品种。为此，企业要及时了解各种投资证券的情况，以便做出正确的决策，获取投资收益，降低投资风险。有价证券具有高度的流动性，尤其是短期投资交易往往很频繁，为了对交易活动实施控制，防止从事交易的直接人员利用职务便利私自买卖证券牟取私利，确保有价证券的安全，企业应对有价证券交易作详细、完整的记录。此外，因投资形式多样，投资收益的获取时间和获取方式也呈多样化，为确保企业能完整获得全部投资收益，防止他人吞领，避免向报表使用者提供不实的信息，企业同样应对证券交易、结存情况作详细记录。为此，企业应设立有价证券登记簿，及时、总括地反映有价证券的投资情况。

（一）股票投资登记簿

股票投资登记簿应包括以下基本内容：发行公司的名称；股票的种类（优先股或普通股）、代码、面值、股利发放日期；购买股票的日期、股数、价格、佣金及税款，购买的成本，交易商；收到股利的日期和金额；出售或处置股票的日期、价格、佣金数额及净收益，应收的股利；股票投资的损益。其格式见表11-1。

表11-1 **股票投资登记簿**

发行公司： 种类： 面值：

买入				卖出				买卖损益	余额		
日期	股数	价格	成本	日期	股数	价格	收入		股数	市价	成本

（二）债券投资登记簿

债券投资登记簿应包括以下内容：发行主体的名称；债券的种类（国家债券、财政债券或企业债券）、利率、到期日；利息支付日、利息支付方式；购买的日期、受托的经纪人、购买价格、应收的利息、佣金及应付税金、到期价值、利息收入金额；折价或溢价摊销。其格式见表11-2。

该表格的填制方法如下：

（1）企业购买债券后即填写购买日期、数量，在“买入”项目下的“市价”一栏填入购买单价，然后在“金额”一栏填入购买债券支付的金额。

表 11-2 **债券投资登记簿**

发行公司：　　　　面值：　　　　发行价：

种类：　　　　发行日期：　　　　到期日期：

日期	数量	卖出		买入		损益	应收利息日	利息收讫日	利息现金收入	溢价/折价摊销	实际利息收入
		市价	金额	市价	金额						

（2）企业发生利息收入时，如果利息收讫日和会计年度一致，则应收利息日和利息收讫日相同。在收到利息时，企业按实收金额记入“利息现金收入”一栏，同时在会计年度末进行折价或溢价摊销。如果债券是溢价购入，此时的实际利息收入等于利息现金收入额减去溢价摊销额；如果是折价购入，此时的实际利息收入等于利息现金收入额加上折价摊销额。

如果利息收讫日和会计年度不一致，根据权责发生制原则，会计年度末会产生应收利息，此时的日期就是应收利息日。由于会计年度末同样存在折价或溢价摊销问题，因此实际利息收入要根据现金利息收入进行折（溢）价摊销的调整。

（3）企业出售债券时，应填写出售的数量、单价和收到的金额，同时计算出售债券的账面价值。账面价值与出售收入之间的差额即为出售债券的损益，收益用“+”号表示，损失用“-”号表示。

（三）证券投资汇总表

投资业务较少、投资种类较单一，而且投资交易也不活跃的企业，不需提供如上所说的详细备查簿，而只需提供一段期间汇总的交易清单及留存实物清单即可满足企业管理层的需要。这时企业只需编制证券投资汇总表，见表 11-3。

表 11-3 **证券投资汇总表**

项目号码	名 称	数 量	市场价值	购买价值	收益率	股 利
合 计						

日期：　　　　编制人：

二、筹资业务记录的设计

（一）股本明细表

为有效反映、控制企业所发行的股票种类及发行状况，会计部门应设置股本明细表，见表11-4。其中，“股票种类”栏按公司发行的股票种类登记，如普通股、优先股，或按根据发行对象和上市地区不同而区分的A股、B股、H股等登记；“摘要”栏登记发行日期等摘要事项；其余栏目按实际发生数填列。

表11-4　　　　**股本明细表**

编制单位：　　　　20××年××月××日

股票种类	摘要	每股面值	股数			实收股本金额	备注
			核定数	未发行数	已发行数		

（二）股东名册

为了有效控制发行在外的股票，企业必须对股票持有人进行适当记录，这主要通过股东名册来进行，见表11-5。第一栏“编号”内应填入连续性号码，以总计股东人数；第二栏“股东类别”内应填入个人、法人、国家（地区）等投资者类别；第三栏“账户号码”内应填入股东账户号码；第四栏“姓名”内应填入股东姓名；第五栏“登记日期”和第七栏“注销日期”分别按实际日期填写，以辨别股东的有效性；第六栏“持有股数”登记持有股份数。

（三）短期和长期借款明细表

短期和长期借款明细表的格式见表11-6和表11-7。明细表中“债权人”一栏填列不同的金融机构、非金融机构及其他债权人的名称；“期末余额”一栏填列期末尚未偿还的借款本息；“期限”一栏填列借款的实际期限；“利率”一栏填列借款的年利率；“融资额度”一栏填列银行所批准的融资额度；“抵押或担保”一栏填列借款条件，如“抵押”“担保”等，无附加条件则填“无”。

（四）应付债券明细表

应付债券明细表的格式见表11-8。企业应设置应付债券明细表以反

表 11-5　　　　　　　　　　**股东名册**

编制单位：　　　　　　　　20××年××月××日

编号	股东类别	账户号码	姓名	登记日期	持有股数	注销日期
01						
02						
03						
04						
05						
06						
07						
…						

表 11-6　　　　　　　　　　**短期借款明细表**

编制单位：　　　　　　　　20××年××月××日

债权人	摘要	期末余额	期限	利率	融资额度	抵押或担保	备注

表 11-7　　　　　　　　　　**长期借款明细表**

编制单位：　　　　　　　　20××年××月××日

债权人	摘要	借款金额	期限	利率	抵押或担保	备注

映发行在外的应付债券状况，并保证到期还本付息。其中，“债券名称”一栏填列发行的不同债券名称，如可转换公司债券、短期融资债券、企业债券等；“受托人”一栏填列所委托发行的券商名称；“发行日期”“付息日期”两栏按实际日期填列；“发行总额”“已还数额”两栏按实际发生数的面值填列；“期末余额”一栏根据前两栏相减得出；“未摊销溢（折）价”一栏按应付债券溢（折）价摊销表中的“未摊销溢（折）价”填列；“账面价值”一栏按“期末余额”加（减）“未摊销溢（折）价”填列；“偿还办法”一栏填列具体偿还方法，如一次还本付息、分

期还本付息等；“担保情形”一栏填列有无担保。

表11-8　　　　　　　　　　**应付债券明细表**

编制单位：　　　　　　　　20××年××月××日

债券名称	受托人	发行日期	付息日期	利率	金额					偿还办法	担保情形	备注
					发行总额	已还数额	期末余额	未摊销溢（折）价	账面价值			

（五）应付债券溢（折）价摊销表

企业债券可以溢价或折价发行，但是要按债券的还款期限摊销溢价或折价金额。为此，企业应设计应付债券溢价或折价摊销表，应付债券溢价摊销表的格式见表11-9。

表11-9　　　　　　　　　**应付债券溢价摊销表**

编制单位：　　　　　　　　20××年××月××日

计息期次	应付利息	利息费用	溢价摊销	未摊销溢价	账面价值
0	—	—	—	—	
1					
2					
3					
4					
5					
合计					

第三节　投资及筹资业务处理程序的设计

一、投资业务处理程序的设计

投资业务按投资对象可分为证券投资和其他投资两大类。其他投资一般为实物投资，投资期限较长，一个项目一经确定往往金额较大，投资内容很少变动。投资业务的流程一般是先编制投资计划书，经审批后进行投资。对有价证券进行投资时，其买卖交易过程涉及现金收支业务等，要对流动性高的证券加以严格控制，因而企业需要对其加强管理。

（一）证券购入业务流程

证券购入的业务流程是：投资部门先编制股票（债券）投资计划书，经批准后据以编制一式两联的证券购入通知单，一联留存，另一联交会计部门审批，并由会计人员交给出纳人员；出纳人员根据收到的证券购入通知单开出支票，经审核盖章并登入支票登记簿后交证券公司；收到证券公司的有价证券后，出纳人员根据证券、支票副本及证券购入通知单编制付款凭证，并据以登记银行存款日记账；会计部门收到付款凭证及有关单据，登入证券投资登记簿及有关明细账。

该流程的控制有以下要点：

（1）投资计划的编制职能与审批、保管职能要分离。

（2）投资计划要经过审批，如果投资数额较小，通常可由负责投资业务的经理审批；如果投资数额较大，需经董事会或总经理审批。

（3）签发支票时，会计部门应根据证券购入通知单进行审核。

（4）定期核对总账与明细账、各明细账与证券投资登记簿，注意审核投资的数量、金额、品种是否正确。

（5）证券要定期由独立于证券业务的人员进行盘点。

（二）证券出售业务流程

证券出售的业务流程是：投资部门根据证券市场价格及本单位投资目标的实现程度提出证券出售申请，经审批后编制证券出售通知单，交证券经纪人办理出售手续；会计部门收到证券公司交来的证券出售单据及通过银行转来的收账通知，核对证券出售申请及证券出售通知单后进行核算。

该流程的控制要点是：

（1）证券出售要经授权批准。

（2）投资部门、会计部门要定期核对证券出售通知单、收账通知和证券出售单据，以保证每笔证券卖出收益正确入账。

（三）证券投资收益业务流程

证券投资收益业务流程是：会计部门根据发行证券的上市公司的股利分配公告和证券公司的股利收入划账单据，以及由银行转来的收账通知编制有价证券投资收益表，并作投资收益账务处理。投资收益表一份交投资部门备案。

该流程的控制要点如下：

（1）编制投资收益表前应核对有关收账、划账凭证。

（2）对已公告发放但尚未收到的股利要及时查明原因。

（3）定期查阅证券投资登记簿，了解各种证券投资收益是否正常，账上结余的证券投资的品种和数量与证券投资收益的品种和金额是否相符。

二、筹资业务处理程序的设计

（一）股票发行及股利分配业务流程

1.股票发行业务流程

该流程反映股票发行业务的授权批准、记账、收款的业务处理过程。企业证券部门准备发行申请材料，包括财务审计报告、资产评估报告、招股说明书等，送交证券主管部门审批；主管部门审批后，证券部门在核定的股份总额范围内授权委托证券公司销售股票，并签订承销协议一式两份，一份自留，一份由证券公司保存；证券公司销售股票结束后，将股东交款单及股东名册送交企业证券部门，证券部门审核后登记股东名册，并将股东交款单送交会计部门；会计部门收到证券公司转来的交款清单和银行收款通知时，应审核后编制收款凭证并登记银行存款日记账，将收款凭证和有关单证送交证券部门；证券部门据以在股东名册上登记收到股款的日期，并将收款凭证和有关单证转送会计部门作账务处理。

该流程的控制要点如下：

（1）股票发行、收款、记录职务分离。

（2）核对股东交款单合计和银行收款通知金额合计。

（3）核对股东名册持有数合计与会计报表列示发行股数合计。

2.股利分配业务流程

该流程反映股利分配业务的审批、记账、付款的处理过程。企业证券部门根据股东大会通过的股利分配方案进行分配，登记股利登记簿并编制股利分配清单一式三份，一份自留，两份送会计部门。会计部门收到股利分配清单后，复核并登记应付股利明细账，股利分配清单一份自留、一份送出纳。出纳收到审核过的股利分配清单后，签发支票，连同股利分配清单送证券公司委托发放股利，并按支票副本编制付款凭证，据以登记银行存款日记账，付款凭证和支票副本送回会计部门。会计部门复核登记应付股利明细账，并通知证券部门在股利备查簿中登记股利支付日期，会计部门定期进行账账核对。

该流程的控制要点如下：

（1）负责股利发行、记录的职务要分离。

（2）股利分配清单与股东名册中的股东人数要核对相符。

（3）检查股利支付与股东收款金额的一致性。

（二）债券发行业务流程

该流程反映债券发行业务的批准、记账、收款的处理过程。企业证券部门准备申请材料，包括公司章程、可行性研究报告等，经资信评估机构评估并出具评估报告后，送交银行主管部门审批；审批合格后，企业委托证券公司发行，并签订承销协议一式两份，一份自留，一份送证券公司；证券公司发行债券结束后，将交款清单送交企业证券部门，证券部门据以填列应付债券明细表，并将交款清单送交会计部门；会计部门收到证券公司转来的交款清单和银行收款通知时，应审核后编制收款凭证并登记银行存款日记账，将收款凭证和有关单证送交证券部门；证券部门据以在应付债券明细表中登记发行日期，并将收款凭证和有关单证转送会计部门。

该流程的控制要点如下：

（1）负责债券发行、收款、记录的职务要分离。

（2）核对交款清单、应付债券明细账和银行收款通知金额的一致性。

（三）银行借款业务流程

银行借款业务的具体流程是：企业财会部门根据生产经营中产生的

资金需要编制借款申请审批书并送交银行审批。银行根据国家产业政策和信贷规模的具体要求及其他有关政策，对企业借款申请进行认真审查。申请批准后，银行与企业签订一式两份借款合同，一份银行留存，银行据此办理具体借款业务，进行款项划拨；一份企业自留。借款入账时，财会部门根据银行收款通知和借款合同等记账。

该流程的控制要点如下：

（1）银行借款的审批、收款、记录职务要分离。

（2）借款合同须经主管领导审批。

（3）核对银行收款通知和借款合同金额的一致性。

复习思考题

1. 用图形表示投资业务的内部控制流程。

2. 用图形表示筹资业务的内部控制流程。

第十二章

利润核算系统的设计

第一节　利润核算内部控制制度与核算系统的设计

利润形成是指企业全部收入与费用配比形成净利润的过程，而利润处理就是企业对净利润的分配，这涉及企业有关方面的利益分割。对利润的形成及处理进行会计控制，保证其公允性、合法性，对监督企业经营管理者正确履行其经济责任、正确处理企业与各方面的经济关系、评价企业的获利水平，以及保护投资者的利益具有重要的意义。

一、利润形成内部控制制度设计

利润表上的利润分为三个层次：营业利润、利润总额和净利润。利润的组成有三个部分，即营业利润、营业外收支净额和所得税费用，每个部分又受诸多因素影响。因此，对利润形成实施会计控制，首先要对影响利润的各个因素进行监督审查，在保证其正确无误的基础上，再监督审查其形成过程。

（一）营业利润形成的内部控制制度设计

对营业利润的形成进行会计控制，是保证损益的形成准确、合法的关键内容。营业利润形成的会计控制包括设计与执行相应的内部控制，以及进行定期的内部审计等内容。

1.营业利润形成的内部控制

（1）为了保证销售利润形成的真实性、合法性和合规性，主管会计要进行调编。调编是指销售利润主管会计根据权责发生制原则，调整产品销售和其他销售及有关的收支款项，并结出产品销售明细总账、其他销售明细账和其他销售总账余额；根据产品销售、其他销售的本期发生额累计数，分别计算出销售收入、各项税金、销售成本、利润，据以填写销售利润计算表，并签字盖章以示调编。

（2）为了保证销售利润形成业务记录的有效性，在传递会计凭证前，财会部门主管或其授权人要进行必要的审核。审核的内容包括销售利润计算表项目填制的完整性，销售利润额计算内容的正确性，销售利润形成的真实性、合法性和合规性，转账凭证基本内容的完整性，处理手续的完备性，经济内容的合法性，并签字盖章以示审核。

（3）为了保证证表相符和销售利润形成业务记录的完整性，稽核人员要进行必要的稽核。稽核人员要审核销售利润计算表项目填写的完整性，处理手续的完备性，销售利润形成的真实性、合法性和合规性，记账凭证基本内容的完整性，处理手续的完备性，所反映的利润形成内容与销售利润计算表的一致性，并签字盖章以示稽核。

（4）为了保证账表、账证相符和销售利润形成核算的准确性，销售利润明细账主管会计和总账会计要进行记账工作。销售利润明细账主管会计要根据审核、稽核无误的销售利润计算表或者转账凭证利润合计金额登记利润明细账，登记完毕，核对其发生额与销售利润计算表的销售利润合计金额或转账凭证的合计金额，并签字盖章以示登记。销售利润总账会计要根据审核、稽核无误的转账凭证或汇总转账凭证登记利润总账，登记完毕，核对发生额与转账凭证或汇总转账凭证的合计金额，并签字盖章以示登记。

（5）为了保证账账相符和销售利润形成账务处理的准确性，在稽核人员的监督下，销售利润明细账主管会计与总账会计要定期核对销售利润明细账与销售利润总账的发生额和余额，并相互取得对方签章以示对账。

2.税金及附加的内部控制

税金及附加是指基本业务收入在销售环节所应负担的税金及教育费附加。工业企业的产品税金及附加包括消费税、城市维护建设税、资源税和教育费附加等。税金及附加的内部控制除了要满足营业利润形成的内部控制制度的要求，还要包括以下内容：

（1）会计部门和会计人员应严格执行复核制度，即先由登记总账的会计人员或有关制证人员编制汇总记账凭证，然后由会计主管人员或有关会计人员对其进行复核，在确定其正确无误的基础上由记账人员据以登记入账。

（2）税金及附加依据销售收入或销售量来计算和缴纳，企业应依据国家税法的规定，确定每一税种各自的征税范围、计税依据、税目、税率、纳税环节、减免税规定，按照主管税务机关发给的纳税鉴定书，保证计算正确、处理合法合规。

（3）审计人员应在查明企业应缴纳税种的基础上，定期按规定的程序和内容，结合税金及附加总账及明细账与有关原始凭证，对相应的“应交税费”“营业收入”等账户进行审核。审计人员通过调查询问有关人员、审阅有关会计资料、观察有关业务的处理过程来查明问题。

（二）期间费用的内部控制制度设计

期间费用是企业所发生的不能直接归属于某个特定产品成本的费用。这些费用较易确定其发生期间和归属期间，但很难判别其归属对象，因而在发生的当期便从当期损益中扣除，故称为期间费用。

1.管理费用的内部控制

管理费用包括管理人员的工资及福利费、办公费、差旅费、折旧费、修理费、工会经费、职工教育经费、劳动保险费、待业保险费、咨询费、诉讼费、审计费、技术开发费、无形资产费与开办费摊销、业务招待费、印花税等税金、存货盘亏毁损和报废以及其他管理费用。对管理费用实施内部控制，一方面应满足对期间费用进行内部控制的一般要求；另一方面内部审核机构要定期对管理费用进行审核，以保证各项内部控制措施的有效执行。

（1）企业应设置管理费用总账并按具体项目设置明细账，注意管理费用组成项目的合法性。对于企业的费用支出中哪些应列入管理费用、哪些不应列入管理费用，应在企业财务制度中做出明确的规定。

（2）审查管理费用各项目实际支出数是否符合规定的开支标准，以及允许列入管理费用的各个项目的支出标准在企业财务制度中是否也做出了规定。在审查管理费用时，必须注意各项目支出数的合法性。

（3）审查管理费用当期发生额的正确性，对当期管理费用总额及各具体项目的发生额，应结合其总账、明细账和有关凭证，检查其发生额的正确性，查明有无开支不实、虚列或者人为调节费用数额等问题，尤其要注意判断修理费支出是属于资本性支出还是收益性支出，以防止利用修理费用人为调节企业损益的情况发生。

（4）审查管理费用的结转是否符合规定。管理费用按规定应转作当期损益，结转后本科目应无余额。在审计时，必须注意这个科目内容有无摊入产品成本或结转至下年的情况。

2.财务费用的内部控制

财务费用是指企业为筹集生产经营所需资金而发生的费用，包括企业生产经营期间发生的利息支出、汇兑净损失、调剂外汇手续费、金融机构手续费以及筹资发生的其他财务费用等。对财务费用实施会计控制，一方面应满足对期间费用进行内部控制的一般要求；另一方面内部审计机构要定期对财务费用进行审计，以保证各项内部控制措施的有效执行。

（1）财务费用一般通过“财务费用”账户进行总分类核算，并按财务费用的具体项目进行明细分类核算。

（2）财务费用的确认要符合财务费用的定义，确认的时间还要符合权责发生制原则，对利息支出、利息收入、汇兑损益等必须按规定预提或在期末确认，及时入账，防止将应计入财务费用的支出计入管理费用。

（3）审查财务费用计算的正确性。对利息支出，应审查预提数是否计算正确，有无多列利息支出。实际支付利息时，还应对实际数与预提数之间的差异进行调整。对于汇兑损益，应对其实际数与预提数之间的差异进行调整。汇兑损益的计算应按国家外汇牌价确定折合汇率，可按业务发生时的外汇牌价或业务发生当月月初的外汇牌价确定折合汇率。在期末应调整、计算汇兑损益，作为财务费用。

（4）审查财务费用的结转是否符合规定。按照会计制度的规定，财务费用应于期末全部结转到当期损益，结转后本科目应无余额。审查财务费用时，应注意是否有未按规定处理，将其分摊到产品成本中的情况。

3.销售费用的内部控制

销售费用是指企业在销售产品、自制半成品和提供劳务等过程中发生的各项费用，以及专设销售机构的各项经费。对销售费用实施会计控制，一方面应满足对期间费用进行内部控制的制度要求；另一方面内部审计机构要定期对销售费用进行审计，以保证各项内部控制措施得到有效执行。

（1）企业的销售费用一般通过“销售费用”账户进行总分类核算，并按其组成项目设置明细账，进行明细分类核算。

（2）审查销售费用项目是否合法，其开支标准是否符合规定。审查销售费用时，必须注意其组成项目是否符合企业财务制度的规定，是否从费用的项目上划清了销售费用同其他费用的界限，企业有没有在管理费用等项目超支时将超支部分挤入销售费用有关项目。同时，还应注意销售费用有关项目的支出是否符合规定的开支标准。

（3）审查销售费用确认的正确性及发生额的公允性、合理性。销售费用的确认应符合权责发生制原则。

（4）审查销售费用结转是否符合规定。按照会计制度的规定，企业发生的销售费用通过“销售费用”账户归集，期末将本期发生的销售费用全部转入当期损益，结转后本科目应无余额。审计人员应检查销售费用结转是否符合期间配比的规定，企业是否存在任意多转、少转或不转销售费用从而造成利润不实的情况。

（三）投资收益的内部控制制度设计

投资收益是企业投资收入与投资损失相抵后的净额，也是企业利润总额的一个组成部分。

1.投资收益的内部控制制度

每类控制程序都适用于投资交易，包括以下内容：

（1）授予适当的交易权。

（2）每笔交易必须有相关的支持性凭证，会计记录有据可依。

（3）投资交易的执行、记录和证券的保管属于不相容职务，交易执行人员、记录人员和保管人员应有明确的职责分工，不得兼任。

（4）保持明细账的正确性，每隔一个合理的期间独立盘点证券，将账面余额和盘点实存数进行核对。

2.投资收益的内部控制

企业可以应用会计系统对投资交易进行最基本的控制。企业一般对投资收入和投资损失设置"投资收益"账户进行核算，通常按照证券的种类分别设置投资明细账。

会计人员应查明投资收益来源是否符合有关财经制度和管理制度，要对符合制度规定的投资交易的收益编制记账凭证，据以登记入账。

会计人员应对投资收益进行正确确认，对取得的收益按权责发生制原则及时入账。其主要内容包括：

（1）审查投资收益确认的正确性。

（2）审查投资收益数额计算的正确性。

（3）审查投资收益结转的正确性。

（四）营业外收支的内部控制制度设计

营业外收支是指与企业的生产经营活动没有直接联系的各项收支。

1.营业外收支的控制要点

对营业外收支的控制有以下要点：

（1）为保证营业外收支业务在授权下进行，业务发生部门主管应审核正常的营业外收支项目，批准拟发生的营业外收支业务，并签字盖章以示审批。

（2）为保证营业外收支业务记录的有效性、营业外收支核算的正确性及营业外收支账务处理的正确性，填制营业外收支业务记账凭证的主管会计应审核营业外收支原始凭证基本内容的完整性，处理手续的完备性，经济内容的真实性、合规性和合法性，并签字盖章以示审核。

（3）记账前，稽核人员应审核营业外收支原始凭证基本内容的完整性，处理手续的完备性，经济内容的真实性、合法性和合规性。

（4）营业外收支明细账主管会计应根据审查、稽核无误的原始凭证或记账凭证登记营业外收支明细账。

（5）在稽核人员的监督下，营业外收支明细账主管会计要与利润总账会计核对营业外收支的发生额和余额，并相互取得对方签章以示对账。

2.营业外收支的审查监督

对营业外收支的审查监督主要有以下内容：

（1）审查各项营业外收入是否全部入账。

（2）审查企业有无混淆营业外收入和营业收入的问题。

（3）审查营业外收入的账务处理是否正确、及时，主要是查明企业是否将某些营业外收入长期挂账不处理。

（4）审查营业外支出的项目及内容是否符合规定。

在审查时，企业应查明营业外支出与经营支出、投资支出，以及为购置与建造固定资产购入的无形资产和其他支出等的界限是否划清，审查营业外支出的核批核销手续及程序是否完备。

（五）所得税费用的内部控制制度设计

我国实行所得税会计后，所得税作为费用在当期损益中体现，而不再是利润分配的内容。对所得税的审查主要有以下内容：

（1）审查所得税的计税依据是否真实。所得税的计税依据是应纳税所得额。其计算公式为：

应纳税所得额=会计利润+（或-）税前利润调整项目

（2）审查所得税的计算是否正确。

（3）审查所得税会计的处理是否正确。

（六）以前年度损益调整的内部控制制度设计

企业本年度发生的调整以前年度损益的事项应作为以前年度损益进行核算，这是在“以前年度损益调整”账户中进行的。对本年度发生的调整以前年度损益的事项，会计人员应进行正确、及时的核算。在实际工作中容易出现的问题是：对本年度发生的调整以前年度损益的事项没有正确或及时进行核算，虚设以前年度损益调整事项等。审计人员应通过审阅、核对有关资料来查明问题，构建对以前年度损益调整实施会计控制的第二道防线。

二、利润处理内部控制制度设计

利润处理就是对企业净利润的分配，这涉及企业有关方面的经济利益分割，因此对利润处理进行会计控制显得格外重要。

（一）利润处理的控制要点

企业应建立健全利润处理管理制度。董事会应负责制定合理的利润处理方案，按规定的审批手续办理利润处理业务；财会部门应有完整的记录和决策制度等。利润处理具体的控制有以下内容：

（1）利润分配主管会计应根据权责发生制原则，调整补充报告期内收入或支出的项目，审核企业的利润总额计算的正确性，根据有关规定分别计算出应纳税所得额、应缴所得税和企业净利润额，据以编制利润分配计算表，并签字盖章以示调编。

（2）记账前，稽核人员应审核利润分配计算表项目填写的完整性、处理手续的完备性、利润分配的合理性和合法性，还要审核利润分配计算的正确性等。

（3）在会计凭证传递前，财会部门主管或其授权人应审核利润分配计算表项目填写的完整性、计算的正确性。

（4）利润分配明细账主管会计应根据审查、稽核无误的利润分配计算表或转账凭证登记利润分配明细账，登记完毕要核对其发生额与利润分配计算表的利润分配额或转账凭证的合计金额，并签字盖章以示登记。

（5）在稽核人员的监督下，利润分配明细账主管会计要与总账会计核对利润分配明细账与利润分配总账，并相互取得对方签章以示对账。

（6）总账会计应根据“利润分配”等账户与利润分配计算表按期编制利润表，并签字盖章以示核编。

（二）监督审查利润处理的顺序

根据规定，企业缴纳所得税后的净利润，除国家另有规定外，应按照法定顺序分配。

（三）对利润处理具体项目的会计控制

对利润处理具体项目进行会计控制，首先应满足企业对利润处理内部控制制度和政策的要求，然后根据利润处理具体项目各自的特点，采取相应的监督措施和方法。

（1）对于没收财物损失、违反税法规定支付的滞纳金和罚款，会计人员在进行账务处理时应加以注意。同时，审计人员应审查有无在税前支付的问题，另外，还应据此查明企业有无经营管理不善等问题。若有，则应及早提请企业管理层进行处理。

（2）会计人员在进行税后利润弥补亏损的账务处理时，首先要明确和执行弥补期限的规定。审计人员应注意查明企业有无超期弥补以前年度亏损的问题。

（3）会计人员应按制度规定和股东大会的决议，计算、提取盈余公积，并进行账务处理。有关人员应审查以下内容：①审查盈余公积是否按规定的比例提取；②审查盈余公积计提的基数是否正确；③审查盈余公积的支出是否符合规定程序，有无审批手续，有无超范围支用。

（4）对盈余分配进行会计控制的内容有：①审查盈余分配决议的形成是否符合法定程序，决议中确定的分配比例有无与规定相抵触的地方；②审查盈余公积是否已提足；③审查亏损是否已经弥补；④审查盈余分配的财务核算是否正常，分派数额和比例是否遵守决议，以及支付情况如何；⑤审查未分配利润的余存情况，查清有无未经批准随意减少未分配利润，或将未分配利润移作他用的现象；⑥审查应付股利是否正确、真实。

表12-1列出了某公司对财务成果实施内部控制的目标及措施。

表12-1　　　　**财务成果内部控制目标及措施**

控制点	控制目标	控制措施
审核	保证利润的归集、计算和分配正确、可靠	会计主管根据利润计算表、利润表及利润分配计算表分别核实运输利润、装卸利润、其他业务利润、材料销售利润、其他销售利润、营业外收支、还贷利润等
复审	保证利润计算、分配的真实性	稽核人员复核记账凭证及其附件，审核无误后签章，并转给会计人员
记账	保证入账及时、有据可查	会计人员根据复核后的记账凭证记入各有关账户
核对	保证账账相符	会计人员与总账会计定期核对利润、利润分配、利润结算明细账，并相互签章
审签	保证利润表的计算真实、可靠	总会计师审核利润表及其附表，审核无误后签字批准

第二节　利润核算与方法的设计

一、利润的构成

（一）利润总额

企业的利润是指企业在一定时期内进行经营活动所取得的财务成果。它是衡量企业经营管理水平的一个重要指标，综合体现企业经营成果的好坏。因此，企业应正确核算利润总额，并通过对这一指标的分析，不断提高经营管理水平，获得更多的利润。此外，根据利润总额还可以求得各种盈利能力指标，为有关方面进行决策提供重要参考资料。

企业的利润总额由营业利润及营业外收支净额组成，其计算公式为：

利润总额=营业利润+营业外收入-营业外支出

（二）营业利润

营业利润是指企业从事生产经营活动所取得的利润，其计算公式为：

营业利润=营业收入-营业成本-税金及附加-销售费用-管理费用-财务费用-资产减值损失+公允价值变动收益（-公允价值变动损失）+投资收益（-投资损失）

其中，投资收益包括分回的股利和利润，债券利息收入，企业转让、出售股票或债券时售价高于账面价值的差额，以及收回的其他投资大于原投资额的部分。投资损失包括企业转让、出售股票或债券时售价低于账面价值的差额，以及收回的其他投资小于原投资额的部分。

对于以公允价值计量的资产，企业应该按照《企业会计准则》的要求，在会计期末按公允价值对其账面价值进行调整，将公允价值的变动计入当期损益。

（三）营业外收支

营业外收入是指企业发生的与日常活动无直接关系的各项利得，

具体包括非流动资产处置利得、非货币性资产交换利得、债务重组利得、政府补助、盘盈利得、捐赠利得等。营业外支出是指企业发生的与日常活动无关的各项损失，主要包括非流动资产处置损失、非货币性资产交换损失、债务重组损失、公益性捐赠支出、非常损失等。

营业外收支净额是指与企业生产经营活动没有直接关系的各项收入减去各项支出后的余额，其计算公式为：

营业外收支净额=营业外收入-营业外支出

非流动资产处置利得包括固定资产处置利得和无形资产出售利得。固定资产处置利得是指企业出售固定资产所取得的价款或报废固定资产的材料价值和变价收入等扣除固定资产的账面价值、清理费用、相关税费后的净收益。无形资产出售利得是指企业出售无形资产所取得的价款扣除所出售无形资产的账面价值、相关税费后的净收益。

非货币性资产交换利得是指在非货币交换中换出固定资产、无形资产时，换入资产公允价值大于换出资产账面价值的差额扣除相关费用后计入营业外收入的金额。

债务重组利得是指重组债务的账面价值超过所清偿债务的现金、非现金资产的公允价值或所转股份的公允价值或重组后债务账面价值的差额。

盘盈利得是指企业在现金清查盘点中盘盈的现金，报经批准后计入营业外收入。

政府补助是指企业从政府无偿取得货币性资产或非货币性资产形成的利得。

捐赠利得是指企业接受捐赠产生的利得。

非流动资产处置损失包括固定资产处置损失和无形资产出售损失。固定资产处置损失是指企业出售固定资产所取得的价款或报废固定资产的材料价值和变价收入等不足以抵补处置固定资产的账面价值、清理费用、相关税费而造成的净损失。无形资产出售损失是指企业出售无形资产所取得的价款不足以抵补所出售无形资产的账面价值、相关税费而造成的净损失。

非货币性资产交换损失是指在非货币资产交换中换出固定资产、无形资产时，换入资产公允价值小于换出资产账面价值的差额扣除相关费用后计入营业外支出的金额。

债务重组损失是指重组债权的账面余额与受让资产的公允价值、所转股份的公允价值、重组后债权的账面价值之间的差额。

公益性捐赠支出是指企业对外进行公益性捐赠发生的支出。

非常损失是指企业因客观因素造成的损失在扣除保险公司赔偿后计入营业外支出的金额。

二、利润的构成账户

为了核算和监督企业利润的形成，企业应设置如下账户：

（1）“主营业务收入”账户，属于损益类账户。其账户结构如下：

借方　　主营业务收入　　贷方

借方	贷方
销售退回等 期末转入本年利润账户的净收入	实现的主营业务收入

（2）“主营业务成本”账户，属于损益类账户。其账户结构如下：

借方　　主营业务成本　　贷方

借方	贷方
发生的主营业务成本	期末转入本年利润账户的主营业务成本

（3）“税金及附加”账户，属于损益类账户。其账户结构如下：

借方　　税金及附加　　贷方

借方	贷方
按照计税依据算出的消费税、城市维护建设税、资源税等	期末转入本年利润账户的税金及附加

（4）“其他业务收入”账户，属于损益类账户，其账户结构如下：

借方　　其他业务收入　　贷方

借方	贷方
期末转入本年利润账户的其他业务收入	其他业务收入的实现

（5）“其他业务成本”账户，属于损益类账户，其账户结构如下：

借方　　其他业务成本　　贷方

借方	贷方
其他业务成本的发生	期末转入本年利润账户的其他业务成本

（6）“营业外收入”账户，属于损益类账户。其账户结构如下：

借方	营业外收入	贷方
期末转入本年利润账户的营业外收入		实现的营业外收入

（7）“营业外支出”账户，属于损益类账户。其账户结构如下：

借方	营业外支出	贷方
营业外支出的发生（增加）		期末转入本年利润账户的营业外支出

（8）“投资收益”账户，属于损益类账户。其账户结构如下：

借方	投资收益	贷方
发生的投资净损失		发生的投资净收益

三、净利润的构成

企业实现利润总额之后，向国家缴纳所得税以后的利润为净利润。净利润的计算公式为：

净利润=利润总额-所得税费用

“本年利润”账户核算企业在本年度实现的利润总额。其账户结构如下：

借方	本年利润	贷方
期末转入的各项支出： （1）主营业务成本 （2）税金及附加 （3）其他业务成本 （4）管理费用 （5）财务费用 （6）销售费用 （7）投资净损失 （8）营业外支出 （9）所得税费用		期末转入的各项收入： （1）主营业务收入 （2）他业务收入 （3）投资净收益 （4）营业外收入
期末余额：累计亏损		期末余额：累计净利润

四、利润分配的核算

（一）企业实现的净利润的分配

企业实现的净利润应按下列顺序进行分配：

（1）弥补被没收的财产损失，支付各种税收的滞纳金和罚款。

（2）弥补以前年度亏损。

（3）按税后利润扣除前两项后余额的10%提取法定盈余公积，法定盈余公积达到注册资本的50%时，可不再提取。

（4）按规定提取公益金，公益金主要用于公司的职工集体福利设施。

（5）向投资者分配利润。企业以前年度未分配完的利润可以并入本年度向投资者分配。如果企业以前年度的亏损未弥补完，则不得提取盈余公积；企业在未提取盈余公积前，不得向投资者分配利润。

股份制企业净利润的分配顺序为：

（1）弥补以前年度亏损。

（2）提取法定盈余公积。

（3）支付优先股股利。

（4）提取任意盈余公积。

（5）支付普通股股利。

"利润分配"账户的结构如下：

借方　　　　　　　　　　　利润分配　　　　　　　　　　　贷方

（1）已分配的利润 提取法定盈余公积 应支付优先股股利 （2）年末转入的亏损	（1）盈余公积转入 （2）年末从本年利润账户转入的全年净利润
年内余额：已分配利润额 年末余额：未弥补亏损额	年末余额：未分配利润

（二）利润分配核算的基本账户

为核算利润分配，应设置"利润分配"账户，并设置"盈余公积补亏""提取法定（或任意）盈余公积""应付现金股利或利润""未分配利润"等明细账户进行明细核算。

"盈余公积"账户的结构如下：

借方　　　　　　　　盈余公积　　　　　　　　贷方

实际使用的盈余公积（减少） 应付股利 实际支付的利润或股利	年末提取的盈余公积（增加） 应付未付的利润或股利
	期末余额：尚未支付的利润或股利

1.弥补以前年度亏损的账户结构

（1）用以后年度实现的利润弥补亏损，不需专门进行账务处理。企业将"本年利润"科目转入"利润分配——未分配利润"的贷方，其贷方发生额与"利润分配——未分配利润"的借方余额自然弥补。

（2）用盈余公积弥补亏损的账户结构如下：

借方　　　　　　　　盈余公积　　　　　　　　贷方

盈余公积——法定（或任意）盈余公积	利润分配——未分配利润

2.提取盈余公积的账户结构

借方　　　　　　　　盈余公积　　　　　　　　贷方

利润分配——提取法定（或任意）盈余公积	盈余公积——法定（或任意）盈余公积

3.向投资者分配利润的账户结构

应向投资者分配的股息、红利＝利润总额－所得税－弥补以前年度亏损－盈余公积－公益金＋以前年度未分配利润

向投资者分配的利润通过"利润分配"账户的二级账户"应付现金股利或利润"进行核算。该账户借方登记实际支付给投资者的利润，贷方登记应支付给投资者的利润。期末余额若发生在借方，表示多支付的利润；若发生在贷方，则表示未支付的利润。应付现金股利或利润的会计处理如下：

借方　　　　　　　　　　　　　　　　　　　　贷方

利润分配——应付现金股利或利润	应付股利（或利润）
支付时： 应付利润	银行存款

4.年终本年利润总额转入“未分配利润”的账户结构

若年终企业发生亏损，则会计处理如下：

借方	贷方
利润分配——未分配利润	本年利润

若年终企业盈利，则会计处理如下：

借方	贷方
本年利润	利润分配——未分配利润

5.“盈余公积补亏”“提取法定（或任意）盈余公积”“应付现金股利或利润”余额转入“未分配利润”的账户结构

若“盈余公积补亏”“提取法定（或任意）盈余公积”“应付现金股利或利润”的余额在借方，则会计处理如下：

借方	贷方
利润分配——未分配利润	利润分配——盈余公积补亏 ——提取法定（或任意）盈余公积 ——应付现金股利或利润

若“盈余公积补亏”“提取法定（或任意）盈余公积”“应付现金股利或利润”的余额在贷方，则会计处理如下：

借方	贷方
利润分配——盈余公积补亏 ——提取法定（或任意）盈余公积 ——应付现金股利或利润	利润分配——未分配利润

6.调整增加上年利润或调整减少上年亏损的账户结构

发生这些事项时，会计处理如下：

借方	贷方
有关科目	利润分配——未分配利润
同时增提应交税费和盈余公积：	
利润分配——未分配利润	应交税费——应交所得税 盈余公积

7.调整减少上年利润或调整增加上年亏损的账户结构

发生这些事项时，会计处理如下：

借方	贷方
利润分配——未分配利润	有关科目
同时减征税费和减提盈余公积：	
应交税费——应交所得税	利润分配——未分配利润
盈余公积	

复习思考题

1.营业利润内部控制制度设计的主要内容有哪些？

2.财务成果的形成过程及内部控制有哪些环节？

案例分析

某公司的财务成果内部控制目标及措施见表12-1。

要求：阅读该公司财务成果内部控制措施，并用语言描述出来。

第十三章

会计信息化系统制度的设计

第一节 会计信息化系统概述

一、会计信息化的概念

会计信息化就是将以计算机为主的当代电子信息技术应用到会计实务中，是用计算机代替人工记账、算账、报账，以及替代人脑完成部分对会计信息的分析、预测、决策的过程，是现代化大生产和新技术革命的必然产物。会计信息化不仅是会计数据处理手段的变革，而且必将对会计理论和实务产生深远的影响。

目前，会计信息化已成为一门融会计学、管理学、计算机技术、信息技术为一体的边缘学科。其主要任务是研究计算机在会计实务中的应用及对会计理论的影响，以便更好地发挥会计的职能作用。

二、会计信息化的特征

会计信息化的特征是针对它与手工操作相比较而言的。会计信息化的信息系统与手工会计的信息系统的不同之处表现在以下五个方面：

（一）数据处理方式不同

1.数据存储方式发生变化

在采用计算机的条件下，数据的载体是磁性材料，当会计数据输入计算机之后，一切登录、计算、分类、汇总、转账、编制报表的工作都由计算机自动完成。

2.数据规范化、代码化

会计信息化要求原始会计数据标准化、规范化，如会计科目、原材料、固定资产、产成品等数据必须形成标准化的代码，以便计算机快速、高效地进行处理。

3.对数据校验控制的要求更高

在计算机处理方式下，对录入的数据（凭证数据）要加强校验，如采用合法性检查、二次录入、凭证录入后的机内审核等方法，保证数据的可靠性。

4.会计数据处理自动化、集中化

当原始会计数据输入计算机后，会计数据就由计算机自动加工处理，很少需要人工干预，这样，会计数据的处理都集中在计算机中进行，一次输入的会计数据在会计信息化系统内可以全面共享。

（二）数据处理流程不同

数据处理流程是指会计数据从产生、传递、处理、审核到存档的整个过程。在手工操作下，全部数据的处理通常要经过审核原始凭证、编制记账凭证、登记账簿、进行成本计算、定期结账和编制会计报表等步骤来完成。应用计算机来处理上述会计业务时，处理顺序基本与手工处理相同，但有一个明显的差别就是避免了数据的重复加工处理，因为计算机使手工操作时的内部牵制和相互核对失去了意义。例如，利用计算机核对总账与明细账时，既避免了重复操作，又克服了“笔误”，使这一步骤得以简化。由此可见，利用会计信息化处理经济业务，可以真正实现序时记录与分类登记相结合、总分类核算与明细分类核算相结合。

（三）输出账簿格式与形式不同

会计核算的手工操作方式对账簿格式和形式有统一的规定，比如货币资金日记账、总账要求采用订本账，各个总账科目的明细分类账必须按其分类单独设置账页，系统地记录一个会计年度的发生额与余额，而且不允许以表（单）代账等。但是，利用计算机处理会计业务时，必须充分发挥计算机的优越性，并考虑它在处理数据、打印输出上的特殊性。打印账簿时不能完全按照手工操作的格式输出。实现会计信息化的最终目的是完全取代手工操作和手工账簿。既然企事业单位的全部经济业务都已存储在磁性介质上，那么一切查询、检索工作都可以直接在计算机上进行。随着自动化程度的逐渐提高，有关部门和人员（如上级机关或审计人员）都可根据需要配备计算机终端，查询或审计所需的会计数据。但是，鉴于当前的实际情况，定期输出某些简化格式的账簿还是必要的。由于计算机能够以可靠的存储系统长期保存大量的信息，所以打印输出的账簿可以适当从简。比如，允许货币资金日记账采取活页簿；允许总账采用“总分类账户本期发生额对照表”的形式（以表代账）；允许明细账定期满页打印，或者在一张账页中打印几个分户等。

（四）人员分工和组织机构不同

会计信息化系统的工作人员由会计专业人员以及计算机软件人员、硬件人员和操作人员组成。这些人员必须是既懂会计知识又懂计算机知识的复合型人才。组织机构原来由相互稽核、牵制的专业部门构成，现在改变为由会计数据处理部门、会计数据管理部门及系统维护部门构成，形成新的内部控制制度。

（五）内部控制制度不同

内部控制包括会计机构内部的牵制、稽核制度，以及会计人员的岗位责任制等。在手工操作下，会计机构的内部牵制作用在企事业单位中有各种明确的规定，如对会计凭证的编制、审核、批准的规定，对实物保管账证、账物的稽核制度，对出纳人员不得兼管稽核、保管会计档案，以及登记收入、费用、债权、债务账目工作等制度规定。实现会计信息化以后，会计人员的岗位及内部牵制制度将随之发生变化。一些中小企业的经济业务比较简单，全部会计业务集中在1~2台单机上处理，会计人员的职责分工大体是制票、稽核、录入、校核和维护。大型或中型企业的经济业务比较复杂，分工较细，对各种会计事项的处理往往在网络环境下进行，而且每一个岗位的会计人员可以自行处理与其岗位相关的业务，录入经过稽核的会计凭证要素，使之进入网络系统；系统中心接收数据，并根据各个岗位的需要传输、调取、处理这些数据。在这种情况下，制票、稽核、录入工作集中在一个岗位（不是集中在一个人）上，系统中心则负责校对与维护。总之，无论是单机运行还是在网络环境中运行，会计机构和会计人员都有了相应的变化，原来由手工操作的一部分内部控制被计算机技术代替，转化为计算机自动控制。例如，账簿的平行登记、账与账之间的内部控制由计算机程序自动完成，从而不会出现账证、账账、账表之间的不一致现象。根据计算机软硬件的特点，企业还要制定一些信息化环境下的内部控制制度，如软硬件维护制度、操作管理制度、数据管理制度、会计档案管理制度等。

三、会计信息化系统的结构

信息系统是指为了完成信息的收集、加工、利用而由人、设备、处理规程和数据组成的整体。一个企业有各种信息管理系统，如生产信息、市场信息、计划信息、财务信息等管理系统。利用计算机对会计数据进行采集、存储、加工、利用的信息系统称为会计信息化系统。

会计信息化系统一般由会计核算和财务管理两个子系统组成。

会计核算子系统按会计核算业务可分为账务处理、应收应付款核算、工资核算、固定资产核算、存货核算、成本核算、产品销售核算、会计报表等。

财务管理的主要内容为资金管理、成本管理和销售收入与企业盈利管理等。财务管理子系统的作用是辅助企业管理人员监督、控制和协调企业的管理活动。上述管理活动不可能完全由计算机来完成，尤其是控制、监督等决策活动，一般都需由人根据系统提供的有关信息来进行。根据财务管理的内容和目前企业财务管理的实践，财务管理子系统可划分为资金管理子系统、成本管理子系统和销售收入与利润管理子系统。

四、会计核算子系统各模块的主要任务

1.账务处理子系统

该系统通过计算机输入各类记账凭证，由计算机自动进行凭证汇总，总账、明细账、日记账的登录、结算工作。该系统还应包括银行对账模块、出纳员管理模块和往来核算模块等。

2.应收应付款核算子系统

该系统是针对企业的应收应付款往来账专门设置的，以便随时查阅、输出企业中大量发生的往来款项的增减变化情况。

3.工资核算子系统

该系统的任务是：计算职工的应发工资和实发工资，进行工资汇总、分配和计提处理，输出工资条、汇总表、工资费用和福利费的分配表及转账凭证。

4.固定资产核算子系统

该系统负责核算固定资产的增减变化、折旧、修理费用和盘盈盘亏，编制相应的转账凭证等。

5.存货核算子系统

该系统负责材料、产成品和各种商品的收入、发出、增减变动与结存情况及相应的转账处理。

6.成本核算子系统

该系统负责企业生产费用支出和产品成本形成的核算。成本核算是会计核算的中心，是成本管理的重要一环。它按成本对象的不同，采用一定的算法，对有关费用进行归集与分配，计算当月完工成本和在产品成本，并进行转账处理、编制成本报表等。

7.产品销售核算子系统

该系统负责核算产品的入库数量和金额，以及产品销售的有关凭证，反映产品销售实现情况、销售货款回收情况，计算销售成本、销售税金及附加、销售费用和利润，并输出转账凭证，编制产品销售利润明细表。

8.会计报表子系统

该系统根据账务处理子系统和其他有关子系统的数据，编制各种会计报表，并按上级要求的格式输出相应的会计报表。

五、会计信息化子系统的划分原则

如上所述，一个会计信息化系统往往又可分为若干个子系统，其子系统的划分一般要遵循以下几个原则：

1.系统适应性强

功能模块的划分要尽量使整个系统的适应性较强，能适应企业内外部各种环境的变化。适应性对一个系统来说是十分重要的。一个好的信息系统应允许用户方便地挂入（或去掉）某些模块，而且对整个系统不会产生影响；应使系统方便地从一个单位移植到另一个业务处理相似的单位，而无需做出大的结构变动；还应使系统在面对企业内部的各种变化（如增加核算单位或核算项目等）时，也不必对系统结构做出大的变动。

2.系统独立性好

各功能模块应能相对独立、完整地处理会计核算的各个组成部分。每个功能模块都应该有自己的数据输入、数据处理和数据输出方式。会计核算软件的数据输入一般采用键盘手工输入、存储介质导入以及由其他业务系统传入等几种形式。数据输出可采用屏幕查询显示和打印输出两种方式。

3.高内聚、低耦合

联系密切的功能应尽量放在一个子系统（或模块）内。一个子系统的内部功能联系越密切，其内聚度就越高。联系不密切的功能应放在不同的子系统中，尽量减少子系统间的联系，包括程序调用关系和数据传递关系。模块间的联系越少，其耦合度就越低。高内聚、低耦合使系统接口简单明了，对提高系统的适应性也有重要的作用。

4.可靠性高

模块划分应有助于提高系统的可靠性、减少系统的出错率，能提高系统排错、纠错和恢复的能力。

5.规范性好

模块划分要符合会计核算的基本要求，符合财政部制定的《会计核算软件基本功能规范》中有关模块划分等要求，不能脱离会计核算和财务管理基本过程的要求、习惯等。

6.通用性好

模块划分要有助于提高系统的通用性。也就是说，要尽量使能够通用的模块和职能系统独立出来，不能通用的子系统和功能模块也应尽量独立出来，采用外挂方式与其他子系统联系起来。

7.以账务系统为中心

这是由账务处理本身的特点决定的，因为不管系统功能模块如何划分，一个完整的会计信息化系统必然包括账务处理功能，其他子系统也必须同账务处理系统发生直接或间接的数据联系。

第二节　会计信息化内部控制制度的设计

一、会计信息化内部控制

（一）内部控制对会计信息化的重要性

在计算机会计信息系统中，内部控制之所以重要，其根本原因在于：第一，管理部门对由计算机会计信息系统产生的记录的依赖性越来越强，而这些记录的准确性和可靠性在数据处理中涉及控制的职能；第二，计算机会计信息系统所产生的信息量日益增大，为确保这些信息得到有效利用，完善控制过程极为必要；第三，计算机会计信息系统中存在许多潜在的控制问题；第四，《企业会计信息化工作规范》（财会〔2013〕20号）要求遵循内部控制规范体系要求，提高内部控制水平。

内部控制有两个涉及面广而又相互关联的目标：一是保护企业资产的安全完整；二是为企业内部和外部提供可靠的会计记录。审计人员可以依据内部控制的目标来验证企业相关的内部控制制度是否得到有效执行，以评估、控制风险，并证实经济业务记录的可靠性。

对不同类型的内部控制进行考查，有助于充分理解电子数据处理环境中内部控制的含义。

（二）会计信息化内部控制的分类

依据控制实施的范围，计算机会计信息系统内部控制可以分为一般控制和应用控制。目前，世界上主要国家和地区的电子数据处理系统审计准则均以此种分类规定内部控制评价的步骤和主要内容。一般控制也称管理控制，是指对计算机会计信息系统的组织、开发、应用环境等方面进行的控制。一般控制所采用的控制措施为每一个应用系统提供环境，普遍适用于某个单位的会计和其他管理系统。一般控制主要包括组织与管理控制、系统开发与维护控制、系统安全及文档控制等。应用控制是指对计算机会计信息系统中具体的数据处理功能的控制。应用控制有特殊性，不同的应用系统有不同的控制要求，但应用系统一般都包括会计数据的输入控制、处理控制和输出结果控制三个方面。一般控制是应用控制的基础，应用控制是一般控制的深化。一般控制以程序为主，而应用控制以数据为主，审计人员可以独立于应用控制之外来评价程序。

依据控制的意图，内部控制可以分为预防性控制、检查性控制和纠正性控制。预防性控制用来防止不利事件的发生；检查性控制用来查证和发现有问题事件的痕迹和证据；纠正性控制用来提供必要的信息帮助，调查和纠正已被发现的问题。预防性控制是一种积极的控制，在事前进行计算检查；检查性控制主要是想在不利事件发生时就能及时发现；纠正性控制是一种相对消极的控制，是通过审计线索纠正已发现的错误和问题。这种分类的价值不仅在于它表明了控制的意图，更在于它说明了如何使用这些控制。

依据控制所采用的手段，内部控制可以分为手工控制和程序化控制。手工控制是直接通过手工操作实施的控制。程序化控制是由计算机程序完成的控制。手工控制不仅适用于手工系统，而且在计算机会计信息系统的内部控制中起着非常重要的作用，因为在计算机会计信息系统中内部控制并非全部都采用程序化控制。

依据实施控制的部门不同，内部控制可以分为信息化部门控制和用户部门控制。信息化部门控制是指由信息化部门的人员或计算机程序实施的控制。用户部门控制是指数据使用部门对计算机数据处理施加的控制。这两种控制在一定程度上是互补的，用户部门控制有时可以弥补信息化部门控制的不足。

二、一般控制

一般控制的强弱直接影响会计信息化应用的成败。

一般控制是计算机信息系统的总体控制，其目的是建立对计算机信息系统活动实施整体控制的框架环境，并为实现内部控制的整体目标提供合理的依赖程序。

（一）一般控制的具体目标

（1）通过一般或特殊的授权规则保证下列活动的开展具备正当的手续：

①将原始凭证输入系统内进行处理。

②设计、实施和使用计算机程序。

③更改计算机程序。

④接触和使用计算机主文件和其他重要数据文件。

⑤分发系统输出报告等。

（2）负责资产保管的人员无权接触资产情况记录信息的处理。

（3）负责信息处理的人员不负责执行或批准经济业务。

（4）电子数据处理部门内部对不相容职务进行适当分离。

（5）电子数据处理部门不能纠正电子数据处理部门以外的错误。

（6）通过适当的沟通方法和程序，使数据处理部门人员和其他部门人员理解主管人员的一般和特殊授权要求，并保证遵守这些要求。

（7）主管人员能够充分地控制授权要求的遵守情况，以保证违背要求的行为能被记录、调查和纠正。

（二）一般控制的内容

审计人员在研究和评价一般控制时，应当考虑以下主要因素：

1.组织与管理控制

计算机会计信息系统的组织与管理控制主要用于建立对计算机信息系统活动进行控制的组织结构，其基本目标是减少发生错误和舞弊的可能性，其基本要求是权责的划分和职能的分离。组织与管理控制的主要内容包括：

（1）电算部门与用户部门的职责分离。电算部门的主要职责是对数据进行处理和控制。用户部门是指产生原始数据或使用计算机处理所得信息的部门或人员。这两个部门之间应尽可能保持不相容职责（业务授权、执行、保管和记录）的分离。电算部门不能负责业务的批准和执行，不能保管除计算机系统以外的任何资产，只发挥业务记录的职能；用户部门即各业务部门是业务批准、执行和保管资产的部门。电算部门负责控制该部门内进行的数据处理，检查处理中发现的错误并纠正本部门产生的错误，控制更正错误后的重新输入并进行处理；用户部门负责更正产生于电算部门以外的错误，并将更正后的数据重新传递到电算部门进行处理。

（2）电算部门内部的职责分离。计算机会计信息系统的建立会导致新的职能产生，而计算机信息处理的特点是将数据集中起来统一处理，因而会使得本应分离的某些职责集中化。为保证系统可靠运行，防止错误和舞弊发生，电算部门的内部职责也应分离，即系统开发职能与数据职能分离。系统开发职能负责系统的分析、设计、编程，并为系统的应用提供文档资料，负责新旧系统转换、现有系统的改进及数据库的设计与控制；数据职能负责业务数据的处理与控制。所有参与系统分析、设计、编程和数据库管理的人员都不能参与日常业务数据处理，操作人员也不能参与程序的编制与修改。独立的档案保管职能有助于防止任何未经批准而使用程序、数据文件和系统资料的行为；独立的控制职能有利于单独检查系统的输出，监督和保证数据处理的准确性。

（3）人事控制。计算机会计信息系统是一个人-机系统，内部控制的好坏取决于有关人员的素质，高素质的人员才可能建立高质量的系统。企业要建立人员招聘、在职教育、定期评价、轮换任职、奖惩制度等控制措施，对工作人员的知识、技能、职业道德提出更高的要求。

（4）业务授权。所有由计算机会计信息系统处理的业务都应经过授权；凡不是由计算机会计信息系统生成的业务，都应在计算机处理之前通过审核与批准。

2.应用系统开发与维护控制

系统开发控制是为保证计算机会计信息系统开发过程中各项活动的合法性和有效进行而实施的控制。系统开发一般要经历系统分析、系统设计、程序设计、系统测试、系统运行维护等阶段。为了建立一个能满足需求的系统，系统开发过程中的各项研制、设计、维护活动及由此产生的文档均应遵循一定的标准、规则和要求。系统开发控制作为数据处理环境中一般控制的一个方面，其具体措施和方法多种多样，并由于组织规模的大小不同而存在一些差异。在一般情况下，系统开发与维护控制的主要措施如下：

（1）制定系统开发标准，从总的方面提出开发活动的要求。

（2）采用结构化系统开发方法，通常是采用系统开发生命周期法。

（3）实施项目管理，包括项目计划、项目控制、项目报告。

（4）制定编程规则，程序设计按一定规则进行，能提高系统的可审性。

（5）采用阶段保证措施，这是保证系统开发进度和质量的重要措施。

（6）进行系统测试控制，在系统实施前对系统进行检测，以使系统按设计要求可靠运行。

（7）进行系统转换控制，以防止在新旧系统转换过程中发生数据遗失、重复等现象。

（8）制定新系统批准程序，确保管理部门对新系统和系统转换计划进行审批。

（9）进行程序变更控制，保证程序改动经严格测试，并得到适当的核准和授权。

（10）编写系统文档，保证所有系统开发资料按规定得到整理和归档。

3.计算机操作控制

计算机操作控制用于控制系统的操作，其目的是通过标准的计算机操作来保证信息处理的高质量，减少差错的发生和未经批准而使用数据及程序的情况，确保系统仅用于经过批准的目的，确保仅限于经过批准的人员进行计算机操作，确保仅使用批准的程序，确保查出并更正计算机处理中的错误。

计算机操作控制是通过制定和执行操作规程实现的，主要包括以下内容：

（1）操作计划。电子数据处理部门需要制订年度操作计划和相应的日程安排。这些计划应涉及系统发展、成本预算、人员培训和用户安排等诸多方面。

（2）机房守则。其目的在于使机房保持良好的工作秩序，减少造成数据和程序损失与破坏的风险。机房守则主要是关于机房工作的一般规定，涉及设备的使用、对进出机房的人员和物品的限定、文件的存放和处置、出现紧急状态的应急措施等。

（3）操作规程。计算机操作人员应遵循具体的操作规程。操作规程一般包括在操作指南中，主要描述计算机业务处理过程的具体操作步骤。

（4）上机日志记录。这是对每个上机操作者所完成的任务及运行情况的记录。上机日志记录的主要作用是提供检查线索，是计算机审计取证的主要对象。上机操作日志可以由操作人员记录，也可由系统自动生成。

4.硬件控制

硬件控制也称设备控制，是由计算机生产厂家在计算机设备中实现的控制技术和方法。硬件控制能自动查出某些类型的错误而无需程序或操作人员输入任何特殊指令。硬件控制失效会削弱其他控制措施的作用，影响系统的可靠性，因此审计人员应定期对其控制效果进行测试。硬件控制一般包括以下内容：

（1）重复处理控制。重复进行同样的处理操作，将结果进行比较以发现错误。

（2）冗余校验。在数据编码中设置冗余位，依据冗余位编码与数据编码中位数的逻辑关系，检验是否存在数据传送或处理错误。

（3）回波检验。它主要用来检查数据传送（特别是远途传送）过程中是否发生错误。

（4）设备检验。将控制手段构建在计算机集成电路板中，检查并更正错误。

（5）有效性校验。利用计算机对实际操作与有效操作进行对比，检验错误。

5.软件控制

利用系统软件，如操作系统、数据库管理系统实现控制，是电子数据处理系统内部控制机制的一个显著特色。软件控制主要包括以下内容：

（1）错误处理。操作系统能侦测和纠正因硬件和软件问题引起的错误，如计算机在工作中发生读写困难或读写的字符过长时，操作系统会指出发生的错误并作相应的处理。

（2）程序保护。它用于防止在处理过程中受到其他程序干扰、模块调用错误和未经授权改动应用程序等问题。

（3）文件保护。这是为了对存储的文件进行控制以防止未经授权的使用和修改，采用的主要措施是内部文件标签方法。文件保护的目的是防止误用文件、过早抹去数据，防止未经批准存取和使用文件，从而保证数据全部被处理。

（4）安全保护。防止未经许可使用系统，采用分级可变式口令控制对系统的接触，同时通过操作系统自动建立使用系统的人员和活动的记录等。

（5）自我保护。系统软件是一种控制工具，它也可能用来破坏系统的内部控制，因此要对系统软件本身加以保护。

系统应用软件控制用于确保软件的取得或开发是经过授权并以有效的方式进行的，主要包括两点：第一，授权、批准、测试、实施及记录对应用软件的新建和修改；第二，对系统应用软件和记录的存取权限仅限于经过授权的人员。

6.系统安全控制

系统安全控制是指防止影响或危及系统安全的事件发生，发现并解决系统中的安全问题，使系统恢复正常的措施。系统安全控制包括以下内容：

（1）硬件安全控制。制定计算机房及设备管理制度、岗位责任和操作规程，严格限制无关人员接触计算机系统；防范自然灾害（火灾、水灾、污染等），减少损失；通过谨慎选择供货厂家、加强在职人员培训、建立后备系统等措施，防止系统出现故障。

（2）程序与数据安全控制。程序与数据安全控制用于对经济业务进入系统建立授权结构，以及使数据和程序的存取权限限于经过授权的人员。通过采取数据处理与存储职能相分离、操作人员身份的密码控制、操作权限控制、数据加密等措施，保证数据的完整性和保密性；通过采用日志和各种软、硬件技术防止数据丢失或非法修改等，保证数据的真实性。数据备份是一种恢复性控制手段，如果数据在使用中丢失，则可以使用备份的数据恢复和重建数据。

（3）环境安全控制。环境安全控制是为计算机系统提供正常运行环境的控制措施，如电源的控制，系统应配备不间断电源，万一断电，不间断电源可自动以额定电压向系统供电，保证系统正常运行。此外，机房应配备稳压电源，保证系统电压的稳定。常见的环境安全控制措施还有：在机房安装空调，以及防火、防尘、抽湿装置；对系统温度、湿度、洁净度等实行监测。

（4）防止带病毒的软件接触系统，使用防病毒工具（如防病毒卡等）。

7.系统文档控制

系统文档包括会计信息系统中的凭证、账簿、报表及有关软件技术文件，如系统可行性报告、系统分析与设计说明书、程序流程图、操作手册等。系统文档可为维护和改进系统提供必要的资料，也为系统监督人员和审计人员了解和审查系统提供依据。企业要建立文档管理制度和安全保密制度；文档应由专人保管，数据在输入计算机会计信息系统之前必须经过系统主管人员审验；计算机打印输出的书面资料应由输出人员和审核人员共同签字才能成为合法的会计档案，使用时必须经过批准，而且对任何资料的借取都要登记；存储在磁性介质上的文件应有加密保护，防止被任意调用或篡改破坏；系统软件、应用程序和数据文件应复制备份，防止数据丢失或文件损坏后无法恢复。此外，企业还应根据会计档案管理的规定制定文档的保管数量、保管时间、定期备份的间隔期及调用档案的手续等制度和措施。

三、应用控制

应用控制是会计信息化应用方面的具体控制。

（一）应用控制的目的及具体目标

1.应用控制的目的

应用控制的目的是为会计信息化的应用建立具体的控制流程，从而确保全部经济业务都经过授权和记录，并得到完整、准确和及时的处理。

2.应用控制的具体目标

（1）所有经允许处理的数据均应转换到磁性介质上并加以处理，处理的结果可通过适当的方式输出。

（2）所有数据的输入、转换、处理和输出均应在正常的时间里准确地进行。

（3）所有系统的输出结果均反映经批准的有效经济业务。

（二）应用控制的内容

1.输入控制

输入控制用于确保以下几点：第一，经济业务在计算机处理之前已经过适当的授权批准；第二，经济业务被准确地转换为机器可读形式并记录于计算机数据文件中；第三，经济业务没有丢失或被不适当地增加、复制、改动；第四，拒绝、改正不适当的经济业务，必要时及时重新补救。

输入控制主要包括以下几个方面：

（1）数据采集控制。采集数据是用户部门的工作。数据采集控制的目的在于确保应用系统在合理授权的基础上完整地收集、正确地编制、安全地传递输入数据。控制措施主要有：

①用户部门内部的职责分离。资产保管与数据采集职能分离，业务授权与资产保管职能分离，业务授权与原始凭证填制职能分离，原始凭证填制与原始凭证审核职能分离。

②标准化的凭证格式。设计和使用标准化的凭证格式能降低发生错误的概率。

③制定凭证编制程序。明确要使用的凭证、编制凭证的时间、编码的使用、凭证传递的程序和时间等。

④凭证审核。指定专人负责凭证的审核，以发现和纠正凭证的错误。

⑤手续控制。业务批准人、资产保管人、凭证编制人、审核人应在凭证上签字，以明确责任。

⑥凭证更正规程。数据处理部门发现原始数据有错时，应交用户部门更正，用户部门更正后再将凭证传递到数据处理部门处理。

⑦批量控制。为每批凭证编号，便于交接凭证（用户部门送电算部门或其他部门）；计算批量总数（如业务总数、数量总数、金额总数等），便于检查凭证传递、输入、处理中的错误。

（2）数据输入控制。数据输入控制是防止输入数据时出现遗漏或重复，并检查输入数据是否有错误的控制措施。在计算机会计信息系统中，数据输入的依据可以是原始凭证，也可以是记账凭证，还可以是这两者的结合。其中，以记账凭证作为输入依据的主要方式，这里就介绍以记账凭证为输入依据的控制。

以记账凭证为依据输入数据时，可能发生的问题和错误主要有：会计科目输入错误，如输入了没有设置的科目或误用其他会计科目；借、贷方向输错；金额输错，如未计、多计或少计金额；对应关系搞错；键盘输入的速度较慢等。对于上述可能发生的问题和错误，可采用以下控制措施：

①设置会计科目代码与名称对照文件。当输入科目代码时，系统先在对照文件中查找，如果找到，可以给用户汉字提示以确认是否为正确科目；如果找不到，应重新输入正确的科目代码。

②设置对应关系参照文件。会计科目输入正确不能保证对经济业务的处理就是正确的，还可能发生账户对应关系错误，因此设置对应关系参照文件可根据经济业务间的相互关系事先确定对应的会计科目。当输入一张记账凭证后，系统就可以查询对应关系参照文件，检查和判断输入的科目之间是否存在正确的对应关系。

③顺序校验。检查凭证号码的顺序是否连续，有无重复和遗漏，这项工作可由程序自动完成。

④合理性校验。对输入的某些数据确定合理的范围，若输入数据超出合理范围，系统就会给予提示，要求检查输入的数据，如材料的最高、最低储量等可作为合理范围的标准。

⑤平衡校验。通过数据间应有的平衡关系检查数据输入是否有错，如当一张凭证输入完毕后，系统自动进行“借方科目金额合计-贷方科目金额合计”的检查，以及总账金额与所控制的明细账金额合计应该相等这类平衡关系的检查。

⑥人工校验。由计算机会计信息系统将输入的数据打印出来或在屏幕上再次显示，供输入操作人员或审核人员根据原始数据进行检查核对。

⑦重输入控制。将同样的数据向计算机系统输入两次，由系统自动核对两次输入的结果，并对不一致的记录作标记，核对完毕后由输入操作人员对所标记的错误记录进行修改。

需要说明的是，在系统程序设计中考虑控制关系，既方便用户操作，又可提高输入数据的正确性和可靠性。但是，上述控制方法各有利弊，在实际使用时应根据成本效益原则选取。

2.计算机处理与数据文件控制

计算机处理与数据文件控制用于确保以下几点：第一，经济业务（包括系统生成的）由计算机正确处理；第二，经济业务没有丢失或被不适当地增加、复制、改动；第三，对计算机处理的错误及时鉴别并改正。

数据输入计算机后，系统按照预定的程序对其进行加工处理。在数据处理过程中极少需要人工干预，一般控制和输入控制对保证数据处理的正确性和可靠性起着非常重要的作用。但是，针对计算机错误、用错文件、用错记录、用错程序、输入数据错误等在输入过程中没检查出来的情况，还必须在处理过程中设置处理控制。这些处理控制措施大都为纠正性和检查性控制，而且多是程序控制。计算机处理与数据文件控制主要包括以下内容：

（1）业务时序控制。会计业务数据处理有时序性，某一处理过程的运行结果取决于若干相关条件处理过程的完成。例如，凭证输入计算机后，在审核之前不能登账，结账后才能输出账表等。在数据处理过程中，如果颠倒了业务处理时序，会导致数据处理混乱，破坏系统中数据间的相互关系。

（2）数据有效性检验。要保证所处理的数据来自正确的文件和记录，可采用的控制措施主要有：

①文件标签校验。在处理数据文件之前，操作人员要认真检查文件的外部标签，确认所要处理的文件，要利用计算机检查文件的内部标签。外部标签的设置是手工控制，内部标签属于程序化控制。

②业务编码校验。业务数据文件包含各种类型的业务数据，业务类型可由业务编码识别。应用程序先读出业务编码，以确定用相应的程序进行处理。业务编码校验控制可提高程序处理不同业务的准确性。

③顺序校验。应用程序通过比较每一笔业务或记录的主关键字与前一笔业务或记录的主关键字来检查文件记录是否有错误，防止因使用了错误的文件或出现排序与合并错误而导致业务记录丢失。

（3）程序化处理有效性检验。数据处理错误的产生是因为硬件、系统软件或应用软件有问题。处理错误的有效性检验方法如下：第一，计算正确性测试，即通过使用重复运算（同一计算重复进行，比较计算结果）、逆向运算（可以是乘除的逆运算，也可以是加减的逆运算）、溢出测试（检测计算结果是否超过确定的数据项长度）等方法来发现运算中的逻辑错误。第二，数据合理性检验，用来发现实际结果超出预料结果（合理变化限值）的错误。第三，交叉汇总检查，其中包括表格中横向数字与纵向数字的汇总检查和其他任何具有内在关系但属于不同来源、渠道数字的汇总检查。

（4）错误更正控制。根据错误处理的方式建立相应的控制。对于通过有效性检验发现的错误，将错误数据先写入待处理文件，更正后与同批或其他批次业务数据一起再输入、处理；对于处理过程结束后发现的错误，不能采用直接删除原有错误记录的方式，要输入两次数据更正错误，其中一次输入冲销原有的错误，另一次输入正确的数据；应设置专门的控制日志，记录错误的传递、更正与再输入情况。

（5）断点技术。断点是由一条指令或其他条件所规定的程序中的一个点。断点技术是指在这个点上，程序运行能被外部干预或监督程序中断，程序运行中断以后，可以直观检查、打印输出或进行其他分析。在断点处可以通过计算控制数据（主文件金额数、前一程序指令的序号等）发现错误可能出现在程序运行的哪一个环节，从而及时更正错误，并从断点开始继续处理数据。

（6）账务处理系统中几种特殊的处理技术。在计算机账务处理系统中，除了可以利用上述处理技术外，还可以采用以下控制方法：第一，余额合理性检查。在这种方法下，实账户期末有余额，而虚账户期末一般应无余额，而且在借贷记账法下，资产类账户余额一般在借方，负债及所有者权益类账户余额一般在贷方。可以将余额合理性标准编入程序，在程序运行时对账户余额进行合理性检查。第二，试算平衡检查。根据试算平衡原理编制程序，对全部账户的期末余额和本期发生额进行检查，一旦发现不平衡，即说明处理有误，应查找差错并更正。第三，总账和明细账核对检查。将总账和其所属的明细账合计数进行校对，进行相符性检查。

3.输出控制

输出控制用于确保以下几点：第一，计算机处理的输出结果准确无误；第二，输出结果仅提供给经过批准的人员；第三，输出结果及时地提供给适当的经过批准的人员。计算机数据处理结果的输出主要有屏幕显示输出、打印输出、存入磁性介质如磁盘、网络传输等方式。在输出环节，可能会发生输出结果未经授权输出，未送给指定部门或未及时送到，输出结果不正确、不完整或不易懂等错误和问题。针对这些错误和问题设置的主要控制措施有：

（1）输出授权控制，只有经过批准的人员才能进行输出操作。

（2）将输入过程的控制总数与输出得到的控制总数进行核对。

（3）审校输出结果，检查其正确性、完整性。

（4）将正常业务报告与例外报告中的有关数据进行分析对比。

（5）设置输出报告发送登记簿，记录报告发送份数、时间、接收人等事项。

（6）制定输出错误纠正和对重要数据进行处理的规定。

不同的单位和不同的计算机会计信息系统，其内部控制的技术和方法会有很大差异。应用控制的一个重要问题是必须保留审计线索，输入、处理、输出是计算机数据处理过程中相互关联的三个环节，一个环节的控制将影响其他环节的数据处理，所以控制应从整体角度加以考虑。

复习思考题

1. 会计信息化内部控制的内容是什么？

2. 会计信息化系统设计的任务与步骤是什么？

案例分析

某省电力公司在财务方面建立了一套计算机网络化管理系统，融预算、内部控制、会计核算为一体。该系统的总体目标是从企业发展战略的高度对企业经营管理的综合水平提出要求，包括四个方面：其一，业务控制方面。规范业务流程，明确部门责任，实现对业务的事前、事中和事后的全过程监管。其二，资金管理方面。实现资金的集中控制、统一调度、灵活运用、适度安排。其三，物资管理方面。实现对物资采购和生产成本费用的发生额控制，实现对实物流转的综合控制。其四，信息管理方面。通过与其他专业管理系统的信息共享，提供满足企业核算和内部管理需要的全面、明确、具体的信息。

该公司聘请了一位很有名气的会计师对企业经营活动中的各类业务的实际执行情况进行了充分的调研，并结合各类业务的最佳实务要求和信息系统管理的总体目标，提出了改进的方向，制定出各类业务流程应实现的具体目标。该公司财务管理信息系统包括三个组成部分，如图13-1所示。

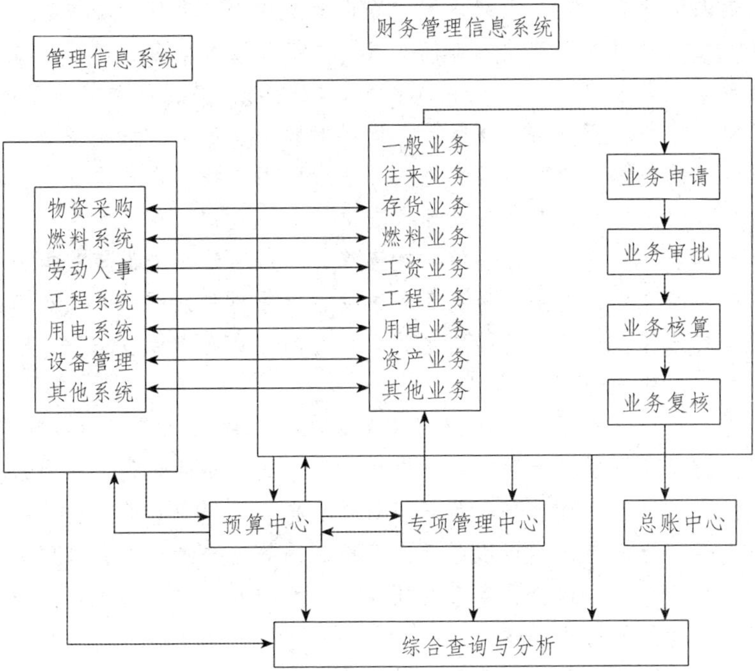

图13-1 财务管理信息系统结构图

（1）控制单元。

控制单元是该公司财务管理信息系统的核心部分，具体包括预算中心和业务中心。前者负责预算目标的设定分解、草案的编制、预算目标的下达和调整以及考评；后者根据财务手册的合同管理和会计实务部分规定的业务处理程序、职责、权限，根据设定的业务标准流程进行各种财务活动的流程控制，并负责合同的制定、审核、批准等管理工作。

（2）核算单元。

核算单元主要解决对外输送财务信息的问题，包括总账中心和财务报告中心。前者负责凭证记账、结账、对账，内部往来操作，日记账、明细账打印，清算账及跨年处理的账簿登记及管理工作；后者负责报表格式定义、更改和启用，数据来源设置，报表生成及汇总运算的检验，报表的打印和上报下发等报表管理工作。

（3）辅助决策单元。

辅助决策单元包括系统设置、查询分析中心和专项管理中心。系统设置用以明确财务手册中各部门职责、金额权限和业务流转程序，并设置服务于预算管理、会计核算的各种标准代码体系，如预算项目体系、责任中心体系、会计科目体系等，同时对物资、燃料、固定资产、往来业务、工程等体系进行设置；查询分析中心用来提供企业内部管理所需要的各种明细信息，具体包括业务查询、财务查询、往来查询、合同查询、预算查询、资产查询、综合查询等，同时通过事先设定数据公式和财务模型的方式，对企业历史业务数据进行分析和预测；专项管理中心实现与其他管理信息系统的信息共享，对固定资产卡片、工程、物资采购等进行专项管理。

为实现以上功能，财务管理信息系统被分成三个模块：核算模块、预算控制模块和管理模块。核算模块支持总账中心的运行，实现核算和对外报告的财务会计功能；预算控制模块支持预算中心的运行，并对业务的流转进行限定，实现服务于内部控制的管理会计功能；管理模块支持相应业务中心的运行，实现对预算执行的控制，成为实现总账中心和预算中心功能的桥梁和纽带。

财务管理信息系统主要包括对经济业务价值量的管理，价值量以外的管理内容由管理信息系统完成。该公司在两者间建立接口，实现对经济业务的全程控制。财务管理信息系统与管理信息系统间的关系如图13-1所示。

采用财务管理信息系统后，该公司在信息化管理方面取得了显著成效，表现在以下几个方面：

（1）将财务管理活动纳入企业的经济活动当中，企业员工在业务发生时都会考虑预算情况和自己在业务处理中的位置，使员工参与到企业的管理中，改变了过去那种认为财务管理就是财务部门的事情、将财务管理与经营管理割裂开来的做法。

（2）提高了预算管理的效率，获得了良好效果。以前由于企业管理过程中的工作量大，无法准确、及时地对预算进行编制、汇总和下发，同时，事后报账的做法也无法对经济业务的发生进行实时控制；新的管理模式实现了预算管理的全程控制，加强了企业对现金流量的控制。

（3）内部控制的效果得到保证。新的管理模式对该公司的各类业务流程都进行了明确的权责规定，各种业务的审核、批准权限被固定到程序中，从而防止了过去越级请示、越权审批而导致的内部控制失调。

（4）整个企业实现了信息的充分沟通。原始数据在企业中一次录入、全公司共享。该公司实现了物资、用电和燃料等系统的共享，真正体现了财务管理在企业中的核心地位。

要求：

（1）该公司的财务管理系统有哪些特点？

（2）如何将预算从强制执行变为职工自发执行？

（3）如何实现信息资源的有效利用？

第四部分

管理会计制度设计

第十四章

内部银行管理制度的设计

第一节　内部银行制度概述

为了规范和加强集团企业的资金管理，发挥集团资金的最大效能，满足集团企业生产经营活动及基建、技改任务的资金需要，提高经济效益，可在集团企业内部设置内部银行，用以规范集团企业的资金管理、借贷、调配、使用和结算。内部银行是负责集团企业内部资金管理、借贷和结算的职能部门，模拟商业银行开展业务，行政上隶属于集团企业。

一、内部银行的基本职能和任务

内部银行的基本职能和任务主要体现在以下几个方面：

（1）认真遵守国家财经法规和金融政策，统筹管理、运营、监控集团企业的货币资金，加速资金周转，保证资金安全，实现资金的保值、增值。

（2）负责集团企业核心层、紧密层企业的资金筹集、调配，办理对外借款及还款业务。

（3）办理集团企业内部贷款业务。

（4）办理集团企业内外资金结算业务。

（5）负责集团企业职工个人储蓄业务。

（6）计算、支付各单位存款利息和借款利息。

（7）对各开户单位的资金收、付、存情况进行监督、检查，对不符合结算规定、违反金融政策和财经纪律的业务予以制止和纠正。

二、内部银行的运行模式设计和选择

（一）运行模式

从我国现有企业的内部银行实践来看，内部银行主要有三种运行模式：

1.“双轨制”模式

在此种模式下，现行财务会计核算体系与内部银行责任会计核算体系相互独立，各自平行地开展核算。前者侧重于对企业实际经营效果的真实反映和对外报告财务信息，后者侧重于对责任单位内部经济责任业绩的反映、核算。该模式的主要特点是：

（1）内部银行核算的财务会计信息属于商业秘密，没有义务向社会公开。“双轨制”模式有利于保护企业的商业秘密。

（2）设立两套核算体系甚至两套机构人员，加大日常处理工作量，造成许多重复劳动，增加企业管理成本。

（3）对现行财务信息和制度的硬约束和对内部银行的软约束，可能造成对内部银行缺乏应有的重视，使内部银行运行效果不甚理想。

（4）在“双轨制”模式下，内部银行的运行对原有财务体制不构成影响。

“双轨制”模式适用的范围主要包括管理基础薄弱的企业、被人为地划分多个责任单位核算的企业。

2.“单轨制”模式

在此种模式下，内部银行账务组织与原有财务会计核算账务组织融为一体，一般是在国家规定的《企业财务通则》《企业会计准则》的会计科目基础上，增设部分责任会计核算科目，将内部银行会计核算纳入现行会计核算体系，形成统一的一本账核算制度。该模式的主要特点是：

（1）具有对外、对内报告的双重职能。

（2）减少会计账务处理工作量，避免重复劳动。

“单轨制”模式适用的范围主要包括管理基础较好的企业。

3. “银企联合”模式

在此种模式下，企业与其开设基本账户的商业银行联合开办内部银行。内部银行的业务分为对外业务和对内业务。对外业务包括为企业财务部和下属单位开立账户，发放贷款，办理结算和票据承兑、贴现，代理发放债券、股票等；对内业务包括对企业下属责任单位开设内部结算账户、进行内部经济往来结算等。该模式的主要特点是：

（1）具有对内结算和对外结算双重结算功能。

（2）能发挥金融机构的积极性，营造良好的银企关系。

（3）需要当地中国人民银行和其他上级机关的批准。

（4）需要银企双方确定内部银行运行的规章制度。

“银企联合”模式适用的范围主要包括大型企业和企业集团。

（二）内部银行模式的选择

不同企业可以根据各自的实际情况选择运行模式，一般应遵循以下原则：

（1）管理基础较差的企业可先选用“双轨制”模式试运行，当企业具备较好的管理基础和条件时，再转向采用“单轨制”模式。

（2）管理基础较好的企业可一步到位采用“单轨制”模式。

（3）在我国金融、信贷体制改革，尤其是在推行“主办银行制”背景下，一些大企业、企业集团、上市公司可尝试（与主办银行联合）建立“银企联合”内部银行。随着我国企业管理能力的不断增强、计算机应用水平的不断提高，在三种内部银行运行模式中，“双轨制”模式将逐步淘汰，“单轨制”模式将成为主体，“银企联合”模式将被更多大企业应用。本章以下内容以“银企联合”内部银行为例，讲解内部银行的业务和核算制度的设计。

三、银行的开户

集团企业所属核心层、紧密层企业及其他有对外收付款业务的部门，必须在内部银行办理开户手续，开立银行账户，由内部银行统一到商业银行办理资金开户、存贷款、结算业务。各单位在内部银行开立账户，必须填制开户申请书和印鉴卡片，加盖开户单位的财务专用章和单位负责人、财务负责人印章。内部银行为各开户单位设立的银行账号可分为甲、乙两种类型。

（一）甲类账号

甲类账号是为有对外收付款业务的单位设立的账号。甲类账号由两部分组成，表现形式如1019560103-01。前一部分是内部银行在商业银行开立的银行账号，后一部分是各开户单位在内部银行的开户序号。各开户单位的开户序号见表14-1。

表14-1　**内部银行甲类开户单位序号表**

开户单位名称	序号	开户单位名称	序号
现代集团有限企业	01	现代包装材料有限企业	07
现代机械股份有限企业	02	现代运输分企业	08
现代化工有限企业	03	现代高新技术研究所	09
现代新材料有限企业	04	现代集团企业职工食堂	10
现代日化有限企业	05	现代集团职工医院	11
现代经贸有限企业	06		

（二）乙类账号

乙类账号是为集团企业各分厂、部室设立的账号。乙类账号由两部分组成，表现形式如A-116。前一部分以英文字母表示开户部门的类型，后一部分是各开户单位的内部银行账号。英文A表示基本生产部门，B表示辅助生产部门，C表示后勤管理部门，D表示其他部门。

集团企业各分厂、部室的内部银行账号见表14-2。

（三）乙类账号与甲类账号的区别

乙类账号只用于集团企业的内部经济核算，不能对外收付货币资金。

表14-2　　　　内部银行乙类开户单位账号表

序号	开户单位名称	账号	序号	开户单位名称	账号
1	铸造分厂	A-101	11	工程部	C-104
2	机器加工分厂	A-102	12	质保部	C-105
3	配件分厂	A-103	13	销售部	C-106
4	总装一厂	A-104	14	采购部	C-107
5	总装二厂	A-105	15	储运部	C-108
6	热电分厂	B-101	16	财务部	C-109
7	机器维修分厂	B-102	17	审计部	C-110
8	企业办公室	C-101	18	政工部	C-111
9	人力资源部	C-102	19	甲基建项目	D-101
10	制造部	C-103	20	乙基建项目	D-102

各单位在内部银行开立的账号只限在本单位的经营业务范围内使用，一律不准出租、出借或转让给其他单位使用。各单位应严格遵守以下结算纪律：

（1）各单位在内部银行的预留印鉴不得随意更换，如遇人事变动，应及时到内部银行办理更换印鉴卡片手续。

（2）各单位填制的存、付款凭证，必须如实填写款项来源和用途，不得巧立名目、弄虚作假、套取外部支票或现金。

（3）各单位必须确保在内部银行开立的账户有足够的资金保证支付，不准签发远期或空头支票。

（4）各单位通过内部银行收付的各种款项，必须及时入账（三日内），因特殊情况滞后入账的，必须在对账单中说明原因。

（5）各开户单位要严格执行内部银行核定的库存现金限额，超额部分一律交存内部银行。

（6）各单位一律不准坐支现金。

（7）内部银行发出的贷款利息通知单及各种付款特种转账传票，付款单位不得拒付。有争议的，可到内部银行查询。

四、资金借贷

内部银行具有调配集团企业内部资金的职能，可向集团企业各申请贷款单位发放银行贷款。内部银行的信贷资金来源由以下四部分组成：

（1）内部银行向各商业银行及其他金融机构的借款。

（2）内部银行从非金融机构拆借的资金。

（3）各开户单位的存款。

（4）其他依法取得的资金。

内部银行向各申请单位发放的贷款一律实行有偿使用，按月计收贷款利息。贷款利息参照商业银行的贷款利率和内部银行取得资金的实际成本合理确定。

各开户单位向内部银行借款，必须经过内部银行行长批准，并办理如下手续：①填报借款申请表。②签订借款合同。③提供担保合同书。④填写借据。

各单位从内部银行取得的借款必须按合同规定的时间如期归还，逾期三个月以内的加收罚息；超过三个月的，内部银行予以冻结账户，强行从贷款单位或担保单位存款账户上收回贷款本息。

五、资金结算

集团企业所属核心层、紧密层企业及其他有对外收付货币资金业务的部门，在内部银行开立账户后，发生的一切资金收付款项必须通过内部银行办理结算。

对于各开户单位收到的现金和支票、汇票等票据，一律填写送存簿，由内部银行加盖结算章后入账。在内部银行开户的各单位之间发生互相收付款项时，一律采用内部银行支票结算方式，无金额起点限制。各开户单位向集团企业以外的单位支付款项，超过一定金额时，一般采用转账结算方式。内部银行向各开户单位支付的存款利息，按季划转；向借款单位收取的贷款利息，按月划转。

第二节　内部银行核算制度的设计

内部银行是企业为适应实行全面经济核算、落实内部经济责任制的需要，将商业银行的监督、控制、信贷、结算机制引入企业内部经营管理的一种科学的管理方法。为了规范和加强内部银行及各内部单位的会计核算，企业必须制定内部银行核算制度，作为内部银行和集团企业各内部核算单位进行会计核算的规范。

一、内部银行的结算方式和凭证

（一）甲类账户的结算方式和凭证

甲类账户是为有对外收付款业务的企业、实体设立的账户，完全模拟商业银行进行各种资金结算、借贷业务，所以各种资金结算方式及使用的凭证与商业银行基本相同。需特别说明的有以下三种：

1. 内部银行支票

该支票形式与商业银行支票一致，分现金支票和转账支票两种。其中，现金支票可直接从内部银行提取现金；转账支票无金额起点限制，用于在内部银行开户的单位之间进行收付款项的资金结算。

内部银行（转账）支票的格式见表14-3。

表14-3　　**内部银行（转账）支票**

年　月　日

<table>
<tr><td rowspan="2">收款单位</td><td>全称</td><td></td><td rowspan="2">付款单位</td><td>全称</td><td colspan="9"></td></tr>
<tr><td>账号</td><td></td><td>账号</td><td colspan="9"></td></tr>
<tr><td rowspan="2">金额</td><td colspan="4" rowspan="2">人民币（大写）</td><td>百</td><td>十</td><td>万</td><td>千</td><td>百</td><td>十</td><td>元</td><td>角</td><td>分</td></tr>
<tr><td></td><td></td><td></td><td></td><td></td><td></td><td></td><td></td><td></td></tr>
<tr><td>付款原因</td><td></td><td colspan="2">付款单位（章）</td><td colspan="10">内部银行（章）</td></tr>
</table>

注：本支票由付款单位一式三联填写，收（付）款单位、内部银行各一联。

2.对外付款凭证

该凭证是各开户单位委托内部银行对集团企业以外的单位支付款项时填写的一种付款凭证。在内部银行开立甲类账户的单位向集团企业以外的单位支付款项超过500元的，一般用转账结算方式，由付款单位一式两联填写货币资金对外付款凭单，注明付款方式。内部银行审核无误后，加盖结算章，并按各单位的付款方式办理各类付款业务。

货币资金对外付款凭单的格式见表14-4。

表14-4　　**货币资金对外付款凭单**

年　月　日

<table>
<tr><td rowspan="2">收款单位</td><td>全称</td><td colspan="3"></td><td rowspan="2">付款单位</td><td>全称</td><td colspan="9"></td></tr>
<tr><td>账号</td><td colspan="3"></td><td>账号</td><td colspan="9"></td></tr>
<tr><td rowspan="2">金额</td><td colspan="6" rowspan="2">人民币（大写）</td><td>百</td><td>十</td><td>万</td><td>千</td><td>百</td><td>十</td><td>元</td><td>角</td><td>分</td></tr>
<tr><td></td><td></td><td></td><td></td><td></td><td></td><td></td><td></td><td></td></tr>
<tr><td colspan="2">用途</td><td colspan="14"></td></tr>
<tr><td colspan="2">付款方式</td><td colspan="14">A.现金 B.支票 C.信汇 D.电汇 E.汇票 F.承兑汇票 G.本票
H.信用证 I.其他</td></tr>
<tr><td colspan="2">付款单位（章）</td><td colspan="3">内部银行（章）</td><td colspan="11">出纳员（章）</td></tr>
</table>

注：本凭单由到内部银行申请办理对外付款的单位一式三联填制，内部银行、付款单位、财务部各一联。

3.特种转账传票

特种转账传票是一种多功能收付结算凭证，用于内部银行向各开户单位收回贷款、划转费用等多种结算业务。特种转账传票的格式见表14-5。

（二）乙类账户的结算方式和凭证

乙类账户是为集团企业内部经济核算设立的账户，其结算方式和凭证种类与甲类账户相同。

二、内部银行甲类账户的核算

（一）会计科目的设置

内部银行甲类账户是将各企业原在商业银行开立的账户取消后，集

表 14-5　　　　　　　　　**特种转账传票**

年　月　日

<table>
<tr><td rowspan="2">收款单位</td><td>全称</td><td></td><td rowspan="2">付款单位</td><td>全称</td><td colspan="9"></td></tr>
<tr><td>账号</td><td></td><td>账号</td><td colspan="9"></td></tr>
<tr><td rowspan="2">金额</td><td colspan="4" rowspan="2">人民币（大写）</td><td>百</td><td>十</td><td>万</td><td>千</td><td>百</td><td>十</td><td>元</td><td>角</td><td>分</td></tr>
<tr><td></td><td></td><td></td><td></td><td></td><td></td><td></td><td></td><td></td></tr>
<tr><td>转账原因</td><td colspan="2"></td><td colspan="11">内部银行（章）</td></tr>
</table>

注：本传票由财务部或内部银行一式三联填写，收（付）款单位、内部银行各一联。

中到内部银行开立的账户。甲类账户的核算完全模拟商业银行，其会计科目见表 14-6。

表 14-6　　　　　　　**内部银行会计科目表（甲类）**

序号	编号	会计科目名称	序号	编号	会计科目名称
		一、资产类	40	2232	应付利息
1	1001	库存现金	41	2241	其他应付款
2	1002	银行存款	42	2311	代理买卖证券款
3	1101	交易性金融资产	43	2314	代理业务负债
4			44	2411	预计负债
5	1131	应收股利	45	2501	递延收益
6	1132	应收利息	46	2602	长期债券
7	1231	其他应收款	47	2801	长期应付款
8	1241	坏账准备	48	2802	未确认融资费用
9	1251	贴现资产	49	2811	专项应付款
10	1301	贷款	50	2901	递延所得税负债
11	1302	贷款损失准备			三、共同类
12	1304	代理兑付证券	51	3001	清算资金往来
13	1321	代理业务资产	52	3002	外汇买卖
14	1441	贵金属	53	3101	衍生工具
15	1442	抵债资产	54	3201	套期工具
16	1521	持有至到期投资	55	3202	被套期项目

续表

序号	编号	会计科目名称	序号	编号	会计科目名称
17	1522	持有至到期投资减值准备	56		四、所有者权益类
18	1523	可供出售金融资产	57	4001	实收资本
19	1524	长期股权投资	58	4002	资本公积
20	1525	长期股权投资减值准备	59	4101	盈余公积
21	1601	固定资产	60	4102	一般风险准备
22	1602	累计折旧	61	4103	本年利润
23	1603	固定资产减值准备	62	4104	利润分配
24	1606	固定资产清理	63	4201	库存股
25	1611	融资租赁资产			五、成本类
26	1701	无形资产			六、损益类
27	1702	累计摊销	64	6011	利息收入
28	1703	无形资产减值准备	65	6021	手续费收入
29	1711	商誉	66	6051	其他业务收入
30	1801	长期待摊费用	67	6061	汇兑损益
31	1811	递延所得税资产	68	6101	公允价值变动损益
32	1901	待处理财产损溢	69	6111	投资收益
			70	6301	营业外收入
			71	6402	其他业务支出
			72	6403	税金及附加
		二、负债类	73	6411	利息支出
33	2003	拆入资金	74	6421	手续费支出
34	2012	客户存款	75	6601	销售费用
35	2021	贴现负债	76	6602	管理费用
36	2101	交易性金融负债	77	6603	财务费用
37	2211	应付职工薪酬	78	6701	资产减值损失
38	2221	应交税费	79	6711	营业外支出
39	2231	应付股利	80	6801	所得税
			81	6901	以前年度损益调整

（二）会计科目的核算内容

1.资产类

（1）“库存现金”科目。本科目核算内部银行的库存现金。每天的现金收入要存入集团企业储蓄代办点，现金当日应无余额，所以在作会计分录时，可不通过“库存现金”科目核算，而是直接通过“银行存款”科目核算。

①收入现金时，内部银行在各单位填写的一式两联的现金交款单上加盖现金收讫章，填写活期储蓄存款凭条，直接转存储蓄代办点，增加“银行存款”科目的金额，增加“各户存款”科目的金额。其会计分录为：

借：银行存款

　贷：各户存款

②支出现金时，内部银行在各单位签发的现金支票上加盖现金付讫章，并填写现金付出传票、活期储蓄取款凭条，到储蓄代办点办理提取现金业务，减少“银行存款”科目的金额，减少“各户存款”科目的金额。其会计分录为：

借：各户存款

　贷：银行存款

③本行发生费用支出现金时，经行长签字批准，经办人在原始发票上盖章，由接柜员审核，填写现金付出传票和活期储蓄取款凭条，经稽核员复核无误盖章后，方能办理提取现金业务。接柜员根据原始费用单据、现金付出传票入账，增加“销售费用”等有关科目的金额，减少“银行存款”科目的金额。其会计分录为：

借：销售费用等有关科目

　贷：银行存款

（2）“银行存款”科目。本科目核算内部银行存入各商业银行及其他金融机构的各种存款。当天收入的一切款项都必须于当日送存银行，一切支出应按有关结算规定通过银行办理转账结算。

①款项存入各商业银行或其他金融机构时，按规定填写支票送存簿，银行受理盖章后，根据回单联增加“银行存款”科目的金额，增加“各户存款”科目的金额。其会计分录为：

借：银行存款

贷：各户存款

②签发支票、办理汇票等银行付款业务时，根据支票存根、银行回单和单位签发的对外付款凭证，减少“各户存款”科目的金额，减少“银行存款”科目的金额。其会计分录为：

借：各户存款

贷：银行存款

③本科目按商业银行进行明细核算。

（3）“应收利息”科目。本科目核算内部银行对各单位发放的贷款当期应收而未收的利息。

①当期利息应收未收时，增加“应收利息”科目的金额，增加“利息收入”科目的金额。其会计分录为：

借：应收利息

贷：利息收入

②收回利息时，减少“各户存款”科目的金额，减少“应收利息”科目的金额。其会计分录为：

借：各户存款

贷：应收利息

③已确认为坏账的应收利息，在冲销坏账准备时，减少“坏账准备”科目的金额，减少“应收利息”科目的金额。其会计分录为：

借：坏账准备

贷：应收利息

④已确认并转销的坏账损失，以后又收回的，增加“应收利息”科目的金额，增加“坏账准备”科目的金额，同时减少“各户存款”科目的金额，减少“应收利息”科目的金额。其会计分录为：

借：应收利息

贷：坏账准备

借：各户存款

贷：应收利息

⑤本科目按不同贷款部门进行明细核算。

（4）“其他应收款”科目。本科目核算内部银行应收、暂付其他单位或个人的款项。存出保证金也在本科目核算。

①发生应收、暂付款项时，增加“其他应收款”科目的金额，减少“银行存款”科目的金额。其会计分录为：

借：其他应收款

　贷：银行存款

②收回应收、暂付款项时，减少“其他应收款”科目的金额，增加“银行存款”科目的金额。其会计分录为：

借：银行存款

　贷：其他应收款

③本科目按款项类别和单位、个人进行明细核算。

(5)“坏账准备”科目。本科目核算内部银行对应收利息及其他应收款项可能发生无法收回的坏账而按规定提取的坏账准备金。

①提取坏账准备时，增加“资产减值损失”科目的金额，增加“坏账准备”科目的金额。其会计分录为：

借：资产减值损失

　贷：坏账准备

②冲销坏账准备时，减少“坏账准备”科目的金额，减少“资产减值损失”科目的金额。其会计分录为：

借：坏账准备

　贷：资产减值损失

③发生坏账损失时，减少“坏账准备”科目的金额，减少“应收利息”等科目的金额。其会计分录为：

借：坏账准备

　贷：应收利息等

④已确认并转销的坏账损失，以后又收回的，按收回的金额增加“应收利息”科目的金额，增加“坏账准备”科目的金额，同时，减少“各户存款”科目的金额，减少“应收利息”科目的金额。其会计分录为：

借：应收利息

　贷：坏账准备

借：各户存款

　贷：应收利息

⑤如收回的坏账损失金额与本科目账面金额之和大于当期应提取数，以其差额冲减坏账准备。其会计分录为：

借：坏账准备

　贷：资产减值损失

⑥本科目年末贷方余额为已提取的坏账准备。

（6）“贴现资产”科目。本科目核算内部银行按一定的贴现率予以贴现的各开户单位的远期票据。内部银行到商业银行办理再贴现的票据，应自本科目转销。

①对各开户单位送存的远期票据进行贴现时，开户单位按规定填写承兑贴现凭证，内部银行按承兑汇票面值增加“贴现资产”科目的金额，按规定贴现率收取的贴现利息增加“利息收入”科目的金额，按开户单位实际取得的货币金额增加“各户存款”科目的金额。其会计分录为：

借：贴现资产

　贷：利息收入

　　各户存款

②按一定比率收取单位贴现手续费时，减少“各户存款”科目的金额，增加“手续费收入”科目的金额。其会计分录为：

借：各户存款

　贷：手续费收入

③内部银行将到期的银行承兑汇票存入商业银行时，按承兑汇票面值增加“银行存款”科目的金额，减少“贴现资产”科目的金额。其会计分录为：

借：银行存款

　贷：贴现资产

④内部银行到商业银行再贴现时，按扣除贴现利息后实际取得的货币资金增加“银行存款”科目的金额，按承兑汇票面值减少“贴现资产”科目的金额，按实际支付的贴现利息增加“利息支出”科目的金额。其会计分录为：

借：银行存款

　利息支出

　贷：贴现资产

(7)“贷款——短期贷款”科目。本科目核算内部银行发放给集团企业内部各单位的期限在一年以内（包括一年）的贷款。

①发放的短期贷款必须按规定程序审批，再由借款单位填写借据，经科长、行长签字批准后予以发放，增加“贷款——短期贷款”科目的金额，增加“各户存款”科目的金额。其会计分录为：

借：贷款——短期贷款

　贷：各户存款

②收回短期贷款时，减少“各户存款”科目的金额，减少“贷款——短期贷款”科目的金额。其会计分录为：

借：各户存款

　贷：贷款——短期贷款

③本科目按贷款单位进行明细核算。

(8)“贷款——长期贷款”科目。本科目核算内部银行发放给集团企业内部各单位期限在一年以上的贷款。

①发放的长期贷款必须按规定程序审批，再由借款单位填写借据，经科长、行长签字批准后予以发放，增加“贷款——长期贷款”科目的金额，增加“各户存款”科目的金额。其会计分录为：

借：贷款——长期贷款

　贷：各户存款

②收回长期贷款时，减少“各户存款”科目的金额，减少“贷款——长期贷款”科目的金额。其会计分录为：

借：各户存款

　贷：贷款——长期贷款

③本科目按贷款单位和贷款种类进行明细核算。

(9)“贷款——逾期贷款”科目。本科目核算内部银行发放的、因借款人原因逾期半年仍不能归还的贷款。

发生逾期贷款时，增加“贷款——逾期贷款”科目的金额，减少“贷款——短期贷款”或“贷款——长期贷款”科目的金额。其会计分录为：

借：贷款——逾期贷款

　贷：贷款——短期（长期）贷款

（10）“交易性金融资产”科目。本科目核算内部银行购入的各种能随时变现、持有时间不超过一年的有价证券，以及不超过一年的其他投资，包括股票、债券等。

①购入的各种股票、债券按照实际支付的价款增加“交易性金融资产”科目的金额，减少“银行存款”科目的金额。其会计分录为：

借：交易性金融资产

　贷：银行存款

②内部银行购入股票，在实际支付的款项中包括的已宣告发放但尚未支取的股利应作为应收款处理。内部银行按照实际成本（即实际支付的价款扣除已宣告发放的股利）增加“交易性金融资产”科目的金额，按应收的股利增加“其他应收款”科目的金额，按实际支付的金额减少“银行存款”科目的金额。其会计分录为：

借：交易性金融资产

　　其他应收款

　贷：银行存款

③收到发放的股利时，增加“银行存款”科目的金额，增加“投资收益”或减少“其他应收款”科目的金额。其会计分录为：

借：银行存款

　贷：投资收益

或

借：银行存款

　贷：其他应收款

④出售股票和债券时，按照实际收到的金额增加“银行存款”科目的金额，按实际成本减少“交易性金融资产”科目的金额，按未支取的股利减少“其他应收款”科目的金额，按其贷方差额增加“投资收益”科目的金额。其会计分录为：

借：银行存款

　贷：交易性金融资产

　　　其他应收款

　　　投资收益

⑤债券到期收回本息时，增加“银行存款”科目的金额，增加“投

资收益”科目的金额，减少“交易性金融资产”科目的金额。其会计分录为：

借：银行存款

　贷：交易性金融资产（债券账面数）

　　投资收益（应计利息）

⑥本科目按交易性金融资产种类进行明细核算。

（11）“长期股权投资”科目。

①企业进行股票投资时，按实际支付的价款（包括股票票面金额和支付的交易费用等）增加“长期股权投资”科目的金额，减少“银行存款”科目的金额。其会计分录为：

借：长期股权投资

　贷：银行存款

②实际支付的价款中含有已宣告发放的股利的，应按认购股票的实际成本（即实际支付的价款扣除已宣告发放的股利）增加“长期股权投资”科目的金额，增加“其他应收款”科目的金额，按实际支付的价款减少“银行存款”科目的金额。其会计分录为：

借：长期股权投资

　其他应收款

　贷：银行存款

③收到发放的股利时，按成本法核算，增加“银行存款”或“长期股权投资”科目的金额，增加“投资收益”科目的金额。其会计分录为：

借：银行存款

　贷：投资收益

或

借：长期股权投资

　贷：投资收益

④本科目按投资种类进行明细核算。

2.负债类

（1）“各户存款”科目。本科目核算集团企业内部各单位存入内部银行的日常结算往来款项。

①各单位到内部银行办理存款业务，增加“银行存款”科目的金额，增加“各户存款”科目的金额。其会计分录为：

借：银行存款

　贷：各户存款

②各单位到内部银行办理付款业务，减少“银行存款”科目的金额，减少“各户存款”科目的金额。其会计分录为：

借：各户存款

　贷：银行存款

③本科目按开户单位进行明细核算。

（2）“拆入资金”科目。本科目核算内部银行从商业银行及其他金融机构借入的一年期以下的各种短期借款。

①借入借款时，增加“银行存款”科目的金额，增加“拆入资金”科目的金额。其会计分录为：

借：银行存款

　贷：拆入资金

②归还借款时，减少“拆入资金”科目的金额，减少“银行存款”科目的金额。其会计分录为：

借：拆入资金

　贷：银行存款

③本科目按借款种类和行别进行明细核算。

（3）“交易性金融负债”科目。本科目核算内部银行为筹措资金而经过中国人民银行批准发行的一年期以内（包括一年）的短期债券。本科目设置“债券面值”“应计利息”两个明细科目。

①发行短期债券收到款项时，直接转存储蓄代办点，增加“银行存款”科目的金额，增加“交易性金融负债——债券面值”科目的金额。其会计分录为：

借：银行存款

　贷：交易性金融负债——债券面值

②按月提取短期债券利息时，增加“利息支出”科目的金额，增加“交易性金融负债——应计利息”科目的金额。其会计分录为：

借：利息支出

贷：交易性金融负债——应计利息

③到期支付债券本息时，减少“交易性金融负债——债券面值”“交易性金融负债——应计利息”科目的金额，减少“银行存款”科目的金额。其会计分录为：

借：交易性金融负债——债券面值

——应计利息

贷：银行存款

（4）“长期债券”科目。本科目核算内部银行为筹措资金而经过中国人民银行批准发行的一年期以上的长期债券。本科目设置“债券面值”“应计利息”两个明细科目。

①发行长期债券收到款项时，直接转存储蓄代办点，增加“银行存款”科目的金额，增加“长期债券——债券面值”科目的金额。其会计分录为：

借：银行存款

贷：长期债券——债券面值

②按月提取长期债券利息时，增加“利息支出”科目的金额，增加“长期债券——应计利息”科目的金额。其会计分录为：

借：利息支出

贷：长期债券——应计利息

③到期支付债券本息时，减少“长期债券——债券面值”“长期债券——应计利息”科目的金额，减少“银行存款”科目的金额。其会计分录为：

借：长期债券——债券面值

——应计利息

贷：银行存款

（5）“应付票据”科目。本科目核算内部银行办理的应在一定时期内支付确定金额的票据。

①属正常购销业务办理承兑汇票的，内部银行不通过本科目核算。

②属利用承兑汇票办理票据贴现业务的，按实际取得的货币金额增加“银行存款”科目的金额，按一定利率支付的贴现利息增加“利息支出”科目的金额，按票面金额增加“应付票据”科目的金额。其会计分

录为：

借：银行存款

　　利息支出

　　贷：应付票据

③承兑汇票到期承付时，减少“应付票据”科目的金额，减少“银行存款”科目的金额。其会计分录为：

借：应付票据

　　贷：银行存款

④本科目按行别及单位名称设置台账进行明细核算。

（6）“应付利息”科目。本科目核算内部银行应付而未付给各单位的存款利息及各项外部借款利息。

①将应付利息入账时，增加“利息支出”科目的金额，增加“应付利息”科目的金额。其会计分录为：

借：利息支出

　　贷：应付利息

②实际支付时，减少“应付利息”科目的金额，减少“银行存款”科目的金额。其会计分录为：

借：应付利息

　　贷：银行存款

③本科目按单位名称及种类设置台账进行明细核算。

（7）“其他应付款”科目。本科目核算内部银行应付、暂收其他单位或个人的款项。存入的保证金也在本科目核算。

①发生应付、暂收款项时，增加“银行存款”科目的金额，增加“其他应付款”科目的金额。其会计分录为：

借：银行存款

　　贷：其他应付款

②偿还、转销各种应付、暂收款项时，减少“其他应付款”科目的金额，减少“银行存款”科目的金额。其会计分录为：

借：其他应付款

　　贷：银行存款

③本科目按单位或个人及款项类别进行明细核算。

3.所有者权益类

（1）“本年利润”科目。本科目核算内部银行在本年度实现的利润（或亏损）总额。

①期末结转利润时，将“利息收入”“汇兑收益”“其他业务收入”科目余额转入“本年利润”科目贷方；将“利息支出”“销售费用”“汇兑损失”“其他业务支出”科目余额转入“本年利润”科目借方。其会计分录为：

借：利息收入、汇兑收益等

　贷：本年利润

借：本年利润

　贷：利息支出、销售费用等

②期末结转后，本科目借方余额为亏损，贷方余额为利润。年度终了，将利润总额全部转入“利润分配”科目。其会计分录（如为亏损则借贷方相反）为：

借：本年利润

　贷：利润分配——未分配利润

（2）“利润分配”科目。本科目核算内部银行按规定分配的利润或应弥补的亏损以及历年利润分配（或弥补亏损）后的结存余额。

①年度终了，将本年实现的利润（或亏损）总额从“本年利润”科目转入“利润分配”科目。其会计分录为：

借：本年利润

　贷：利润分配——未分配利润

如为亏损，则作相反会计分录。

②调整增加的上年利润或调整减少的上年亏损。其会计分录为：

借：有关科目

　贷：利润分配——未分配利润

③调整减少的上年利润或调整增加的上年亏损。其会计分录为：

借：利润分配——未分配利润

　贷：有关科目

④本科目年末余额即为历年积存的未分配利润或未弥补亏损。

4.损益类

（1）“利息收入”科目。本科目核算内部银行转收各商业银行及其他金融机构的存款利息及集团企业内部贷款单位的贷款利息。

①收到商业银行存款利息时，增加“银行存款”科目的金额，增加“利息收入”科目的金额。其会计分录为：

借：银行存款

　贷：利息收入——银行存款利息收入

②收到各贷款单位贷款利息时，减少“各户存款”科目的金额，增加“利息收入”科目的金额。其会计分录为：

借：各户存款

　贷：利息收入——单位贷款利息收入

③月末结转利润。其会计分录为：

借：利息收入

　贷：本年利润

（2）“手续费收入”科目。本科目核算内部银行为各开户单位办理各项结算业务而按规定收取的手续费收入。

①获得各项手续费收入时，减少“各户存款”科目的金额，增加“手续费收入”科目的金额。其会计分录为：

借：各户存款

　贷：手续费收入

②期末将本科目余额结转利润时，减少本科目的金额，增加“本年利润”科目的金额。其会计分录为：

借：手续费收入

　贷：本年利润

③本科目按手续费收入的种类进行明细核算。

（3）“汇兑收益”科目。本科目核算内部银行进行外币兑换和外汇买卖等业务发生的汇兑收益。

①发生汇兑收益时，增加“货币兑换”科目的金额，增加“汇兑收益”科目的金额。其会计分录为：

借：货币兑换

　贷：汇兑收益

②期末将本科目余额结转“本年利润”科目。其会计分录为：

借：汇兑收益

　贷：本年利润

③本科目按外币兑换币种进行明细核算。

（4）“其他业务收入”科目。本科目核算内部银行除金融业务往来以外的其他业务的营业收入。

①发生收入时，增加“银行存款”科目的金额，增加“其他业务收入”科目的金额。其会计分录为：

借：银行存款

　贷：其他业务收入

②期末将本科目余额结转“本年利润”科目。

（5）“投资收益”科目。本科目核算内部银行进行投资，按合同或协议规定分回的债券投资的利息收入、股票投资的应收股利等。

①发生应收或收到债券利息、股利。其会计分录为：

借：银行存款

　　其他应收款

　　长期股权投资等

　贷：投资收益

②期末将本科目余额结转“本年利润”科目。其会计分录为：

借：投资收益

　贷：本年利润

③本科目按投资种类进行明细核算。

（6）“营业外收入”科目。本科目核算内部银行罚款净收入。

①发生罚款收入时，增加“银行存款”科目的金额，增加“营业外收入”科目的金额。其会计分录为：

借：银行存款

　贷：营业外收入

②月末结转“本年利润”科目。其会计分录为：

借：营业外收入

　贷：本年利润

（7）“利息支出”科目。本科目核算内部银行付给商业银行及其他金融机构的借款利息及内部银行付给各开户单位的存款利息。

①支付商业银行及其他金融机构借款利息时，增加“利息支出”科目的金额，减少“银行存款”科目的金额。其会计分录为：

借：利息支出

　贷：银行存款

②支付各开户单位存款利息时，增加“利息支出”科目的金额，增加“各户存款”科目的金额。其会计分录为：

借：利息支出

　贷：各户存款

③月末结转“本年利润”科目。

（8）“手续费支出”科目。本科目核算内部银行委托商业银行及其他金融机构办理结算业务而支付的手续费。

①发生各项手续费支出时，增加“手续费支出”科目的金额，减少“银行存款”科目的金额。其会计分录为：

借：手续费支出

　贷：银行存款

②期末本科目余额结转利润时，减少“本年利润”科目的金额，减少“手续费支出”科目的金额。其会计分录为：

借：本年利润

　贷：手续费支出

③本科目按手续费支出种类进行明细核算。

（9）“销售费用”科目。本科目核算内部银行在资金信贷结算业务及管理中发生的各项费用。

①发生费用支出时，增加“销售费用”科目的金额，减少“银行存款”科目的金额。其会计分录为：

借：销售费用

　贷：银行存款

②月末结转“本年利润”科目。其会计分录为：

借：本年利润

　贷：销售费用

③本科目按费用项目进行明细核算。

（10）“汇兑损失”科目。本科目核算内部银行进行外汇买卖和外币兑换等业务发生的汇兑损失。

①发生汇兑损失时，增加“汇兑损失”科目的金额，减少“货币兑换”科目的金额。其会计分录为：

借：汇兑损失

　贷：货币兑换

②月末余额结转“本年利润”科目。

（11）“其他业务支出”科目。本科目核算内部银行除利息支出、营业费用以外的其他支出。

①发生其他营业支出时，增加“其他业务支出”科目的金额，减少“银行存款”科目的金额。其会计分录为：

借：其他业务支出

　贷：银行存款

②月末结转“本年利润”科目。其会计分录为：

借：本年利润

　贷：其他业务支出

（三）内部银行账簿的设置及核算内容

内部银行账簿可分为总分类账和明细分类账。总分类账按照“内部银行会计科目表”设置账户，依据每天编制的汇总记账凭证，逐笔进行登记。明细分类账根据总分类账的核算内容设置明细核算账户，依据每天填制的记账凭证和原始凭证逐笔顺序登记各明细账。总分类账与明细分类账均于当日结出余额并核对相符。

（四）内部银行会计报表的种类及编制

内部银行需设置资产负债表、利润表、内部贷款表、外部借款表、银行存款日报表、各户存款日报表六种报表。现介绍各种表格的样式和编制方法。

1.资产负债表

本表反映内部银行期末全部资产、负债及所有者权益情况。编制本表是为了分析内部银行各项资产、负债和所有者权益的增减变动以及各项目之间的相互关系，检查资产、负债和所有者权益的构成是否合理，考核各单位资金的取得和运用是否合法。资产负债表（甲类）

格式见表14–7。

表14–7　　　　　　　　　　资产负债表（甲类）

年　月　日　　　　　　　　　　单位：元

资产	行次	年初数	年末数	负债及所有者权益	行次	年初数	年末数
流动资产：				流动负债：			
货币资金	1			各户存款	16		
应收利息	2			应付利息	17		
其他应收款	3			其他应付款	18		
贴现资产	4			拆入资金	19		
交易性金融资产	5			短期借款	20		
贷款——短期贷款	6			应付票据	21		
坏账准备	7			交易性金融负债	22		
	8			流动负债合计	23		
流动资产合计				长期负债：			
长期资产：	9			长期债券	24		
贷款——长期贷款	10			长期借款	25		
贷款——逾期贷款	11			长期负债合计	26		
长期股权投资	12			所有者权益：			
	13			未分配利润	27		
长期资产合计	14			所有者权益合计	28		
资产总计	15			负债及所有者权益总计	29		

会计主管：　　　　　　　　复核：　　　　　　　　制表：

2.利润表

本表反映内部银行本期利润（亏损）的实现情况。利润表（甲类）格式见表14–8。

表14-8 **利润表（甲类）**

年 月 日 单位：元

项目	行次	本期数	本年累计数	补充资料			
				项目	行次	本期数	本年累计数
一、营业收入	1			营业费用	1		
利息收入	2			业务招待费	2		
手续费收入	3			业务宣传费	3		
汇兑收益	4			安全防范费	4		
其他业务收入	5			会计出纳费	5		
二、营业支出	6			办公费	6		
利息支出	7			保险费	7		
手续费支出	8			邮电费	8		
营业费用	9			差旅会议费	9		
汇兑损失	10			低值易耗品	10		
其他业务支出	11			修理费	11		
三、营业利润	12			咨询费	12		
加：投资收益	13			其他支出	13		
营业外收入	14						
减：营业外支出	15						
四、利润总额	16						

会计主管： 复核： 制表：

3.内部贷款月报表

本表反映内部银行期末的全部贷款情况。编制本表是为了分析集团企业内部各单位贷款的增减变动情况。内部贷款月报表格式见表14-9。

表 14-9 **内部贷款月报表**

年 月 日 单位：万元

借款单位	项目名称或贷款种类	月初余额	本月增减		本月余额	备注
			增加	减少		

会计主管： 复核： 制表：

（1）“月初余额”栏内各数字根据上月内部贷款月报表中的“本月余额”栏内数字填列。

（2）“本月余额”栏内各数字根据贷款台账期末数填列。

4.外部借款月报表

本表反映内部银行期末的全部借款情况。编制本表是为了反映内部银行在各金融机构借款的增减变动情况。外部借款月报表格式见表 14-10。

表 14-10 **外部借款月报表**

年 月 日 单位：万元

金融机构	借款种类	月初余额	本月增减		本月余额	借款单位	备注
			增加	减少			

会计主管： 复核： 制表：

（1）“月初余额”栏内各数字根据上月外部借款月报表中的“本月余额”栏内数字填列。

（2）“本月余额”栏内各数字根据借款台账期末数填列。

5. 银行存款日报表

本表反映内部银行每天在商业银行的存款余额及增减变动情况。银行存款日报表格式见表14-11。

表14-11　　　　　　　　　　**银行存款日报表**

年　月　日　　　　　　　　　　单位：元

金融机构	银行账户	昨日余额	本日增加	本日减少	本日余额	备 注

会计主管：　　　　　　　　复核：　　　　　　　　制表：

本表根据银行日记账及每天的存取款情况据实填列。

6. 各户存款日报表

本表反映各开户单位在内部银行每天的存款余额及增减变动情况。各户存款日报表格式见表14-12。

表14-12　　　　　　　　　　**各户存款日报表**

年　月　日　　　　　　　　　　单位：元

存款单位名称	银行账户	昨日余额	本日增加	本日减少	本日余额	备注

会计主管：　　　　　　　　复核：　　　　　　　　制表：

本表每天根据各单位存款卡片账据实填列。

三、内部银行乙类账户的核算

（一）会计科目的设置

根据核算的需要，乙类账户分别设置总账科目和明细科目。其中，总账科目是对核算对象的具体内容进行分类的项目，明细科目就是各内部核算单位的名称。内部银行设置的乙类账户总账科目见表14-13。

表14-13　　　　　　　　**内部银行会计科目表（乙类）**

资产类科目			负债及权益类科目		
编号	总账科目	明细科目	编号	总账科目	明细科目
101	发放内部贷款	各内部核算单位	201	单位（A）存款	各内部核算单位
102	拨付预算资金	各内部核算单位	202	单位（B）存款	各内部核算单位
103	出纳货币资金		203	内部结算资金	
			204	利息收入	

（二）会计科目的核算内容

1. “发放内部贷款”科目

本科目核算内部银行发放给各内部核算单位的资金贷款及其增减变动情况。

借方：登记内部银行发放给各内部核算单位的贷款数额。

贷方：登记内部银行收回的贷款数额。

余额：在借方，表示内部银行尚未收回的贷款数额。

2. “拨付预算资金”科目

本科目核算内部银行根据企业下达给各管理部室的费用预算指标，拨付给各内部核算单位的费用额度及其转销情况。

借方：登记内部银行按预算指标拨付给各内部核算单位的费用额度。

贷方：登记每月货币资金预算的转销数额和非货币资金结算额。

余额：在借方，表示内部银行下拨给各内部核算单位的费用额度余额。

3. “出纳货币资金”科目

本科目核算财务部与各内部核算单位之间发生的收付货币资金的经济业务。

借方：登记有关企业收入的货币资金。

贷方：登记各内部核算单位从财务部支出的货币资金。

余额：在借方，表示企业的货币资金净流入量。

4.“单位（A）存款”科目

本科目核算各内部核算单位内部资金的存取和结存情况。

借方：登记各内部核算单位对内支出的内部资金数额。

贷方：登记各内部核算单位存入的内部资金数额。

余额：在贷方，表示各内部核算单位的内部资金结存余额。

5.“单位（B）存款”科目

本科目核算各内部核算单位到财务部办理货币资金的存取和结存情况。

借方：登记各内部核算单位对外支出的货币资金数额。

贷方：登记各内部核算单位由（A）账户转入的货币资金数额。

余额：在贷方，表示各内部核算单位的货币资金结存余额。

6.“内部结算资金”科目

本科目核算各内部核算单位与财务部之间发生的货币资金的上缴、下拨款项业务。

借方：登记财务部付给各内部核算单位的款项。

贷方：登记各内部核算单位上缴财务部的折旧费、利润等款项。

余额：在贷方，表示各内部核算单位上缴的费用及利润净额。

7.“利息收入”科目

本科目核算内部银行向各核算单位收取的贷款利息。

借方：登记利息收入的划转核销。

贷方：登记向各内部核算单位收取的贷款利息。

余额：在贷方，表示内部银行收取的尚未核销的利息收入净额。

“拨付预算资金”“发放内部贷款”“单位（A）存款”“单位（B）存款”科目均按各内部核算单位的名称设置明细科目核算。

（三）内部银行账簿的设置和核算内容

（1）总分类账。总分类账按照“内部银行会计科目表”设置账户，并依据定期编制的汇总记账凭证进行登记。汇总记账凭证应根据内部银行业务量的大小和核算要求每周或每旬汇总编制一次。

（2）明细分类账。明细分类账根据总分类账的核算内容，按照各内部核算单位的名称设置账户；依据内部银行的各种凭单记账；设置“拨付预算资金明细账”“发放内部贷款明细账”“单位（A）存款明细账”

"单位（B）存款明细账"。单位存款明细账可采用一式两联的复写套式账页格式。月度终了，内部银行留存一份，再送给各内部核算单位一份作为对账凭证。

（3）总分类账与明细分类账均于当日结出余额并核对相符。

（四）会计报表的种类及编制

为了全面掌握各内部核算单位的资金运用结存情况，内部银行应分别根据总分类账和明细分类账编制"资产负债表（乙类）""单位（A）存款明细表""单位（B）存款明细表"。这三种报表均为月报表，格式见表14-14、表14-15和表14-16。

表14-14　　**资产负债表（乙类）**

年　月　日　　单位：元

资 产	行次	年初余额	期末余额	负债及所有者权益	行次	年初余额	期末余额
发放内部贷款	1			单位（A）存款	6		
拨付预算资金	2			单位（B）存款	7		
出纳货币资金	3			内部结算资金	8		
	4			利息收入	9		
合计	5			合计	10		

会计主管：　　复核：　　制表：

表14-15　　**单位（A）存款明细表**

年　月　日　　单位：元

户 名	账 号	月初余额	本月存入	本月支出	月末结存
合计					

会计主管：　　复核：　　制表：

表 14-16　　**单位（B）存款明细表**

年　月　日　　单位：元

户 名	账 号	月初余额	本月存入	本月支出	月末结存
合计					

会计主管：　　复核：　　制表：

复习思考题

1. 内部银行的作用是什么？

2. 内部银行的核算有什么特点？甲、乙两类账户的核算有什么不同？

第十五章

企业全面预算管理制度系统的设计

第一节　全面预算管理制度概述

一、全面预算管理的概念

全面预算管理是对企业一定期间的经营活动、投资活动、财务活动进行全面规划、预计、测算和描述，并对其执行过程与结果进行控制、调整和考评的一系列管理活动。其具体内容包括：

（1）制定企业在一定期间的战略规划和经营目标。

（2）编制企业经营预算、资本预算和财务预算。

（3）经过法定程序审查、批准企业预算。

（4）全面执行企业预算。

（5）对执行预算的过程进行监督和调控。

（6）编制企业各项经营活动执行情况的反馈报告，对预算执行情况进行分析。

（7）对各预算执行部门的业绩进行考核评价，给予奖惩。

自20世纪20年代美国通用电气、杜邦、通用汽车等企业率先采用全面预算管理以来，它已逐渐成为世界上众多企业采用的管理工具。在我国，全面预算管理也被一些企业重视并采用，2000年9月经贸委下发的《国有大中型企业建立现代企业制度和加强管理的基本规范》就明确要求，国有大中型企业要在企业内部推行全面预算管理制度。

二、西方国家全面预算管理制度的发展历程

近代预算制度产生于英国，发展于美国，首先应用于政府机构，后来逐渐应用于企业管理当中，其发展大致经历了产生期、发展期和成熟期三个阶段。最早将预算作为管理手段应用于企业的是20世纪20年代的美国，它被应用在广告费用的分配上。早期的预算管理只是作为协调和控制企业内各职能部门经济管理活动的工具。此后，一些经济管理领域的学者及会计学者开始对预算管理进行更深入的探讨和研究。20世纪40年代末期，西方各种新的管理思想、管理理论不断涌现，这些新的思想和理论对预算管理理论产生了一定的积极影响，其中影响较大的是组织行为学。一些实行预算管理的企业开始提倡和实行分权式的民主管理，实行自上而下、自下而上反复循环的预算编制方法，使企业所有层次的管理者和关键岗位的人员都参与预算的编制，形成了参与型预算管理，从而使预算更加接近实际，也更具可行性。20世纪70年代，零基预算在西方国家兴起，它承袭了预算的计划特性，给预算管理注入长期、整体的观念。进入20世纪80年代后，伴随着科技进步，通信技术、网络信息技术的发展，人们对信息的获取、分析和处理更加准确、可靠，企业在制定未来的经营预测、预算目标，特别是中长期预算目标时，有了更为可靠、科学的资料依据，增强了企业管理者在市场竞争中的预见性和应变能力，降低了企业的经营风险。此时，全面预算管理在西方国家已经成为企业不可或缺的主要管理手段，很多跨国企业在评价经理人员的业绩时，也偏重于以预算为标准进行评价。

三、西方的全面预算管理思想对我国的影响

在计划经济时期，基于我国的财政预算制度，企业的生产、销售等全部纳入财政预算，在计划经济体制下运行。企业的预算附属于国家财政预算，是国家财政预算的组成部分，没有形成自己完整、独立的预算管理体制。实行改革开放后，我国从计划经济逐渐向市场经济过渡，建立现代化的市场主体型的企业制度是我国经济改革的目标之一。西方国家的现代企业管理理论被引入国内，特别是20世纪80年代初期，我国学者及一些企业引进并运用西方的管理会计理论与实践经验，推动了全面预算管理在我国的推广与发展，一些企业开始探索适合我国国情的企业预算管理模式，如山东华乐集团、河北新兴铸管集团等。从实践来看，全面预算管理对我国企业提高经济效益有较大的推动作用。然而，我国市场经济仍处在逐步完善之中，现代企业制度还有许多需要完善和改进之处，一些国有企业面临着产权关系的重大变化，加之市场竞争越来越激烈，市场环境和企业内部环境处在不断的变化当中，因此照搬西方的管理会计理论而不注重我国企业的实际运行环境，必然会导致运行结果与理论背道而驰，阻碍我国企业管理的现代化、科学化发展。

四、全面预算管理制度的预算编制原则

为了使预算正确体现国家的方针政策，如实反映客观实际，适应市场经济的要求，充分发挥其应有的作用，预算管理应坚持如下原则：

（一）政策性原则

政策性原则要求遵纪守法。编制预算必须首先树立法制和政策观念，严格执行国家有关法律、政策、制度和财经纪律，确定各项指标和措施时都必须以政策为依据，以法律为准绳，要划清合法与非法的界限。

（二）目的性原则

目的性原则要求改进服务、提高效益。编制预算必须树立服务观念、效益观念，要不断提高服务质量，提高经济效益。服务质量不仅包括服务态度，还包括产品质量，这就要求正确处理经营和服务的关系、服务和效益的关系。

（三）弹性原则

弹性原则要求积极可靠、留有余地。编制预算必须树立唯物观念、

辩证观念，具体情况具体分析，把需要和可行性结合起来，使计划指标既积极先进又稳妥可靠，既不能把计划指标制订得过低，也不能把计划指标制订得过高。

（四）协调性原则

协调性原则要求统筹兼顾、综合平衡。编制预算必须树立兼顾观念、平衡观念，要兼顾各部门、各层次的利益关系，做到统筹兼顾、全面安排、保证重点、综合平衡，围绕企业的共同目标，做到上下齐心协力。

（五）民主性原则

民主性原则要求树立群众观念、民主观念，正确处理好干部和群众、民主和集中的关系，要充分发挥群众的积极性和创造性。

第二节　全面预算管理制度的设计

一、预算管理的组织体系设计

全面预算管理组织体系由预算管理决策机构、预算管理职能机构和预算管理执行机构三个层次组成。预算管理决策机构是组织、领导企业实施全面预算管理的最高权力组织，预算管理职能机构是负责预算的编制、审定、监控、协调和反馈的职能部门，预算管理执行机构是预算执行过程中的各个责任预算执行主体。

（一）预算管理决策机构

预算管理决策机构是预算管理委员会，受董事会直接领导，主任委员由企业法人代表担任，副主任委员由企业总经理和财务负责人担任，成员还包括企业高级管理人员和部分子公司、分公司及部门负责人。预算管理委员会的具体组成人员名单由董事会研究决定。

预算管理委员会的职责是领导企业全面实施预算管理工作。其主要职责包括以下几项：

（1）根据企业远景规划、发展战略及长期计划制定企业本年度预算控制指标。

（2）审批有关预算管理的政策、规定、制度等相关文件。

（3）制定预算编制的方针、程序和要求。

（4）审查企业预算草案和下属二级单位预算草案，并就必要的修订提出建议。

（5）将经过审查的预算提交董事会及股东会审议，通过后下达正式预算。

（6）审批预算管理奖惩办法。

（7）仲裁和协调预算管理中的冲突和纠纷。

（8）审批预算调整事项，在必要时对预算执行过程进行干预。

（9）接收将预算与实际结果进行比较的定期预算报告，审定年度决算。

（二）预算管理职能机构

预算管理职能机构是预算管理办公室，负责企业日常的全面预算管理工作。其主要职责是：

（1）负责企业预算管理制度的起草和报批工作。

（2）根据预算管理委员会的决议编制企业年度预算管理指南或大纲。

（3）组织、开展企业预算的各项定额工作、价格工作、标准化工作等基础工作。

（4）为各预算单位的预算管理提供咨询。

（5）编制企业年度全面预算（草案），并根据预算总目标向企业内部各部门分解、下达预算指标。

（6）预审下属二级预算单位的预算草案，并提出修改意见和建议。

（7）汇总企业预算，并向预算管理委员会提出审批重点和建议。

（8）负责检查、落实企业预算管理制度的执行。

（9）对预算执行过程进行管理和控制，并定期进行分析。

（10）结合预算执行的实际情况，提出调整预算指标的建议方案。

（11）定期向预算管理委员会提供预算反馈报告，反映预算执行中的问题，并为预算管理委员会进一步采取行动拟订备选方案。

（12）负责预算管理的其他日常工作。

预算管理办公室可与财务部合署办公，可由财务部部长兼任预算管理办公室主任。全面预算管理的监控工作由预算管理办公室牵头负责，考评工作由人力资源部牵头负责，各职能部室按其职能分工做好配合工作。

（三）预算管理的执行机构

预算管理的执行机构是企业各级预算责任的执行主体，按其性质和责任可划分为投资中心、利润中心和成本费用中心。各责任中心必须具备的条件是：

（1）具有承担经济责任的主体，即责任人。

（2）具有确定经济责任的客体，即资金运动。

（3）具有承担经济责任的基本条件，即职权。

（4）具有考核经济责任的基本标准，即经济绩效。

投资中心是指需要对其投资负责的责任单位，适用于对资产具有经营决策权和投资决策权的独立经营单位；利润中心是指需要对收入、成本、费用负责，并最终对利润预算负责的责任单位，根据情况可划分为自然利润中心和模拟利润中心；成本费用中心是指具有一定成本、费用控制权，因而只能对其可控成本、费用预算负责的责任单位。各责任中心的确定和划分由财务部拟订草案，报预算管理委员会审批决定。

二、全面预算的内容和责任分工设计

企业要本着“谁执行预算，谁就编制预算草案”的原则确定各项预算草案的编制责任单位，具体的责任分工如下：

（1）销售预算草案由销售部编制。

（2）生产预算草案由各制造分厂编制。

（3）员工工资预算草案由人力资源部编制。

（4）制造费用预算草案由各制造分厂编制。

（5）产品成本预算草案由各制造分厂编制。

（6）采购预算草案由采购部编制。

（7）存货预算草案由储运部编制。

（8）管理费用预算草案由各职能管理部门编制。

（9）财务费用预算草案由财务部编制。

（10）销售费用预算草案由销售部编制。

（11）科技开发费用预算草案由工程部编制。

（12）固定资产投资预算草案由项目主管部门编制。

（13）权益性资本投资预算草案由投资发展部编制。

（14）债券投资预算草案由财务部编制。

（15）筹资预算草案由财务部编制。

（16）现金预算草案由现金收入部门和现金支出部门编制。

（17）预计资产负债表草案由财务部编制。

（18）预计利润表草案由财务部编制。

（19）其他预算草案均按照部门职能分工编制。

三、全面预算的编制程序、方法和时间

全面预算可根据不同的预算项目，结合企业实际，分别采用固定预算、弹性预算、滚动预算、零基预算、概率预算等方法进行编制。

（一）年度预算的编制

年度预算的编制按照“由上而下、上下结合、分级编制、逐级汇总”的程序进行。具体的编制程序、方法和时间要求是：

1.下达目标

董事会于每年10月15日前确定企业下一预算年度的经营目标；预算管理委员会根据企业预算年度经营目标，于每年10月25日前制定企业下一年度预算编制纲要，确定企业下一年度预算编制的原则和要求，向预算管理执行机构下达各项预算。

2.编制上报

各预算管理执行机构按照预算管理委员会下达的全面预算目标和政策，结合本单位实际以及预测的执行条件，按照统一格式和分工编制本部门下一年度预算草案，于每年11月20日前上报预算管理办公室。

3.审查平衡

预算管理办公室对各预算管理执行机构上报的预算草案进行审查、汇总，提出综合平衡的建议，并于每年12月10日前反馈给有关预算管理执行机构予以修正。

4.审议批准

预算管理办公室在有关预算管理执行机构修正、调整预算草案的基础上，汇总编制企业全面预算草案，于每年12月15日前上报预算管理委员会及董事会讨论审批。董事会在预算年度的1月1日前审批年度预

算。企业财务预算须经过股东大会的审议、批准。

5.下达执行

董事会审议批准的年度总预算在预算年度的1月5日前由预算管理办公室组织落实，逐级下达给各预算管理执行机构。

（二）月度预算的编制

月度预算的编制按照“由下而上、上下结合、分级编制、逐级汇总”的程序进行。具体的编制程序、方法和时间要求是：

1.编制上报

各预算管理执行机构于每月22日前将本部门下一月份的预算草案编制完毕，上交预算管理办公室。

2.审查平衡、审议批准

预算管理办公室于每月25日前对各预算草案进行审核，与各预算管理执行机构进行充分沟通，对预算草案进行修订、审查平衡，最终编制企业月度全面预算草案，上报预算管理委员会及总经理办公会。

3.下达执行

预算管理委员会及总经理办公会于每月30日前批准下达月度全面预算。

预算管理办公室可根据管理的需要决定编制周预算或日预算。

四、预算的实施与控制设计

（一）预算的实施设计

1.分解、落实预算指标

企业预算一经批准下达即具有指令性，各预算管理执行机构必须认真组织实施，将预算指标层层分解，从横向和纵向落实到内部各部门、各单位、各环节和各岗位，形成全方位的全面预算执行责任体系。

2.将预算作为基本依据

企业各部门应当将全面预算作为预算期内组织、协调本部门各项经营活动的基本依据。

（二）预算的控制设计

1.现金流量预算

各部门要强化现金流量预算管理，按时组织预算资金的收入工作，严格控制预算资金的支付，调节资金收付平衡，控制支付风险。对于预算内的资金拨付，要按照授权审批程序执行；对于预算外的项目支出，应当由预算管理委员会审批决定；对于无预算、无合同、无凭证、无手续的项目支出，一律不予支付。

2.销售、生产和成本费用预算

各部门要严格执行销售、生产和成本费用预算，努力完成利润指标。各预算管理执行机构要建立健全原始记录，由生产计划部门对各种生产通知单统一编号。各生产部门对各种生产通知单实际消耗的原料、辅料、燃料、动力、人工、制造费用等作详细记录，以便与预算消耗定额、定率作比较；要及时发现预算执行中出现的异常情况，查明原因，提出解决办法。财务部要细化核算，按月、按品种核算产品成本。

3.全面预算报告制度

企业建立全面预算报告制度，各预算管理执行机构必须按预算管理办公室的要求定期报告全面预算的执行情况。对于全面预算执行中发生的新情况、新问题及出现偏差较大的重大项目，预算管理办公室要责成有关预算管理执行机构查找原因，提出改进经营管理的措施和建议。

4.监控全面预算的执行情况

财务部要利用财务报表和各类内部报表监控全面预算的执行情况，及时向预算管理执行机构、预算管理委员会和总经理办公会提供全面预算的执行进度、执行差异及对企业全面预算目标的影响等信息，促进企业完成全面预算目标。

五、预算的调整设计

全面预算正式下达后，一般不予调整，但在预算执行过程中遇到下列情况时，可对预算进行适当的调整：

（1）国家相关政策发生重大变化，导致无法执行现行预算时。

（2）企业生产经营做出重大调整，致使现行预算与实际差距甚大时。

（3）国内外市场状况发生重大变化，企业必须调整营销策略和产品结构时。

（4）突发事件及其他不可抗力因素导致现行预算不能执行时。

（5）预算管理委员会认为应该调整的其他事项。

预算的调整程序设计如下：

（1）企业调整全面预算应当由预算管理执行机构逐级向预算管理办公室提出书面报告，阐述预算执行的具体情况、客观因素变化及对预算执行造成的影响程度，提出预算的调整幅度。

（2）预算管理办公室应当对预算管理执行机构的预算调整报告进行审核分析，集中编制企业年度全面预算调整方案，提交预算管理委员会及总经理办公会审议批准，然后下达执行。

（3）对预算管理执行机构提出的预算调整事项进行决策时，应当遵守以下要求：①预算调整事项不能偏离企业发展战略和年度全面预算目标；②预算调整方案应当在经济上实现最优化；③预算调整的重点应当放在全面预算执行中出现的重要的、非正常的、不符合常规的关键性差异方面。

六、预算的分析、审计与考核设计

（一）预算的分析设计

1.建立全面预算分析制度

企业建立全面预算分析制度，由预算管理办公室定期召开全面预算执行分析会议，掌握全面预算的执行情况，研究、落实解决全面预算执行中存在的问题的政策措施，纠正全面预算的执行偏差。

2.开展全面预算执行分析

财务部及各预算管理执行机构应当充分收集财务、业务、市场、技术、政策、法律等方面的有关信息和资料，根据不同情况分别采用比率分析、比较分析、因素分析、平衡分析等方法，从定量与定性两个层面充分反映预算管理执行机构的现状、发展趋势及潜力。

3.进行执行偏差分析

针对全面预算的执行偏差，预算管理办公室及各预算管理执行机构应当充分、客观地分析产生偏差的原因，提出相应的解决办法或建议，并提交预算管理委员会、总经理办公会研究决定。

（二）预算的审计设计

1.定期组织全面预算审计

预算管理委员会应当定期组织全面预算审计，纠正全面预算执行中存在的偏差，充分发挥内部审计的监督作用，维护全面预算管理的严肃性。

2.审计方式

全面预算审计可以采取全面审计或者抽样审计方式。在特殊情况下，企业也可组织不定期的专项审计。

3.形成审计报告

审计工作结束后，企业内部审计机构应当形成审计报告，直接提交预算管理委员会，作为调整、改进内部经营管理和全面考核的一项重要参考依据。

（三）预算的考核设计

预算年度（季度、月度）终了，预算管理委员会应当向董事会或者总经理办公会报告全面预算执行情况，并依据全面预算完成情况和全面预算审计情况对预算管理执行机构进行考核，以便根据预算考核的结果进行奖惩。企业全面预算执行情况考核是企业效绩评价的主要内容，应当结合内部经济责任制年度考核方式进行，并与预算管理执行机构负责人及员工收益奖惩挂钩。

复习思考题

1.企业全面预算管理包括哪些内容？

2.什么是责任中心？责任中心可分为几类？每一类的权责有什么区别？

第十六章

责任会计制度的设计

第一节 责任会计系统概述

责任会计是运用价值形式对企业内部生产经营活动过程中的耗费、占用和成果进行核算、控制和考核的现代化企业管理方法，是以企业中各责任部门的经济责任为核算对象，对各责任部门进行控制、核算、分析和考核的一种管理会计制度。责任会计的核算对象不是产品而是责任中心，它强调对责任部门进行事前、事中和事后的全过程管理，它要反映和评价的是每一个责任部门的工作业绩。

一、责任会计核算的基本内容

责任会计核算的基本内容是建立责任中心、建立内部结算制度、编制责任预算、实施责任控制、开展责任核算、考评工作业绩。这六个方面构成了责任会计的完整体系。它们之间保持着密切的关系：前两个方面是实施责任会计的前提；后四个方面是实施责任会计的基本环节，即预算–控制–核算–考核。它们一起构成了责任会计制度的实施程序。责任会计的突出特点是全方位核算、全员核算和全过程核算。

1.全方位核算

全方位核算是指整个企业从企业总部到分厂、车间、工段，从生产经营、技术管理到后勤服务各个领域都要实行责任核算。

2.全员核算

全员核算是指从企业领导、管理干部、技术人员一直到生产工人、辅助人员都要参与责任核算。

3.全过程核算

全过程核算是指从产品的研究设计、技术开发、基建技改、供应、生产、销售直至产品售后服务的整个过程都要进行责任核算。

二、责任会计核算的基本程序

1.为各责任中心制定责任预算或确立责任目标

这是为各责任中心确立一个履行职责的目标，同时也为评价各责任中心的工作业绩确立一个标准。

2.对各责任中心执行责任预算的过程进行控制

一方面要实行自上而下的控制，即上级责任中心对所属的下级责任中心进行全面控制；另一方面各责任中心应进行自我控制，以保证各责任中心按预定的目标完成责任预算。

3.准确核算各责任中心的经营业绩

这包括原始凭证的填制、费用的归集和分配、内部产品及劳务的转移结算、收入的确认及经营业绩的确定。

4.考核、评价各责任中心经济责任的履行情况

这是指将实际执行结果与责任目标或责任预算进行比较，揭示、分析其差异，并对责任中心的经营业绩作进一步的评价。

5.通过调查和分析编制责任会计报告

责任会计报告是对责任中心经营业绩的全面考核和评价，也是企业对各责任中心给予奖惩的重要依据。

三、实行责任会计核算的原则

1.目标一致原则

为了保证企业整体目标得以实现，企业各责任部门的责任目标必须与企业整体目标保持一致，要杜绝和防止各责任部门从本部门的利益出发违背企业的整体利益。

2.可控性原则

为各责任部门规定的责任必须是该责任部门可以控制的、在其职责范围内的经济责任。贯彻可控性原则，首先要分清平级责任部门之间的责任界限，其他责任部门的责任不能由本责任部门承担；其次要分清上下级责任部门之间的责任界限，不能让下级责任部门承担上级责任部门的责任，但上级责任部门应向其上级责任部门承担下属责任部门的责任，因为任何一个责任部门对其下属责任部门的责任都有间接的可控性。

3.公平性原则

企业内部各责任部门是互相联系的，在处理相互之间的经济利益关系时，应公平合理、一视同仁，避免挫伤责任部门和员工的积极性与创造性。

4.及时反馈原则

要建立准确、快捷的信息记录、传递和报告制度，及时将责任预算与执行情况进行对比分析，从而充分发挥责任会计的控制功能。

5.责权利相结合的原则

建立责任会计核算制度必须使各责任中心有责、有权、有利，且责、权、利三者之间必须相互配比。

6.兼容性原则

责任会计核算应以现行财务会计核算体系为基础，通过对财务会计核算岗位的整合，划小核算单位，明确责任目标，实行责任核算，满足财务会计核算和企业内部管理的双重需要。例如，为了避免重复记账，采购部、储运部、销售部及其他管理部室的责任会计核算一律不单独设置与财务部会计核算相同的“材料采购”“原材料”“主营业务收入”“管理费用”等账簿；财务部要按照责任会计的核算要求，细化有关会计科目的核算内容；会计人员按照岗位分工，既要负责传统财务会计的核算，又要承担有关责任中心的核算任务。

第二节　责任会计核算组织体系的设计

一、组织体系设计原则

企业的责任会计核算遵循“统一领导、分级归口管理”和“财务会计核算与责任会计核算相结合”的原则，实行企业总部、分厂、车间（工段）三级核算，对供应、销售、技术及各管理部室实行归口责任核算。

统一领导是指企业总部作为代表整个企业的法人实体，对国家、社会承担经济、法律责任。企业总部是责任核算的中心，必须保证统一经营管理的权限，如统一制定方针、目标，统一制定各项标准和定额，统一资金管理，统一对外办理各项业务，统一制定分配制度等。

分级归口管理是指在企业总部的领导下，实行责任分工和分权。分级管理是纵向的责任分工和分权，归口管理是横向的责任分工和分权。各职能部门不仅要把本部门作为责任核算单位，搞好自身的责任核算，而且要发挥归口管理的作用，组织好各种专项责任核算。

企业总部作为统一的独立核算单位，由财务部负责财务会计核算；分厂作为相对独立的内部核算单位，由财务部派出的会计负责责任会计核算；车间（工段）设立兼（专）职核算员，对车间（工段）所承担的各项经济技术指标进行核算；供应、销售、技术及各管理部室的责任核算由财务部设立责任会计核算岗位，进行归口核算。这样，在企业形成一个垂直领导、分级管理、上下成线、左右成网的责任会计核算体系。

二、企业总部的责任核算设计

企业总部的责任核算是在总经理的领导下，由总会计师或财务总监负责，以财务部为中心，组织企业各职能部室、分厂对企业各方面的经济活动和经济效果进行全面、综合、系统、及时、正确的核算，以保证企业经营目标的实现。企业总部责任核算的主要任务是：

（1）根据企业的经营目标进行目标利润和目标成本的预测，以全面预算指标为依据，确定各部室、分厂和车间（工段）的责任核算指标，作为明确经济责任和考核经济效果的依据。

（2）审核并核定生产经营消耗和资金占用的各项定额或标准，对生产经营过程中的活劳动消耗、物质消耗和资金占用实行分级归口管理。

（3）在各责任中心之间进行计价结算，并综合、汇总各责任中心的经济成果。

（4）按月分析企业生产经营计划及预算的完成情况，考核各责任中心的经济核算指标，提出挖掘内部潜力和提高经济效益的措施。

（5）为企业考核各责任中心的指标完成情况及给予的奖惩情况提供数据资料和依据。

三、分厂的责任核算设计

分厂的责任核算是在企业总部的领导下，由各分厂厂长负责，以财务部派出的会计为中心，把分厂的计划、生产、技术、质量保证、设备、保管等管理人员组织起来，对分厂的经济活动和经济效果进行的核算。分厂责任核算的主要任务是：

（1）对企业总部下达的各项经济指标进行逐项分解，落实到各车间、工段，明确各车间、工段的经济责任，作为考核各车间、工段工作业绩的依据。

（2）根据企业总部制定的各项定额和标准，对各生产环节的生产耗费和资金占用进行核算和控制。

（3）与企业总部及其他有经济业务关联的分厂、部门进行内部结算。

（4）核算分厂成本费用及收入、支出，计算内部盈亏。

（5）组织开展车间、工段责任核算，对各车间、工段的工作业绩进行严格考核，并据以进行奖惩兑现。

四、车间、工段的责任核算

车间、工段的责任核算是在分厂厂长的领导下，由车间主任和工段长负责，以车间、工段的兼（专）职核算员为中心，将全体员工组织起来，对本车间、工段的经济活动和经济效果进行的核算。车间、工段责任核算的主要任务是：

（1）将分厂下达的各项指标分解落实到车间、工段的每名员工，做到人人参加核算，个个责任明确。

（2）对本车间、工段的各种生产消耗和资金占用进行有效控制和核算。

（3）对本车间、工段的各项指标完成情况进行考核、分析。

（4）为分厂对本车间、工段进行业绩考核和奖惩提供依据。

五、各部室的责任核算

各部室的责任核算是在企业各分管总经理的领导下，由各部门的部长负责，以财务部设立的责任会计为中心，对各部门的经济活动和经济效果进行的核算。各部室责任核算的主要任务是：

（1）对企业总部下达的各项经济指标进行逐项分解，并落实到有关人员，明确部门及有关人员的经济责任，作为考核各部门及有关人员工作业绩的依据。

（2）根据企业总部制定的经营指标和费用定额，对各部门的经济活动进行核算和控制。

（3）与企业总部及其他有经济业务关联的分厂、部门进行内部结算。

（4）对各部室的各项指标完成情况进行考核、分析。

（5）为企业总部对本部室进行业绩考核和奖惩提供依据。

第三节　责任中心及核算的设计

一、责任中心的设计

责任中心是企业内部具有一定权限，并能承担相应经济责任的内部核算单位。责任中心有如下特征：

（1）拥有与企业总体目标相协调、与其职能相适应的管理决策权。

（2）承担与权力相适应的经济责任。

(3) 具有可量化考核的经济绩效。

(4) 建立与责任相配套的利益机制。

(5) 责任中心的目标与企业总目标协调一致。

(6) 责任中心的划分与企业组织机构相适应。

根据企业现行组织机构的特点，企业可设立投资中心、利润中心、收入中心、成本中心和费用中心五种责任中心。

(一) 投资中心

投资中心是指既要对成本、收入、利润负责，又要对投资负责的职能部门。一般而言，只有具备经营决策权和投资决策权的法人单位才能成为投资中心。企业实行投资中心核算的部门一般为企业投资控股的子公司。

(二) 利润中心

利润中心是指不拥有投资决策权，只对成本、收入及利润负责的职能部门。利润中心有两种类型：一是自然利润中心。这种利润中心同时拥有定价权、采购权、生产经营决策权。二是模拟利润中心。这种利润中心没有定价权、采购权和对外直接销售产品或提供劳务的权力，仅在企业内部各分厂、部门之间按照内部计划相互提供产品或劳务，从而形成内部收入和支出，并最终形成内部利润。企业实行模拟利润中心核算的部门一般为各分厂。

(三) 收入中心

收入中心是指拥有产品对外销售决策权和一定产品定价权，对企业销售收入负责的职能部门。企业实行收入中心核算的部门一般为销售部。

(四) 成本中心

成本中心是指具有一定成本控制权，只对其可控成本负责的职能部门。凡是不能形成收入，只对成本的形成负有一定责任的部门或个人，均可作为一个成本中心。企业实行成本中心核算的部门一般为采购部、储运部，以及各个分厂的车间、工段及基建技改项目等。

(五) 费用中心

费用中心是指具有一定费用控制权，只对其可控费用负责的职能部门。凡是不能形成收入和成本，只对费用的形成负有一定责任的部门均可作为一个费用中心。企业实行费用中心核算的部门一般为财务部、工程部、制造部、质保部、人力资源部、企管信息部和投资发展部等。

二、责任中心的核算方法与内容设计

（一）核算方法

根据企业责任中心的类型和承担的责任，责任中心的核算方法分为八种类型，但部分责任中心承担复合型责任，如销售部既负责销售收入又负责销售费用的支出，储运部既负责货物运输又负责物资保管，所以，在进行责任中心的责任核算时，要根据其承担的具体责任，确定具体的核算内容。

1.模拟法人核算

这是指模拟独立法人企业，对本部门的资金占用、成本支出和内部收入进行全面核算，适用于各个分厂的责任会计核算。

2.收入提成核算

这是指通过完成销售收入预算获得一定比例的提成，并以提成承担本部门一切费用支出的核算，适用于销售部的责任会计核算。

3.费用指标核算

这是指以费用预算来控制费用支出的核算，适用于管理部门的责任会计核算。

4.采购成本核算

这是指通过企业下达的采购预算来控制采购成本及采购资金支出的核算，适用于采购部门的责任会计核算。

5.储备资金核算

这是指以储备资金占用效果为主要内容的核算，适用于仓储部门的责任会计核算。

6.专项资金核算

这是指以专项支出预算和投资效果为主要内容的核算，适用于技术改造、基本建设及重大新产品试制项目的责任会计核算。

7.成本指标核算

这是指以本部门、本岗位所承担的成本预算指标为主要内容的核算，适用于车间、工段的责任会计核算。

8.独立法人核算

这是指企业总部投资控股的子公司的责任核算。

（二）核算内容

1.模拟法人核算的内容

（1）各分厂采取模拟法人核算形式，它是联结企业财务会计核算和车间、工段责任核算的纽带，其特点是不接触外部市场，不直接对外结算，由财务部派出的会计具体负责分厂的责任核算工作。

（2）每年12月份，总经理与各分厂厂长签订下年度的经济责任合同书，内容包括产品产量、产值、成本、消耗、质量、内部利润、安全生产等指标，以及对分厂工作业绩的奖励政策。

（3）分厂管理、使用的全部资产都要在分厂建立资产账簿，形成企业与分厂、分厂与实物的核对关系。分厂的资金来源全部由内部贷款解决，并按月上缴借款利息。各分厂要对自己管辖的实物资产全面负责，建立收、发、保管、盘点等责任制度和奖惩制度，如丢失、损坏，则要追究经济责任。

（4）各分厂会计要按照财务部的统一要求，准确地设置和运用会计科目，正确地填制会计凭证、登记账簿、计算成本和编制内部报表，按月进行成本分析、编写经济活动分析报告，搞好所在分厂的责任核算。同时，要用低值易耗品登记簿核算正在使用的工装、模具等，做到序时登记、日清月结。

（5）分厂耗用的一切材料、人工、费用支出都要由分厂会计开具内部银行支票购买；分厂生产入库的合格产品，储运部要开具内部银行支票收购；分厂当月的收入减去成本为分厂当月的利润。

（6）分厂发生的水电费、工资、办公费、差旅费等费用，一律要经过分厂会计的审核，并附上分厂会计开具的内部银行支票后方能到财务部报销；材料会计编制的“材料消耗汇总表”也必须经过分厂会计的审核，并附上内部银行支票后才能到财务部处理账目。

（7）凡是由财务部分配或划转到分厂的费用，如折旧费、保险费等，财务部必须附上内部资金收款凭证，并经分厂会计审核无误后才能进行账目处理。

（8）各分厂须按月向财务部报送内部会计报表，财务部安排专人审核、汇总各分厂的会计报表，并与财务部核算的有关账簿进行核对。

（9）各分厂进行内部收支结算及成本核算时，一律使用企业制定的计划价格，还必须保持与年度预算相统一，使用统一的材料价格；财务部对各分厂的成本核算资料进行价格差异调整后，转变为企业的实际成本核算资料。

2.收入提成核算的内容

（1）销售部采取收入提成核算形式，其特点是直接接触外部市场，开展对外结算。销售部的责任核算内容与财务部会计核算的销售收入、应收账款、销售费用等账簿的核算内容完全一致。财务部销售核算会计及派驻销售部的会计人员具体负责销售部的责任核算工作。

（2）每年12月份，总经理与分管销售的副总经理或销售部部长签订下年度的经济责任制合同书，内容包括销售收入、回收货款、产销率、应收账款余额、坏账损失、销售计划变动率、销售费用率等指标，以及销售提成率和对销售部经营业绩的奖励政策。

（3）财务部每月编制销售部的责任会计报表，根据企业的考核结果兑现销售提成，将款项拨入销售部的内部存款账户。

（4）销售部的一切支出均须凭内部银行支票办理结算，减少其提成收入。

（5）财务部销售核算会计要按月进行销售收入、应收账款及销售费用分析，编写经济活动分析报告，做好销售部的责任核算。

3.费用指标核算的内容

（1）财务部、人力资源部、制造部等职能部室均采取费用指标核算形式。由于各职能部室的责任核算内容与财务部会计核算的管理费用、财务费用等账簿的核算内容完全一致，因此财务部只需按照责任会计核算的要求，将管理费用的核算细化到各个责任中心，而没有必要另设一套责任会计账簿。各职能部室的内部存款账户由财务部的会计人员进行核算和管理。

（2）每年12月份，总经理与各职能部室部长签订下年度的费用预算合同书，内容包括各部室的费用预算指标、责任范围、工作计划等，以及对各部室工作业绩的奖励政策。确定各部室的指标时，要充分考虑其工作性质、责任大小、员工人数、工作量大小、工作难度等因素，做到准确、合理，避免苦乐不均。

（3）各部室的费用指标核算要遵循可控性原则，即要将管理费用、销售费用和财务费用划分为可控费用和不可控费用两种。不可控费用，如折旧费、工资、保险费等，不属于责任核算的范围，采取按职能归口管理；可控费用，如办公费、邮电费、修理费、差旅费等，属于责任核算的范围。

（4）财务部根据企业确定的各职能部室费用预算指标，按期拨入各职能部室的内部存款账户。

（5）各职能部室发生支出时，一律凭财务部费用核算会计开具的内部银行支票办理付款业务。

（6）财务部费用核算会计每月负责编制各职能部室的责任会计报表，按月进行费用分析，编写经济活动分析报告，做好各职能部室的责任核算。

4.采购成本核算的内容

（1）采购部采取采购成本核算形式，其特点是直接接触外部市场，开展对外结算。采购部的责任核算内容与财务部会计核算的材料采购、应付账款等账簿的核算内容完全一致。财务部材料采购核算会计负责采购部的责任核算工作，采购部发生的管理费用不在采购成本核算中列支。

（2）每年12月份，总经理与采购部部长签订下年度的经济责任制合同书，内容包括材料及外协件采购价格降低率、采购材料的质量要求、应付账款余额、采购费用等指标，以及对采购部经营业绩的奖励政策。

（3）财务部材料采购核算会计设置采购资金内部存款日记账，核算采购资金的支付及结存情况。

（4）采购部向外付款时，必须在月度资金支出预算额度内，凭财务部材料采购核算会计开具的内部银行支票办理。

（5）采购部遇到特殊情况需要超出月度资金支出预算向外付款时，必须经财务负责人批准，核拨追加预算额度。

（6）采购部采购的物资入库后，储运部按计划价格向采购部支付货款。

（7）材料采购核算会计每月编制采购部的责任会计报表，按月进行材料采购及应付账款分析，编写经济活动分析报告，做好采购部的责任核算。

5.储备资金核算的内容

（1）储运部采取储备资金核算形式，其业务内容包括：第一，按物资出入库计划和产品产销实际办理材料、物资及产品的出入库手续；第二，负责货物运输业务。储运部的责任核算内容与财务部会计核算的材料核算、产成品核算等账簿的核算内容完全一致。财务部存货核算会计负责储运部的责任核算工作。

（2）每年12月份，总经理与储运部部长签订下年度的经济责任制合同书，内容包括各类材料、外协件及产成品的平均库存定额、储备资金周转天数、多余积压物资比率、仓储费用、货物运输价格、储运服务质量要求等指标，以及对储运部工作业绩的奖励政策。

（3）财务部存货核算会计设置储备资金内部存款日记账，核算储备资金的收付及结存情况。

（4）储运部办理材料、外协件及产成品入库结算时，分别向采购部、各分厂开具内部银行支票办理支付业务。

（5）储运部办理材料、外协件及产成品出库结算时，分别向各分厂、销售部及其他领料部门收取内部银行支票办理收款业务。

（6）材料、外协件及产成品的出入库结算均执行计划价格。

（7）储运部负责的货物运输属于管理职能，运费由各受益单位承担。在办理向外付款时，储运部负责向各运输受益单位收取内部银行支票，然后到财务部办理对外付款业务。

（8）财务部存货核算会计每月编制储运部的责任会计报表，按月进行储备资金分析，编写经济活动分析报告，做好储运部的责任核算。

6.专项资金核算的内容

（1）企业技术改造、基本建设项目及重大新产品试制项目采取专项资金核算形式，其内容与财务部会计核算的在建工程核算、新产品试制核算等账簿的核算内容完全一致。财务部在建工程核算岗位的会计人员负责专项资金的责任核算工作。

（2）财务部根据总经理签署的技术改造、基本建设项目及重大新产品试制项目预算，将专项资金拨入专项资金内部存款账户，并按照一个项目一个户头的原则进行单项核算。对于没有办理预算审批手续的各类项目，财务部一律不予办理内部银行开户手续，更不予办理付款业务。

（3）技术改造、基本建设项目及重大新产品试制项目的一切支出均由财务部专项核算会计开具内部银行支票办理结算。

（4）专项资金的支出要严格按预算执行，未经企业专门会议批准，一律不得超预算开支。

（5）财务部专项核算会计每月编制各项目的责任会计报表，按月进行专项资金分析，编写经济活动分析报告，做好专项资金的责任核算。

7.成本指标核算的内容

（1）车间、工段的责任核算均采取成本指标核算形式，由于各车间、工段的职能不尽相同，所以要在各分厂厂长的领导下，根据车间、工段承担的具体职责确定其责任指标。

（2）分厂会计按照责任会计核算的要求，协助分厂将有关成本指标分解、细化到各个车间和工段，并建立车间、工段成本指标的日报制度。成本指标日报表由车间、工段的兼（专）职核算员负责填报。

（3）车间、工段的成本指标核算要遵循可控性原则，要重点核算材料消耗、产品质量、产量、工时、安全生产等指标。

（4）分厂核算会计负责汇总编制各车间、工段的成本指标完成情况，按月进行成本指标分析，编写成本分析报告，做好各车间、工段的责任核算。

三、资金结算与流程设计

实行责任会计核算的重要内容是分清各责任中心应承担的经济责任和应获取的经济利益，使责任中心发生的每一项成本、费用支出都有相应的资金支付，创造的每一项劳动成果都有相应的资金收入。为此，企业在财务部设立内部银行，行使为各责任中心进行内部结算的职能，内部银行的各项业务由财务部的责任会计负责。

各责任中心之间的转账结算采用内部银行支票和内部银行特种转账传票方式，各责任中心直接到财务部支付的货币资金在结算时采用货币资金付款凭单方式。各责任中心在内部银行开立账户，并刻制内部核算专用章，使用各类内部银行支票时必须加盖内部核算专用章，支票上的大、小写金额一律不得涂改，其他有更改的地方必须加盖填票人印章。各责任中心要根据内部存款余额开出内部银行支票，不得开具超过内部存款余额的空头支票。

内部银行为各责任中心开设的银行账户分A、B两种。

1.A类账户

A类账户系内部结算账户，各责任中心通过A类账户开具的内部银行支票或财务部、内部银行开具的内部银行特种转账传票，办理各责任中心之间的内部资金结算业务，即A类账户只能用于内部资金结算业务，不能用于对外收付货币资金业务。

2.B类账户

B类账户系货币资金账户，各责任中心通过B类账户开具的货币资金付款凭单可以直接到财务部支付货币资金，即B类账户只能用于到财务部办理货币资金收付款业务，不能用于各责任中心之间的内部资金结算业务。

各责任中心的内部银行账号见表16-1。

表16-1 **内部银行账号表**

序号	责任中心户名	A类账号	B类账号	序号	责任中心户名	A类账户	B类账户
1	综合户	1001	2001	10	人力资源部	1011	2011
2	A分厂	1002	2002	11	企管信息部	1012	2012
3	B分厂	1003	2003	12	制造部	1013	2013
4	C分厂	1005	2005	13	工程部	1015	2015
5	D分厂	1006	2006	14	质保部	1016	2016
6	采购部	1007	2007	15	投资发展部	1017	2017
7	储运部	1008	2008	16	一期基建项目	1018	2018
8	销售部	1009	2009	17	二期基建项目	1019	2019
9	财务部	1010	2010	18	…	…	…

财务部要给每一个责任中心或基建、技改项目设置内部银行账号，新增加的内部银行账号要按顺序依次排列。

综合户的存款主要用于不宜归口到各责任中心的收付款项，如企业员工因公借款支出等。该账户由内部银行负责管理。

各责任中心A类账户的铺底存款由财务部根据各责任中心的性质，按照不同的方法核定。

（1）分厂的铺底存款按各分厂的资金占用量和月度资金周转量核定。

（2）采购部的铺底存款按月度资金周转量核定。

（3）储运部的铺底存款按储备资金占用量和月度资金周转量核定。

（4）各职能部室的铺底存款按年度管理费用预算指标核定。

（5）销售部的铺底存款按年度销售费用预算指标核定。

（6）基建、技改项目的铺底存款按年度项目支出预算指标核定。

各责任中心B类账户的存款由财务部每月根据企业下达的各责任中心及基建、技改项目的货币资金预算指标，通知各责任中心从A类存款账户中转入。

储运部对仓库物资要按照资金下库的要求，既管物又管钱，做到货进来、钱出去，货出去、钱进来，钱货两清。对于储运部与采购部、各分厂、销售部及其他关联部门的材料出入库、外协件出入库、产成品出入库业务，其每月的资金结算次数和时间要根据业务性质、业务量大小灵活掌握，原则上每月结算次数不少于两次，可以采取每周按匡算金额结算、月末轧清结算的方法。

各责任中心与储运部结算材料、发放员工工资、支付水电费时，需要附上会计开具的内部银行支票；到财务部报销差旅费、办公费等费用时，需要附上会计开具的对外资金付款凭单。

各分厂之间互相提供半成品、劳务等经济活动，月末由受益方向付出方支付内部银行支票，为简化手续可每月结算一次。

销售部的A类账户用于向储运部支付出库产品的结算款和存入销售产品的收入款，B类账户用于支付销售部的各项销售费用。

采购部的A类账户用于收取仓库每月支付的入库材料及外协件结算款，B类账户用于采购部当月的对外付款。

各责任中心通过内部银行收付的各种款项必须当月入账，因特殊情况滞后入账的，必须在内部银行对账单中说明原因。

内部银行具有调配企业内部资金的职能，可向各申请借款的责任中心发放内部贷款。内部银行发放贷款一律实行有偿使用，按月计收贷款利息，贷款利率由财务部根据企业从商业银行获得贷款的利率确定。

四、责任会计的核算流程设计

（一）设计原则

1.先责任会计核算，后财务会计核算

会计核算的各种原始凭证、成本费用归集，要经过各责任中心责任会计的审核后才能传递到财务部进行会计核算。例如，分厂发生的材料、电费、工资、办公费、差旅费等支出，一律要先经过分厂会计的审核方能到财务部报销；材料会计编制的材料消耗汇总表也必须首先经过分厂会计审核签字后，才能到财务部处理账目。

2.将内部银行支票或对外资金付款凭单作为列支依据

各责任中心的一切支出，一律由责任中心会计开具内部银行支票或对外资金付款凭单作为本责任中心成本费用的列支依据；没有附内部银行支票或对外资金付款凭单的，财务部一律不予受理。

3.将内部银行特种转账传票作为分配或划转费用的依据

凡是由财务部分配或划转到责任中心的费用，如折旧费、保险费等，财务部要附上内部银行特种转账传票，并经责任中心的会计审核无误后才能进行账目处理。

4.财务部会计核算与各责任中心会计核算要按月核对

财务部会计核算与各责任中心会计核算之间的关系是总括核算与明细核算、会计核算与责任核算的关系，两者要按月核对账目，绝对不能以财务部为主调整账目。

（二）责任会计核算办法

企业采取财务会计和责任会计兼容性的核算模式。核算办法的要点是：

（1）财务部的所有财会人员既要做好财务会计工作，又要做好责任会计工作。

（2）对于各责任中心发生的会计业务，首先进行责任会计核算，然后进行财务会计核算。

（3）按照责任会计的核算要求，对财务会计的核算内容进行全面整合，使财务会计核算既能符合国家财务会计核算制度的规定，又能满足企业内部管理的要求。例如，“管理费用”科目既要核算到具体项目，又要核算到每个责任中心，同时还要将费用划分为可控费用和不可控费用；对材料的核算要使用“材料采购”科目，以满足对采购部进行采购成本进行责任核算的要求；“库存商品”科目要采用产品计划成本核算，并增设“产品成本差异”科目，以满足对分厂进行成本责任核算的要求；“制造费用”科目则要按费用项目细化核算到各分厂。

（4）一方面，各分厂的责任会计核算要模拟独立企业运行，各分厂之间的产品、劳务协作关系由供领关系变为买卖关系，一律采用计划价格结算；另一方面，成本费用的归集口径要与企业财务会计的成本费用归集口径完全一致。月末，各分厂核算出来的“产品责任成本计算单”，经过财务部调整价格差异后即可变为符合国家财务会计制度要求的“产品成本计算单”。

（5）各分厂的成本费用归集、成本核算要遵循如下原则：①按车间、工段归集材料、工资及制造费用。分厂的“制造费用”科目既要按内容进行明细核算，又要按车间、工段及车间综合管理进行分项核算；各车间、工段的直接制造费用直接转入该车间、工段的成本；车间综合管理的制造费用以各车间、工段的直接制造费用为系数分摊转入车间、工段的成本。②按车间、工段生产的产品大类归集材料费用，产品成本计算和分类的标准只有一个，即将原材料和生产工艺基本相同的产品归类在一起，然后按照产品类别归集费用，再将归集的费用在同类产品中按照一定的标准（定额）进行分配，最后计算出每种产品的生产成本。③凡是车间与车间、工段与工段之间有配套协作关系的，应实行分步结转法计算半成品及产成品的成本。

（6）除分厂以外，其他责任中心的核算内容，凡财务部的会计核算通过整合后能够提供责任核算资料的，责任中心一律不再重复核算，如“管理费用”“材料采购”“财务费用”“在建工程”等科目。

（7）车间、工段的责任核算要灵活确定核算内容，主要是核算产量、消耗、质量、安全等指标，并充分考虑以下几点：①本车间、工段的生产工艺过程和劳动组织特点；②贯彻“干什么、管什么、算什么”的原则；③能直接反映车间、工段的工作成绩，有利于分清经济责任；④核算指标要直观明确、通俗易懂、便于统计。

五、责任会计科目的设置

根据兼容性责任会计核算的原则和各责任中心的性质及核算要求，各责任中心应根据财务部设置的会计科目表选用科目。同时，根据责任会计的核算特点，还要增设责任会计科目，见表16-2。

表16-2　　**内部核算单位增设的会计科目表**

资产类		负债及所有者权益类	
编　号	名　称	编　号	名　称
101	内部（A）存款	301	内部银行借款
102	内部（B）存款	302	拨入预算资金
103	上缴利润	303	内部销售
104	上缴折旧	304	内部利润

责任会计科目的核算内容包括：

1.“内部（A）存款”科目

本科目核算责任中心内部资金结算存款的增减变化和结存情况。

借方：登记内部结算资金存款的增加数。

贷方：登记内部结算资金存款的减少数。

余额：在借方，表示责任中心在内部银行的内部结算资金结存数。

2.“内部（B）存款”科目

本科目核算责任中心对外货币资金结算存款的增减变化和结存情况。

借方：登记货币资金存款的增加数。

贷方：登记货币资金存款的减少数。

余额：在借方，表示责任中心在内部银行的货币资金结存数。

3.“上缴利润”科目

本科目核算各责任中心上缴内部利润和拨补亏损情况。

借方：登记责任中心上缴的内部利润数额。

贷方：登记责任中心收到的拨补亏损数额。

余额：在借方，表示责任中心上缴的内部利润净额；在贷方，表示责任中心收到拨补亏损的净额。

年度终了，应将本科目与“内部利润”科目结转，结转后无余额。

4.“上缴折旧”科目

本科目核算各责任中心上缴固定资产折旧费情况。

借方：登记责任中心上缴的折旧费数额。

贷方：登记上缴折旧费的核销数额。

余额：在借方，表示责任中心上缴的折旧费净额。

5.“内部银行借款”科目

本科目核算各责任中心在内部银行的借款情况。

借方：登记责任中心归还内部银行的借款数额。

贷方：登记内部银行贷给责任中心的借款数额。

余额：在贷方，表示责任中心尚未归还的内部银行借款数额。

6.“拨入预算资金”科目

本科目核算内部银行根据企业总部下达的管理费用、财务费用等预算指标拨付的费用支出额度及核销情况。

借方：登记费用预算的核销数额。

贷方：登记内部银行拨付给各费用中心的预算额度。

余额：在贷方，表示内部银行拨付给各费用中心的预算额度。本科目月末与“管理费用”“财务费用”等科目对转后，如果出现借方余额，则表示费用超支的数额；如果出现贷方余额，则表示费用节约的数额。年末，本科目的余额通过拨补超支额或上缴节约额的方式轧平。

7.“内部销售”科目

本科目核算各责任中心对内销售产品、提供劳务的收入情况。

借方：登记转入“内部利润”科目的数额。

贷方：登记责任中心内部销售产品或提供劳务的收入数额。

余额：本科目月末无余额。

8.“内部利润”科目

本科目核算各责任中心在生产经营中实现的内部利润（或亏损）数额。

借方：登记由“产成品”“管理费用”“财务费用”等科目结转的成本、费用额。

贷方：登记由“内部销售”科目结转的销售额。

余额：在贷方，表示责任中心实现的内部利润净额；在借方，表示责任中心发生的亏损净额。

年度终了，本科目的余额应全部转入“上缴利润”科目。年度决算后，本科目应无余额。

各责任中心根据财务部设置的会计科目表选用科目，其核算内容与财政部颁发的《企业会计制度》相同，在此不再赘述。

六、责任中心的账簿设置和会计报表

（一）总分类账

各责任中心应按照选用的财务会计科目和增设的责任会计科目设置总分类账户，并依据定期编制的汇总记账凭证进行登记。汇总记账凭证的编制时间应根据各责任中心业务量的多少而定，但一般不得超过十天，以便能及时了解和检查总分类账各科目的经济业务发生情况。

（二）明细分类账

各责任中心应根据总分类账科目的内容，按照所属明细科目开设账户，并依据原始凭证或记账凭证登记明细账簿。明细分类账的格式应根据管理、核算的要求和经济内容确定。一般债权、债务账户选用三栏式账页，存货类账户选用数量金额式账页，费用、成本账户选用多栏式账页。

（三）会计报表

各责任中心的性质和核算内容不同，需要编制的责任会计报表也有所不同，部分责任中心责任会计报表的种类及编报时间见表16-3，其他责任中心的责任会计报表由财务部根据需要确定。

表 16-3 **部分责任会计报表**

序号	报表名称	分厂			销售部			采购部			储运部			管理部室		
		月	季	年	月	季	年	月	季	年	月	季	年	月	季	年
1	资产负债表	√	√	√												
2	利润表	√	√	√												
3	产品成本表	√	√	√												
4	生产费用表		√	√												
5	制造费用明细表	√	√	√												
6	管理费用明细表													√	√	√
7	产品销售明细表				√	√	√									
8	销售费用明细表				√	√	√									
9	材料收付存明细表										√	√	√			
10	产成品收付存明细表										√	√	√			
11	现金流量表	√	√	√	√	√	√	√	√	√	√	√	√	√	√	√
12	材料采购价格及差异表							√	√	√						

七、实行责任会计核算需加强的基础工作

企业管理的各项基础工作与推行责任会计核算有十分密切的关系，两者互为因果。加强基础工作是推行责任会计核算的必要条件，基础工作的状况直接影响责任会计核算的效果，而通过责任会计核算又可以促进各项基础工作的不断完善和加强。

（一）健全原始记录

1.原始记录的概念

原始记录是用以记载经济业务及其完成情况的书面证明，它能及时反映生产经营活动的原始状态，是核算、监控和考核经济活动的重要依据，是进行责任会计核算和经济活动分析的重要资料，也是核算各责任中心经营成果的重要依据。

2.原始记录的内容

涉及责任会计核算的原始记录主要包括反映物资采购情况的原始记录，反映物资、产成品收、付、存情况的原始记录，反映企业产品生产情况的原始记录，反映企业产品销售情况的原始记录，反映会计核算情况的原始记录，反映其他经营活动情况的原始记录。

3.原始记录的基本要求

原始记录的基本要求有三个：一是全面、完整。企业所有的经营活动都要有原始记录。二是真实、可靠。原始记录的内容反映生产经营活动的本来面目，不得弄虚作假、随意涂改，更不能肆意杜撰。三是反馈及时。原始记录要按业务发生的先后顺序及时记载，一项经济业务发生后，要立即填制原始凭证并及时传递，做到不积压、不拖延、不事后补制。

（二）加强定额管理

1.定额的概念

定额是在一定的生产技术和生产组织下，在充分考虑人的主观能动性的基础上，对人力、物力、财力的配置、利用、消耗等方面所确定的标准，是核算的基础、计划的依据、管理的手段、控制的工具。所以，定额不仅是责任会计核算的基础工作，而且是生产、计划、技术、劳动、物资管理乃至整个企业的基础工作。

2.定额的种类

定额的种类很多，涉及责任会计核算的定额主要有以下五种：

（1）劳动定额。

劳动定额指有关人力资源消耗或占用方面的定额，如定员定额、劳动生产率定额、工时定额、工资定额等。

（2）生产定额。

生产定额指有关生产能力及机器设备利用方面的定额，如产量定额、设备利用率定额、生产能力利用定额等。

（3）物资定额。

物资定额指有关材料消耗或占用方面的定额，如材料消耗定额、工具领用定额、物资储备定额等。

（4）资金定额。

资金定额指有关流动资金占用方面的定额，如储备资金定额、生产资金定额、产成品资金定额、货币资金定额等。

（5）费用定额。

费用定额指有关制造费用、管理费用、销售费用耗费方面的定额，如制造费用定额、管理费用定额、销售费用定额等。

（三）做好价格管理工作

1.价格管理的内容

价格管理是对企业生产经营活动中的各种原材料、半成品、备品备件、动力、劳务以及产成品的价格进行的制定、执行和管理工作。它包括企业外部结算价格和内部计划价格。其中，内部计划价格是企业为了实行责任会计核算而自行制定的各类材料、劳务、产成品的内部结算价格，它是各责任中心之间进行“商品交换”的价值尺度，也是进行材料计划价格核算的依据。加强价格管理，对于加强成本管理、搞好责任会计核算具有十分重要的作用。

2.制定计划价格

计划价格的制定是一项复杂的系统工程，既涉及方方面面的价格内容，又需要理顺企业各个部门、各个环节、各个层次的相互关系。因此，必须将“全面、科学、系统、合理、适用”的方针贯彻到计划价格制定的全过程，要以财务部为主，会同采购、生产、技术等部门共同研究制定。制定计划价格要特别注意以下两个问题：

（1）认真审查各项定额的正确和可靠程度，防止因定额不实而造成计划价格不准，以免影响各分厂、车间经营成果的正确计算和考核。

（2）各分厂半成品、产成品的比价关系要相对合理，避免因比价不合理而造成部门之间的苦乐不均，以免影响各责任中心及员工的积极性。

3.保持计划价格相对稳定

计划价格一经确定就必须严格执行，并保持相对稳定性。一般情况下，在一个会计年度中，不宜变动计划价格，以便正确考核企业各责任中心的生产经营成果，保持政策的连续性。当客观因素导致计划价格严重背离实际价格，如计划价格差异率超过10%时，就应及时进行修订，以防止因价格差异率太大造成核算失真。

（四）完善计量工作

1.计量工作的内容

计量工作是指对生产经营活动中的有关物质所进行的计量、检定、测试、化验、分析等管理工作。它主要运用科学方法和手段，从数量和质量两个方面反映、测定企业的生产经营活动状况，为企业的生产经营活动和会计核算提供准确的依据。

2.完善计量工作的要点

（1）完善计量制度，配备计量人员。

计量制度主要包括计量标准、计量范围、计量手段、计量人员和计量工作责任制等方面的内容。企业要配备专职计量人员，负责企业各种计量器具的管理并开展计量工作。

（2）保证计量器具充足，严格计量范围。

企业生产经营各个环节的计量器具必须配备齐全。对于材料物资的购进、领用、退回和产成品的入库、出库都要进行严格的检测、计量；对在产品、半成品的内部转移也要进行严格的检测、计量；对各分厂水、电的耗用，要有总表和分表的精确记载；企业向各分厂分配水电费时，必须经过各分厂审查同意。

（3）做好计量器具的检查、维修工作。

计量器具在启用前要严格检查，不合格的不得使用。对于有用的计量器具，要经常维护，定期检修、校正和鉴定，以提高计量器具的完整率、保证计量结果的准确性。

（五）加强制度建设

规章制度是企业为保证生产经营活动正常进行而制定的各种规章、章程、程序和办法的总称，是全体员工在生产经营活动中必须遵守的行为规范和准则。

责任会计核算是一个庞大的系统工程，涉及面广，工作量大，任何一个环节出现问题都会直接影响责任会计核算的顺利进行。所以，企业实施责任会计核算必须重视管理制度的建设，并在责任会计核算的实践中不断健全各项管理制度，坚持以制度、规定来规范、约束各责任中心的经济活动。

加强制度建设要注意抓好以下两方面的工作：

（1）制定的规章制度要切实可行，做到既满足企业管理的需要，又简便易行；既适应情况的变化，能够及时修订，又保持相对稳定，以免因频繁修改引起混乱。

（2）规章制度建立以后，要认真贯彻，严格执行，必须根除“规章制度全而细，执行起来不一致”的弊端，对于违反规章制度的现象，要给予坚决的抵制和纠正。各级领导要以身作则，带头维护规章制度的严肃性，同时也应在制度允许的范围内合情合理地解决某些特殊问题。

复习思考题

1. 如何处理好责任会计与财务会计之间的关系？

2. 实行责任会计核算需要加强哪些基础工作？

附 录

同方电子科技有限公司财务与会计制度

一、企业简介

（一）历史背景

同方电子科技有限公司，原江西无线电厂（即七一三厂）创建于1966年，是研制生产无线电通信装备的国家定点骨干企业，1998年加盟清华同方股份有限公司，成为其全资子公司，是江西省高新技术企业、国家火炬计划重点高新技术企业，设有国家博士后科研工作站。

七一三厂先后荣获过国务院嘉奖令、全国“五一”劳动奖状，部省市先进企业、优秀企业、文明单位、质量管理先进单位等多种荣誉称号。

七一三厂拥有机构健全、运行有效的质保体系以及保密资质。七一三厂设有总装、模具、注塑、机加工、表面处理、组件等生产车间；拥有各种进口、国产测量仪器3 520台套；拥有各种规格的高低温试验室和冲击试验台，可对产品进行可靠的环境适应性试验；拥有表面贴装线

3条、计算机生产线2条、数据加工生产线1条、清分机生产线1条，现已形成年生产各类通信设备20 000台套、日生产台式计算机2 000台、年生产清分机1 000台、年数据加工100亿字节、年生产特种包装容器20 000套的生产能力。

七一三厂注重技术力量的培养，具有一支能力较强的科研队伍。由技术中心办公室、技术部、开发院、应用电子设计所、通用制造设计所、北京研发基地、珠海研发基地组成的研发平台，整合国内外资源，以国际化的视野提供具有市场价值的高科技产品和核心技术，现已形成短波/超短波无线通信系统系列电台等专业特长。

近年来，七一三厂始终坚持技术创新和产品升级换代，先后设计开发了上百种型号的无线通信设备和电子信息产品。产品广泛应用于国防、交通、邮电、气象、科考、安全、金融等部门，有30多个产品先后获得了国家级、省级、部级荣誉称号，填补了多项国家空白。

七一三厂将继续秉承“忠诚厚道、精明能干、耐劳进取”的企业精神，与时俱进、勇于创新，为“研制一流产品、提供一流服务、创建一流企业”的宗旨而努力奋斗！

（二）单位相关属性

单位类型：信息产业、通信设备

单位性质：国有企业

负责人：陆致成

单位荣誉：省内驰名企业，重合同守信用企业，质量信得过企业

注册资产：16 000万元

员工人数：1 400人

单位网址：www.jj713.com.cn

（三）七一三厂控股公司

1.九江清华同方实业有限公司

2.九江清华同方交通设施工程有限公司

3.九江清华同方电子器材有限公司

4.应用信息产品总厂智能卡分厂

5.九江软件公司

6.包装容器公司

7.职工医院

（四）企业特色理念

1.七一三厂宗旨

研制一流产品、提供一流服务、创建一流企业。

2.经营方针

（1）“三化”：优化结构、强化管理、深化改革。

（2）“三增强”：增强竞争能力、增强创新能力、增强综合实力。

3.经营思想

“五新”：考核体系有新突破，分配体制有新进展，用人机制有新举措，经济效益有新增长，宣传策划有新局面。

4.未来展望

加快重点项目的产品开发和市场开拓，加大技改力度，扩大生产规模，争取至20××年现价工业总产值达到210.2亿元；实现销售收入200亿元，实现利税20亿元。

（五）企业精神

1.“忠诚厚道”是七一三人做人的原则

七一三厂作为一个由“小三线”成长起来的高科技企业，发展道路极不平凡。企业经历过从山区到城市的变迁，经受过在低谷中徘徊的阵痛，也享受了走出低谷的喜悦，但我们始终认为：做事必先做人。七一三人正是凭着“忠诚厚道”的做人原则，始终保持一种对国防事业的忠诚，保持一种对企业的忠诚，保持一种对朋友、领导、伙伴的厚道。在未来的发展过程中，我们也同样需要这种“忠诚厚道”，对我们的企业、对我们的事业、对我们的顾客永远忠诚。

2.“精明能干”是七一三人做事的准则

“穷则思变”，无论是战略转移还是战略重组，七一三人都事业心强、精明能干。如果说“在落后中追赶”是“阵痛后的觉醒”，那么“永葆危机意识的发展”就是“成长中的智慧”，要实现企业发展的目标，就必须统观全局，勇于迎接挑战，善于把握住机遇，善于克服困难，办成事、办好事。

3.“耐劳进取”是七一三人的工作态度

成功有时就在于坚持。我们已经确定了要早日把七一三厂“建成全国一流的现代化企业”的目标，我们必须紧紧围绕这一目标前进，要站得高一点，看得远一点，尤其不要有浮躁心理，要脚踏实地做好本职工作。也只有这样，在实现了企业整体利益的同时，才能真正实现员工的个人利益。

二、企业的财务制度设计

（一）出纳岗位的职责范围

（1）记录、保管现金、票据及银行存款等事项。

（2）签发支票、本票、汇票后送主管人员核准并盖印鉴章，保管空白支票、本票、汇票等有关资金往来票证。

（3）处理财务收支事项。若每天业务量很大，要做好每日汇总报表，以便主管人员及时掌握财务收支情况。

（4）处理债权、债务的收支业务。在业务发生频繁时，还要填制债权、债务收支业务日报表。

（5）备用金核付。

（6）其他与现金有关的一切业务处理。

（二）投资业务的处理程序

七一三厂的投资业务主要有证券投资和实物投资两大类。由于实物投资期限较长，一个项目一经确定往往金额较大，投资的内容很少有变动。实物投资的业务流程一般是先编制投资计划书，经审批后开始投资。对于有价证券的投资来说，就要求对高流动性的证券严格控制，特别是对买卖交易过程中涉及现金收支业务的事项，需要企业对其加强管理。

1.投资业务流程

（1）投资部门编制“股票（债券）投资计划建议书”，经厂部批准后，据此编制“证券购入通知单”一式两联，一联保存，一联交给会计部门审批，会计部门审批后交给出纳。

（2）出纳根据收到的“证券购入通知单”开出支票，经审核盖章并登记支票登记簿后交证券公司。收到证券公司发行的有价证券后，出纳根据证券、支票副本及证券购入单编制付款凭证，并据以登记银行存款日记账。

（3）会计部门收到付款凭证及有关单据，登记证券投资登记簿及有关明细账。

2.投资业务中的控制准则

在投资业务中，为了避免一些操作上的漏洞，七一三厂有以下控制准则：

（1）计划的编制和审批、保管职能要分离。

（2）投资计划要经过审批。通常情况下，如果投资数额较小，可由负责投资业务的经理审批；如果投资数额较大，需要经过厂部法人代表审批。

（3）签发支票时，会计部门应根据“证券购入通知单”加以审核。

（4）定期核对总账与明细账、各明细账与证券投资登记簿，注意审核投资的数量、金额、品种是否正确。

（5）证券要有独立于证券业务的人员定期进行盘点。

3.证券出售业务处理程序

投资部门根据证券市场价格及本单位投资目标的实现程度，提出证券出售申请，经审批后编制“证券出售通知单”，交证券经纪人办理卖出手续。会计部门收到证券公司交来的证券出售单据以及银行转来的收账通知，核对证券出售申请书和“证券出售通知单”后进行明细核算。这一流程也需要注意两点：

第一，证券出售要经授权批准。

第二，投资、出纳和会计部门要定期核对“证券出售通知单”，收账通知和证券出售单据，以保证每一笔证券卖出收益的正确入账。

4.证券投资收益业务处理程序

会计部门根据证券公司的股利分配公告和证券公司的股利收入划账单据及银行转来的收账通知编制“有价证券投资收益表”，同时作投资收益账务处理，“有价证券投资收益表”要有一份交投资部门备案。该流程控制要点包括：

第一，编制“有价证券投资收益表”前应核对有关收账、划账凭证。

第二，对已经公告发放股利，但是还没有收到股利的要及时查明原因。

第三，定期查阅证券投资登记簿，了解各种证券投资收益是否正常，账上结余的证券投资的品种和数量与证券投资收益的品种是否相符。

（三）筹资业务处理程序

七一三厂是清华同方的全资子公司，虽然可以进行证券交易，但是还没有发行股票的权利和实力，其筹资主要是通过银行借款来实现的。业务流程是：财会部门根据生产经营中发生的资金流向和需要提出借款申请书送交银行审批，银行根据国家的产业政策和信贷规模的具体要求和其他相关政策，对七一三厂的借款申请书进行认真审查，批准后，银行和企业签订借款合同一式两份，一份银行留存，一份企业自留。银行据此办理具体借款业务，进行款项划拨；借款入账时，企业财会部门根据银行收款通知单和借款合同等记账。

此过程的控制要点有：一是借款申请的审批、收款、记录职务分离；二是借款合同需要经主管领导审批；三是核对银行收款通知单和借款合同金额的一致性。

三、企业的会计制度设计

（一）岗位职责

1.账务岗位职责

（1）编制厂部会计凭证，审核、编号、装订和保管各类会计凭证；

（2）登记和保管各类明细账、总分类账；

（3）结账时调整业务处理，办理结算及盈余分配事项；

（4）编制会计报表并进行分析；

（5）其他与账务有关的事项。

2.成本核算岗位职责

（1）核对各项原材料、物品、产成品入库、领用事项及收付金额；

（2）编制材料领用转账凭证（七一三厂使用的是自制的转账凭证）；

（3）计算固定资产折旧费，审核车间成本及备用金开支情况以及委托及受托外单位的加工事项；

（4）成本结账时分配费用及调整账目；

（5）计算销售成本，分析、比较车间成本，做好成本的日常控制，同时搞好内部成本核算及业绩考核；

（6）编制企业有关的成本报表，处理其他与成本核算、分析、控制有关的事项。

3.预算岗位职责（如附图1所示）

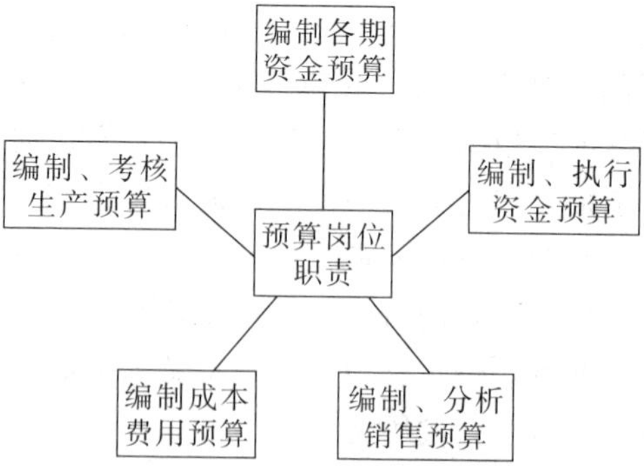

附图1　预算岗位职责示意图

4.税务岗位职责

（1）办理企业税务缴纳、查对、复核、诉讼、减免税的申请等事项；

（2）办理进出口业务的关税缴纳、免税申请及退税冲账等事项；

（3）办理企业登记、变更登记、工厂登记、营业登记及变更等有关事项；

（4）办理及登记进出口业务证明书、单据及结汇等事项，审核厂部直接缴纳的税款；

（5）编制有关的税务报表及相关分析报告。

5.车间会计岗位职责

七一三厂设有总装、模具、注塑、机加工、表面处理、组件等十个生产车间，不同的车间有不同的工序，但是在会计核算上，七一三厂是集体管理，具体事项有：

（1）编制、审核、立档、保管车间会计凭证，保管车间备用金并记录其收支情况；

（2）记录和复核各类成本项目，稽核并摊销制造费用；

（3）审核工资、工时、产量报表，编制车间工资结算表及领发工资；

（4）记录车间生产用料、物料消耗，统计成品入库；

（5）处理委托、受托外单位加工业务并做好记录，审核各车间生产日报、物料日报、成品收发日报等，编制各车间成本报表；

（6）对车间物品、财产进行清查并做好记录，对车间固定资产的折旧做好计算机记账，做好与企业其他部门的往来账务处理。

6.内部核算岗位职责

（1）建立内部核算机制；

（2）制定内部核算方法及标准；

（3）做好内部核算的记录；

（4）分析内部核算的结果；

（5）协调内部各职能部门的业务联系及考核办法。

7.会计机构、会计人员管理

关于会计机构、会计人员管理（委派、派驻等），原则上每个内部核算单位都应设置固定的财务机构，并配备具备从业资格的专职财务人员，财务人员数量最少应配备三人（负责人、会计、出纳各一名）。各单位根据自身管理的特点对会计人员采取松散型、会计人员全员委派、财务主管委派、委派财务总监等管理方式。七一三厂根据自身的情况，实行的是财务主管委派制，遵循以下原则：

（1）管理跨距（控制界限）：受单位主管直接有效地指挥、监督部属的能力限制。

①最适当的管理跨距设计并无一定的法则，一般是3～15人。高阶层管理跨距约3～6人，中阶层管理跨距约5～9人，低阶层管理跨距约7～15人。

②设定管理跨距的要素：第一，人员素质：主管或部属能力强、学历高、经验丰富者，可以加大控制层面；第二，沟通渠道：公司目标、决策制度、命令可迅速而有效传达者，可加大控制层面；第三，职务内容：工作性质单纯、标准化者，可加大控制层面；第四，幕僚运用：利用幕僚机构作为沟通协调者，可加大控制层面；第五，追踪控制：设有良好、彻底、客观追踪执行工具、机构或人员者，可加大控制层面；第六，组织文化：具有追根究底风气与良好的制度文化背景的公司，可加

大控制层面；第七，所辖地域：地域近可多管，地域远则少管。

（2）专业化：在可能的范围内，由各单位人员担任单一或专业分工的业务活动，可加强企业面对多变竞争环境的适应能力。

（二）采购业务的处理

1.采购的种类

（1）原材料（硅板、晶体管、数据线、锡块、黏合剂、燃料等）。

（2）在产品（未下生产线的电脑、半导体、测位仪等）。

（3）产成品（电脑、半导体收音机、军用测位仪、对讲机等）。

（4）低值易耗品（包装物、涂料容器）。

采购业务内控的要点有：

（1）物资请购、采购、验收、付款、记账由不同的人承担。

（2）采购员不能擅自改变采购内容。

（3）会计部门参加合同的签订工作，收货部门严格验收。

（4）发票价格、运费、税款核对无误；如有退货，从发票中扣除。

（5）货款经银行转账，不得支付现金。

（6）其他费用、损失确定合理。

（7）控制储备定额，防止超储积压。

（8）应付账款明细账与总分类账核对。

2.采购计价方式——加权平均法

（1）易于操作。

（2）存货多属于电子科技组装配件品，因清华同方多为订单生产，所以存货在保持保险储备量的前提下，积压情况很少。

（3）清华同方进货渠道多元化，有固定的供货方，并且由母公司集中调度和调配各子公司原料，所以存货成本相对较小。

3.采购主要业务

（1）进货业务。如附图2所示。

货物（一般为电子装配零件）随购买时的收款单据一同到达仓库后，由仓库人员验收，不合格的货物予以退回，并根据验收结果出具收货单与审核单。审核单交负责部门（原料供应科）存档，收货单一式四联，仓库与供应科各保存一联，财务部门保存两联，据此入账，并作存根。财务部门应定期与供应科和仓库进行核对。

（2）领料业务。如附图3所示。

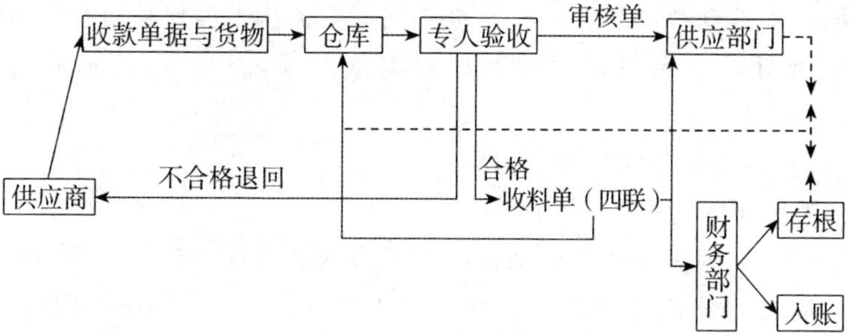

附图2　进货业务

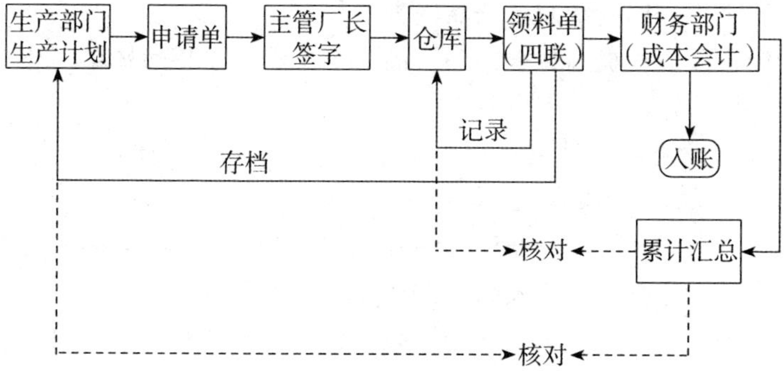

附图3　领料业务

由于七一三厂从事的是信息产业，领料的主要依据是计划生产的电子产品的实际装配需要，因此制定限额领料制度，首先由各生产车间根据生产计划提出领料申请，经主管厂长签字认可，仓库出具领料单。领料单一式四联：生产部门与仓库各保留一联存档记录；财务部门保管两联，由成本会计设台账入账，按期累计汇总，并与生产部门、仓库核对。

（3）盘存与保管业务。如附图4所示。

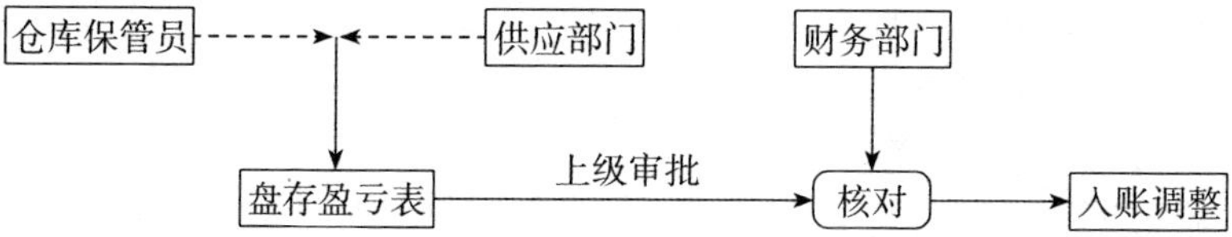

附图4　盘存与保管业务

根据存货种类分仓库进行保管，设置存货卡片，采用永续盘存制。仓库保管员与供应部门负责人至少每月一次进行盘点，财务部门定期派人抽查，要求做到账账、账卡、账实相符。发生盘盈、盘亏后，仓库保管人员要出具盘盈盘亏表，向上级部门说明原因，经审核后交财务部门进行账务处理，盘亏作报废处理并退出进项税额，盘盈则冲减管理费用。

（三）销售业务的处理

1.销售业务流程

七一三厂因其特殊性在销售的时候有两种情况：其一，民用产品的销售采用合同发货制；其二，军用产品的销售一般采用非合同提货制。销售业务流程大体如下：

（1）采用合同发货制的产品销售。

①销售部门根据销售合同和产品入库单编制发货通知单，通知仓库备货、厂内运输部门办理发货；

②货物发出后，销售部门根据仓库签收的发货通知单开具销售发票，登记产成品明细账；

③厂内运输部门在办理托运手续后，将提货单和运单送交销售部门，销售部门将其与销售发票一并送往会计部门；

④会计部门将销售单据与合同核对后，开具代垫运费清单，并通知出纳员办理货款结算，同时进行销售账务处理。

（2）采用非合同提货制的产品销售。

销售部门根据产品价目开具发票，输入电脑，由销售系统核实、财务科长核实后授权出纳员收款。

①出纳员收到客户的款项后，由会计主管开具产成品发货单据，并盖上财务专用章方才生效。该单据一式四联：一联为缴款联，附在销售发票后；一联为门卫联，货物出门时由门卫核实；一联为提单联，由客户交仓库保管员，保管员收到这张单据方可让客户提货；一联为随货同行联，由客户随身携带。

②仓库发货后，登记产品卡。

③销售部门和会计部门进行销售账务处理，登记销售日记账。

2.销售业务凭证

（1）销售发票一式四份：一份送订货单位，作为取货凭证；一份送生产计划部门，按订货名称、数量、规格等安排生产；一份送会计部门，办理货款结算；一份留存备查。

（2）发货单一般一式四份：两份送成品库，做好打包发货准备（发货后一份留存仓库记成品卡，一份退回销售部门）；一份送企业门卫，以便向仓库取货发送；一份留存销售部门备查，待仓库发货后，根据仓库返回的一份开具发票，一并送会计部门办理货款结算。

（3）销售退回单一式三份：一份送成品库据以验收退货，登记成品卡；一份留存销售部门；一份送会计部门，据以核算因退货而引起的各种支出。

3.销售业务的内部控制要点

总的来说，就是严格发货手续，保证财产安全。要正确计算销售数量、销售收入、销售利润，正确反映与购货单位的合同执行情况和货款结算情况，促进货款的及时收取。

（1）销售合同的签订、开票、发货、收款、记账职务应分离。

（2）销售合同、销售发票和发货单需经企业有关部门和人员审批。

（3）销售价格的确定，销售方式、结算方式的选择，都要经企业有关部门和人员审批。

（4）发票及发货单要顺序编号，若有缺号，必须查明原因，并经领导批准加以注销。

（5）销售业务应尽可能按照合同进行，会计部门要参加合同会签；销售发票中的品名、数量、单价、金额以及付款方式，应与销售合同一致，并经专人复核；对非合同销售及门市销售要建立经常的检查制度。

（6）废料、残料的处理、出售，要开单入账，与一般销售同样处理。

（7）销售退回需经有关负责人批准后才能办理销账和退款手续，坏账的转销要按规定的审批程序办理。

（8）合理确认销售的实现，并将已实现的销售收入按时入账。

（9）应定期检查应收账款明细账余额，及时催收回笼资金。

4.发货流程（如附图5所示）

财务部门审核收款时要在提货单上盖章，一般现金、本票、汇票，见票即发货，而支票一般保留几日以便审核。提货单设四联：一联作为出厂证明，交门卫；一联客户保留，随货同行，供其入账；一联为提单联，留仓库备查；一联为缴款单，留财务部门入账。

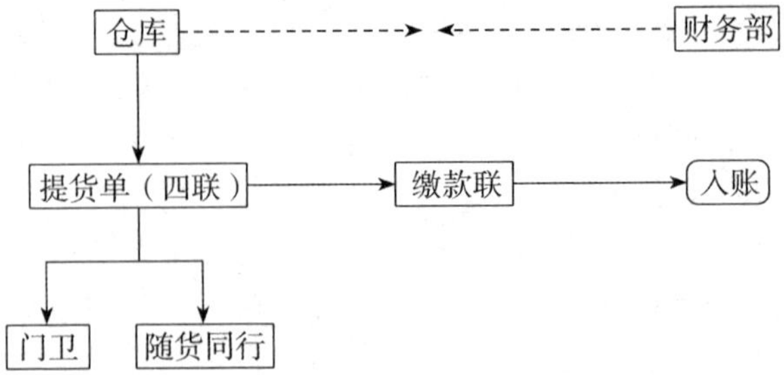

附图5　发货流程

5.销货退回业务（如附图6所示）

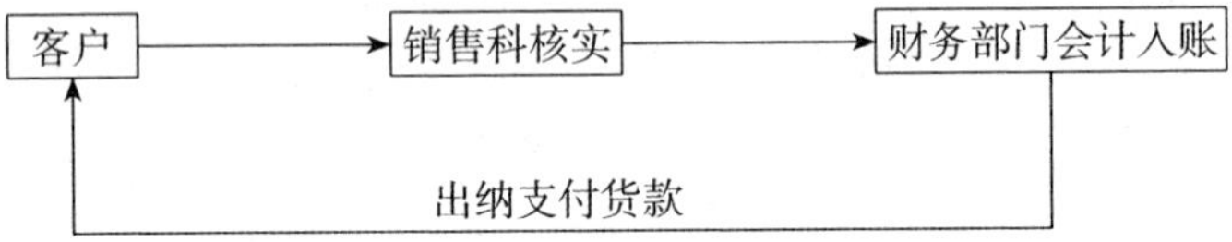

附图6　销货退回业务

在销售业务发生后，可能会发生销货退回，一般由客户提出申请，由销售科受理核实，交财务部门入账。货款退回一般采用发票提回，出具红字发票，但增值税一般不开红票，而采用客户开票，形式上是由本公司将退回的货物“买”回。

（四）固定资产业务的处理

1.固定资产业务的内部控制要点

七一三厂的固定资产的账面价值近亿元，在九江是个比较大的企业，其固定资产的计价标准是2 000元以上。根据企业的情况和固定资产的特点及管理要求，为了正确反映固定资产的收入、拨出、修理、更新、保管和使用情况，以便正确计算固定资产折旧和修理费用，保证固定资产实物的安全和完整，在设计固定资产业务处理程序时，考虑了以下内控要点：

（1）固定资产采购、保管、记账、付款职务应由不同人员分管。

（2）固定资产验收投产、报废清理、内部转移、调拨出租要由有关部门审核批准。

（3）固定资产的增减变动要及时、如实反映、记账。

（4）建立固定资产目录、明细账和卡片，做到账、卡、物相符。

（5）加强固定资产管理，对不使用、不需用的固定资产，要及时办理封存和申报手续；发现多余、闲置或使用不当的固定资产，应及时反映、汇报给有关部门。

（6）清理报废的固定资产残值应及时入账，实物要妥善保管和统一处理。

（7）定期进行固定资产盘点清查，对盘亏、盘盈等情况要查明原因，弄清责任。

2.固定资产业务处理流程

（1）固定资产更新申请批准程序。

首先由需要更新固定资产的部门向设备部门提出申请，设备部门实地考察后，编制设备更新计划交总工程师或总经理审批。审批完毕，属自制设备的，编制制造任务书交辅助生产部门，安排制造；属外购设备的，编制购买通知单一式三份。设备部门根据购买通知单与供货单位签订合同，并将合同副本、购买通知单或制造任务书交财会部门留存，作为购置设备付款结算或自制设备核算的依据。在这个过程中，有几个关键点：

①设备更新计划经过审批才能实施。

②财会部门参加合同的签订。

（2）固定资产采购、验收、付款程序。

一般来说，首先由供货单位将设备购买发票和运输提货单函寄设备部门，设备部门根据设备购买通知单和合同编制设备入库单一式三联；然后分别通知运输部门提货和仓库准备接货，设备提取后编制到货清单，交给设备部门验收设备，设备部门验收后登记设备库存账，并通知会计部门付款；最后由会计部门核对合同副本和设备购买通知单，经确认无误后办理货款结算，并登记有关总账和明细账。

（3）固定资产报废程序。

先由使用部门提出申请，经过设备部门审核同意后，注销固定资产卡片，并在固定资产登记簿上做好记录；然后分别通知申请部门注销固定资产卡片、清理部门清理报废的设备、财会部门注销固定资产卡片后登记有关账户。该流程的控制内容有：

①设备报废必须经过审批后才能办理。

②对固定资产的增减变动及时做好记录。

③定期核对使用部门、设备部门和财务部门的固定资产卡片，并保证账卡、账实相符。

（五）工资业务的处理

1.工资业务的内部控制要点

工资业务会计处理程序的设计要求是：第一，保证国家有关工资政策的实行；第二，保护货币资金的安全；第三，正确反映劳动价值；第四，保证产品成本计算的正确性。

为了达到这些要求，在设计工资业务会计处理程序时，需考虑以下内部控制要点：

（1）考勤、工资结算、工资提取、记账职务分离。

（2）建立健全考勤制度，职工因病假导致的缺勤需要有关方面开具证明。

（3）建立健全工时记录和产量记录，加强产品质量检验，正确计算完工产品数量，制定合理定额。

（4）按国家工资标准计算应发工资。

（5）按有关扣款规定，及时办理职工的各种代扣款项，防止挤占生产资金。

（6）必须按批准的年度工资基金总额发放工资，如遇到职工调入、调离或退休，应根据有关部门授权证明、凭证及时办理工资基金增减变动。

（7）职工因转正、定级或升级等增加的工资，必须以国家有关工资政策的规定和企业主管部门审核批准的文件为准。

（8）按车间、科室编制的工资单，其总数与调整数要进行复核检查，所有工资单的合计数和加计总额应与工资汇总表数额核对，杜绝虚计总额。

（9）出纳员的工资提现凭证必须由会计部门主管审核批准，提取的现金在工资发放前应重点保护。

（10）工资发放必须由收款人签收，签收的工资单副本应交回会计部门妥善保管；超过工资发放期限而尚未领取的现金应立即存入银行，不得挪用。

2.工资业务处理程序的设计

在清华同方，工资业务处理涉及基层车间、人事部门和财会部门。我们根据这些情况设计了企业工资结算业务处理过程：每月车间或科室考勤员将考勤簿交人事部门；人事部门据此编制出勤汇总表，并计算出职工应发工资，编制工资单一式三份、工资汇总表一式两份；工资单和工资汇总表经审核后送财会部门，财会部门根据有关部门的扣款通知在工资单和工资汇总表上计算实发工资，经审核后签发提现支票并登记账簿。工资单一份交职工，另两份经职工签名后分别返回人事部门和财会部门留存；工资汇总表一份记入有关账户，另一份交人事部门留存。

该流程的控制内容有：

（1）人事部门严格审核考勤记录是否真实。

（2）工资单和工资汇总表编制后应严加审核，尤其要审核工资汇总表实发数是否正确，防止发生多计工资、多提现金和贪污的情况。

（3）工资领取必须由职工签名，并将签过名的工资单分别存档。

（4）定期进行账账核对。

四、内部控制制度

建立现代企业制度是国有企业改革的方向。国有大中型企业要按照“产权清晰、权责明确、政企分开、管理科学”的要求，使企业成为适应市场的法人实体和竞争实体。七一三厂根据现代企业制度的要求，在“科学管理”上狠下工夫，并积极学习清华同方总部健全和完善的企业内部控制制度。

（一）内部的管理制度

该厂设置了副总会计师一职（相当于总会计师），对财务会计方针政策的制定和执行进行管理和控制。同时，该厂为了加强企业内部控制，强化了财务管理和监督，配合现代企业制度改革试点工作，对下属公司实行了会计委派制。

下属公司的财务主管由董事会提名，经下属公司同意，最后由人事部任命。财务主管在任职期间，直接对董事会负责，工资、福利及奖金等级别也由集团公司统一确定。当然，为了将所得与业绩挂钩，财务主管的奖金是在确定的级别和下属公司平均奖金水平的基础上，根据业绩评定而上下浮动的。集团公司采用会计委派制后，提高了会计参与管理决策的功能，加强了对下属公司的控制和监督，取得了一定的成效，在建立健全公司现代企业制度的工作中迈出了探索性的一步。

（二）内部的会计制度

财务部在现金报销复核、银行未达账项和工资管理等三个方面加强了控制和监督。

在现金报销时，一人负责报销并填制原始手工凭证，一人将有关内容输入计算机生成机制凭证，还有一人负责复核工作。通过这样的岗位分工达到互相牵制的作用。

该企业对银行未达账项的处理相当重视。财务部定期将银行存款账目和银行提供的“银行对账单”逐笔核对，对于未达账项，特别是银行已付款而企业尚未入账的款项严格核对。与此同时，企业也加强了对支票与印鉴的管理，开支票和敲印鉴的工作分别由两人承担。通过一系列措施，减少了财务人员私开支票、提走款项而利用银行未达账项做掩护的可能。

企业加强了工资管理。各下属公司独立经营，但工资、奖金的计算和发放由财务部全权负责。财务部根据各下属公司的经营业绩综合评价，按一定标准在基数的基础上上下浮动，计算得出并直接通过银行卡发放工资和奖金。同时，财务部对具体数额也加强复核，防止差错和舞弊的发生。

（三）内部的审计控制

企业的审计部门承担了评价内部控制有效性的任务。审计部门对公司员工离岗、领导调整进行审计，也对业务合规合法性进行审计，通过这些措施了解人员的素质和经验能否胜任工作以及控制的目标能否实现。

财务部每年到下属公司进行一到两次检查，通过内部复核对下属公司进行监督考核。

（四）内部的成本控制

企业对成本的控制主要体现在压缩运输、仓储成本上。业务员接到订单后，按交货日期去工厂提货并直接交货，而不是先将货物运到分厂仓库储藏后再发货付运，这样便做到了“零库存”，从而减少了运输及仓储成本。

通过以上四个方面，七一三厂健全了企业内部控制制度，适应了现代企业制度的要求。

五、企业的特色

七一三厂有自身的特点，因为它的前身是三线企业建设的一个很小的企业。伴随着国企改革和军企的民用化，七一三厂走出大山，走进城市，走向市场。面对激烈的市场竞争，七一三厂投身清华同方的旗下，借助清华同方的品牌效应和先进的科学技术，只用了几年的时间，就做出了不凡的成绩。这在很大程度上得益于它的特色：

（1）原有军队企业良好的企业精神，忠诚厚道、精明能干、耐劳进取。在加入清华同方的时候，企业精神是得到总部信任的最重要条件，直到今天，七一三人也坚持军队作风，严格的纪律和良好的工作秩序给企业带来了巨大的经济效益。

（2）抓住机遇，走向市场，走进民间。国家为鼓励三线企业回归民用市场，给予了许多优惠条件和倾斜政策。七一三厂明确自身定位，找准路子，定下目标，图谋发展。在九江诸多国有企业里，它是改革进行最快、最稳的一个。

（3）加盟清华同方，资源共享，来料加工，订单生产。七一三厂原来的模式是军队要什么生产什么、要多少生产多少。现在七一三厂走的是两条路，既为军队建设作贡献，又面对市场，大量生产拥有自主产权的产品，形成短波/超短波无线通信系统系列电台等专业特长。

（4）先进的管理制度和财务制度。七一三厂迅速复制先进企业的管理制度，并在此基础上制定了适合自己的制度，特别是在财务会计制度上，与总部保持一致，基本实现了会计电算化，同时根据自身特点做了相应的补充。这使得企业能扬长避短，与总部优势互补。

六、七一三厂面临的问题及我们的建议

当前的市场竞争已经深入到企业经营运作的各个层面，管理水平对于企业生存和发展的重要性日益突出。科学有效的组织结构是确保管理效率的基础，是企业实现短期经营目标和长期战略目标的制度平台。在对七一三厂的调研过程中，我们发现其短期借款过多、长期负债几乎没

有，这是一个很值得推敲的问题。首先，短期借款过多造成的是流动负债增加，在流动资产相对稳定的情况下，会导致流动比率变小。一般情况下，生产企业的合理流动比率是2，这是因为流动资产中的变现能力最差的存货的金额约占流动资产总额的一半，剩下的流动性比较高的流动资产至少要等于流动负债，只有这样，企业的短期偿债能力才有保证。当短期借款过多时，流动比率就很难保持在一个合理的技术范围内，在遇到某些大的企业变革和政策变动时，企业就很难保证自己的偿债能力。其次，长期负债的形成是企业筹资决策的结果，企业为了扩大经营规模，调整产品结构，总是需要筹集大量资金的。其资金来源主要有两个：一是发行股票，二是举借长期负债。当然，七一三厂作为清华同方的全资子公司，是不可以发行自己的股票的，但是在经总部同意的前提下，举借一定的长期负债来扩大企业生产规模是可行的，并且举借的长期负债的利息费用具有抵税作用，可以在一定程度上避税。不可否认，举借长期负债有一定的财务风险，若企业经营不好，不能及时支付本金和利息，债权人有权向法院提出申请，迫使债务人破产。但是企业不应因噎废食，大胆而又不失理智地闯出去，对企业的长期发展是很有意义的。我们认为，七一三厂应该在这两个方面有所考虑。

调研感受（部分）：

两个多月前，老师就布置了任务：每个小组调研一个公司的财务会计制度，写一份近万字的调研报告。起初我认为这是一件很难的事情，经过一个半月的调研、找材料，征求相关老师的意见，我们完成了这项任务，大家松了一口气。在这个过程中，大家付出了辛勤的汗水，有教训也有经验。在此进行总结，以便大家在以后的学习和工作中能以此为鉴：

第一，学会如何与企业人员沟通。人际沟通的问题是我们能否顺利进入企业调研的关键。有的同学平时就不爱说话，在和企业人员沟通时，连我们去的目的都不能很顺畅地表达出来。当我们遭到拒绝的时候，如果不从自己身上找原因，而是一味地责怪企业人员的态度不好，我们就很难和企业合作下去，所以我们就从小组成员中选出两个专门和企业领导沟通，在获得其认同后，带领其他小组成员进入企业进行实质性调研。

第二，分工要明确，要提前做好准备，提高工作效率。在进行调研之前一定要有所准备，把此次去企业的任务列一个表，并把相关的资料带好。第一次去的时候，我们就没有做好准备，结果企业人员有时间回答我们的问题了，而我们却没有问题了，大家显得很尴尬。回来以后，我们把调研内容按企业背景、财务制度、会计制度、组织结构和问题建议分为五个部分，每一个部分由一个或两个人负责，自己提问题，自己设计所负责内容的调研报告。第二次去的时候，我们就各自去找相关的会计人员，轻松地完成了调研任务。回来后，我们开始进行整理分析，对不明白的地方和不能确认的地方做了记录，征求了老师的意见。然后，我们又回到企业问了几个会计人员，直到我们全面地了解了企业的整个会计流程。此后我们把各部分内容整理在一起，形成了书面报告。

第三，要有良好的团队精神。在调研过程中，大家要推选一个人当组长。小组成员由组长带队，分工协作，互相帮助，这样才能共同完成任务。有问题大家会集体讨论，找到解决问题的最佳方法。

第四，要善于提问。自己不会的地方一定要问老师或去公司问会计人员，切忌纸上谈兵。我们曾就“问题与建议”找教“财务成本管理”的李老师征求意见，在其他几个方面也问过相关的老师，所以在写书面材料时就比较容易了。

总之，这是一门有实际应用价值的课，我们受益很多。